影响力学校研究书系

教学发生

李秀伟 著

广西师范大学出版社
GUANGXI NORMAL UNIVERSITY PRESS
·桂林·

图书在版编目（CIP）数据

教学发生 / 李秀伟著．—桂林：广西师范大学出版社，2015.7
（影响力学校研究书系）
ISBN 978-7-5495-6490-3

Ⅰ．①教… Ⅱ．①李… Ⅲ．①中小学—教学研究 Ⅳ．①G632.0

中国版本图书馆 CIP 数据核字（2015）第 063368 号

广西师范大学出版社出版发行
（广西桂林市中华路 22 号 邮政编码：541001
网址：http://www.bbtpress.com）
出版人：何林夏
全国新华书店经销
桂林漓江印刷厂印刷
（广西桂林市西清路 9 号 邮政编码：541001）
开本：720 mm × 960 mm 1/16
印张：17.5 字数：260 千字
2015 年 7 月第 1 版 2015 年 7 月第 1 次印刷
定价：36.00 元

自序

我教初中，教小学，教高中，教大学，已二十年，做好一名教师，足矣。

为什么还要写下来？

“我希望用教育来改变这个世界，或者至少是善待。那么，我需要这些文字能赋予教育以影响世界的力量。”

为什么能这样说？

南宋大慧宗杲（卒谥“普觉禅师”）曾做过注脚——“无著云：曾见郭象注庄子，识者云：却是庄子注郭象”。如此“注教育”，每一个通宵达旦，于我便也心安了。

拙作《教育言无言》出版于2009年，《教育言无邪》出版于2010年，时间过去，再次翻检那时的记忆，其中值得关注的教育现象，值得思考的教育问题，特别是值得坚守的教育探索，需要重新定位与分析。“李秀伟工作室”“影响力学校联盟”留下的文字也已成书，共4本，分别为《课程范式》《教学发生》《教师学记》《学生乐之》，此次合并出版。

师友鼓励，亲友相守，感恩之心无法释怀。

教育是切入学生生命过程时间最长的社会活动，透过课程、教学、教师、学生来发现学校，赋予所有与生命相关事物以生命，无言亦足。

李秀伟

2015年1月1日于桂林

目 录

会价值就和学生的生命价值融为一体了，罗尔斯认为正义是社会制度的第一德性，正义原则是由一个公平的程序所决定，而所谓公平程序，则是这个程序并没有对任何一个人特别有利或特别不利……

尊重是一件尤其艰难的事情，无论是对他人，还是自己。因为尊重，教学才能够成为具有人的价值与人文规范的活动。尊重学生是一个伦理角度的主体认同，是存在于许多教师的思想和意识深处的一种基本的教学原则……

大数据、云计算、后现代、信息技术，我们需要在课程领域来探究其颠覆性的影响力，然而，这也是教学面向未来的话题。根基与生长从来都是在辩证中发展的。带给学生知识的教学不一定带给学生智慧,带给学生智慧的教学一定让学生同样拥有了知识……

引论

以身观止

“统而不死，放而不活”，与课堂教学的理想逻辑逆向而行的中国中小学课堂教学改革呈现出了长达十余年的另类发展势态。在呼吁教师教学个性化、学生学习自主性实现的过程中，我们却不得不接受中国“课改”名校“大一统改课”的空前成功与教师教学话语体系的式微。

教学在学校影响力发展中的定位是否应该重建？学生如何以价值主体的力量介入教学全过程，教师如何以能动性的教学发起者身份重建课堂？这些问题，需要沿着实践的脉络次第展开。

“尽美矣，又尽善也。”这也是教学所求。怀揣着足够的敬畏，才能教学，才能亲历与思考教学。然而，尽善尽美的教学不可求，似乎也不可遇。这是现实问题。

于是，研究便应然了。始于多年以前的寂静灯下，我夜复一夜地整理日间的教学与观察所得，许多成功的或不成功的教学实践伴我从深夜到黎明。“不是花中偏爱菊，此花开尽更无花。”元稹之爱恰如我的教学皈依。曾经，当我在教学研究的理论与实践中飘移不定，乃至陷入“云深不知处”的长久困惑之中时，这许多个夜晚，教学鉴照我心，我心也鉴照教学，便又豁然开朗，清晰而至。

《老子·五十四章》中记：“故以身观身，以家观家，以国观国，以天下观天下。吾何以知天下然哉？以此。”所以知道天下万物的现象与特点，是通过感知、观察等得到的。走进学校现场，教育的深处是人。

一、教学之理

教学从哪里开始？我们一贯从“教学起点”寻找“起点”，前者指的是教学本身，后者则指教学的逻辑起点。我们善于从发现的问题入手来解决问题。遇到了什么教学难题，就想办法克服这个难题；产生了什么教学设想，就想办法以此为假设进行研究，教学便有了研究与改革的立足点。但是正因为如此，许多教学改革变成单纯为了教学而改革，关注的是教本身，起点在“教”的优化，终点是优化了的“教”。

道理是对的，问题却也出现了。教学改革不是为了从一种教学方式到另一种教学方式的人为变化。

我们尝试着提问：教学改革能够改变的是什么？因为教与学的统一，教学能够改变的将是学生的学习方式，即，通过改革教学使学生的学习方式发生变化。

可不可以再问：为什么要使学生的学习方式发生变化呢？因为我们期望学生的发展。

由此继续追问：改革需要思考学生的发展吗？是的。

然而，当我们把教学改革的起点、假设的立足点放在教学本身的时候，我们有没有思考学生的发展是什么。

原来，教学的第一问应该是“我们期待学生获得什么样的发展？”然后才是“学生怎样改变学习方式能够促进这种发展？”这样才有了第三问“教学怎样改革才能促成这种学习方式的改变与产生？”

由此可见，教学的逻辑起点应当定位在学生的发展需要上：思考学生、思考学习、思考教学改革。这构成了教学的理性思维。

学先于教，而人又先于学，这就是教学的理性。

即使教学回到理性的空间里，也是基于学生的需要而思考、而批判，学生的需要决定了教学的价值取向。教学是需要智慧的，需要在教学之前寻求规律，我们相信，理性关注即对“人”的关注，人是以情感介入为前提的。“仁者爱人”，“仁”的前提是“爱”，首先关乎的也是情感。

由此，以理性来回望教学，就有了更多的情感与领悟。休谟说：“我把骄傲、谦卑、野心、虚荣、爱、恨、妒忌、怜悯、恶意、慷慨和它们的附属情感都包括在间接情感之下。而在直接情感之下，则包括了欲望、厌恶、悲伤、喜悦、希望、恐惧、绝望、安心。”①无论是属于间接情感的“骄傲、谦卑、野心、虚荣、爱、恨、妒忌、怜悯、恶意、慷慨和它们的附属情感”，还是起于“善、恶、苦、乐”的“欲望、厌恶、悲伤、喜悦、希望、恐惧、绝望、安心”这类直接情感，都会以一种或压抑或张扬的状态被带入到教学中来，以人而发，如此而已。

《中庸》说：喜怒哀乐之未发，谓之中；发而皆中节，谓之和。中也者，天下之大本也；和也者，天下之达道也。致中和，天地位焉，万物育焉。教学在于引领学生生命成长并回归自然状态，这也是一种“致中和”的选择。由此，教学之理并未失去情。

教学不只是徘徊于知识或技能的层面，而是更多地关注了情感的层面，因为情感似乎和知识技能一样需要教学。教学要实现的是情感的顺应：“先要认定学生是一个自律的平民。把这个自律的平民，如养花草地养起来，使他得一种春风时雨的化育，渐渐儿顺自然发展起来。”②教学就是要这样来顺应并优化生命的。教学在认知与情感的高度统一中才会走向学生。

看来，从理性上来看，只有教学的理性是不够的，理性之上是什么？《管子》之治曾警示道：“以家为乡，乡不可为也；以乡为国，国不可为也；以国为天下，天下不可为也。”至少“以家为家，以乡为乡，以国为国，以天下为天下”才可为。没有上位的本体性的关注，教学可为吗？至少以人为教，教学才可为吧？

所以，马斯洛说：“教授事实有什么用？事实用不了多久就变得过时了！

① [英]休谟：《人性论》，关文运译，关之骧校，310页，北京：商务印书馆，1980。
② 蒋梦麟：《教育究竟做什么》，载《新教育》(第一卷第一期)，1919(1)。

教授技术有什么用？技术也很快就过时啦！甚至工科学校也由于有这样的认识而弄得面目全非……尝试去创造一种崭新的人——他能随机应变，能以变化为乐，能即席创造，能满怀信心、力量和勇气去对付他生命当中的突发事件。”①

教学之理，其实是一种属于“人”的理性。

“人”的理性又是一种什么样的教学状态呢？当我们还在探讨教学理论和教学技术孰轻孰重时，似乎忽视了教学中最核心的“道德感”。面对教学与改革，条件、能力只是外在诉求，而教育者的意愿、情感、道德归属才是真正的教学启动的根源。

教学要回答的是：怎样面对人？教师需要付出的更多，更多的“以身观身”“切忌体察”“求诸己身”。所以“教学相长”不是一种可能，而是一种必须。我宁愿将其理解为“教师的教学必须与教师的学习同步”，从而自善其身，修己之性，传至善之道。

教学之理，是为人理。

二、教学之道

夸美纽斯曾控诉中世纪的教学“变成了儿童恐怖的场所，变成了他们才智的屠宰场”②。而“今之教者，呻其占毕，多其讯言，及于数进，而不顾其安”的这种“照本宣科、满堂灌、急于赶进度”的教学在两千多年前已被《学记》警示；又一个“今天”，这样的教学场景却时时重复，异化着学生的需要与发展本质，破坏着有助于学生生命发展的教学生态。

教学之道并没有完全属于人道。

① [美]马斯洛：《马斯洛人本哲学》，成明编译，227~228页，北京：九州出版社，2003。

② [捷]夸美纽斯：《大教学论》，傅任敢译，46页，北京：教育科学出版社，1999。

子曰："志于道，据于德，依于仁，游于艺。"(《论语·述而》)这何尝不是教学的总则？所谓"志于道"，是志于"天人合一"的"人道"，"人道"乃人们社会生活的根本原则，是根基，而教学回归"人"的关注，是必然的方向；所谓"据于德"，则明确了回归"人道"的教学所应有的善意和高贵的品性，教学的依据是德，如此，教学才能有所"得"；所谓"依于仁"是指道德主体的自律，是道德理性和道德情感的自然和谐，教学能否进入"孔颜乐处"的状态则是教学内在主动性唤起的"仁至"之态；所谓"游于艺"，则不仅是"六艺"为范畴的活动，而且也是一种艺术化的伦理生活方式，亦即审美自觉境界的达成，这才是尽善、尽美之境。如此的教学，才是"从心所欲，不逾矩"的，才是师生"乐此不疲"的教学。

教学的层次，从"志于道"到"游于艺"，是基于审美境界来唤起教学之道，"游于艺"在于技术、技艺达至得心应手，进入了"游"的自由状态，这是一种超越"自律"的"审美自觉"的境界。当师生都处在一种自由状态下自觉参与教学，则教学的审美境界就达到了。那么，审美真可谓教学之境吗？孔子说："兴于诗，立于礼，成于乐。"(《论语·泰伯》)"知之者不如好之者，好之者不如乐之者。"(《论语·雍也》)此处的"乐"也是一种审美之"乐"。

审美之"乐"深入灵魂便改变了教与学的性质，甚至以"乐"为本也是一种状态。学习是一种快乐，学习是为了快乐，这在理与智上是可行的吗？至少，孔子相信。

王阳明在其《训蒙大意示教读刘伯颂等》一文中，畅论审美的教学思维："大抵童子之情，乐嬉游而惮拘检，如草木之始萌芽，舒畅之则条达，摧挠之则衰萎。今教童子，必使其趋向鼓舞，中心喜悦，则其进自不能已。譬之时雨春风，沾被卉木，莫不萌动发越，自然日长月化。若冰霜剥落，则生意萧索，日就枯槁矣。"因此，"凡诱之歌诗者，非但发其志意而已，亦所以泄其跳号呼啸于咏歌，宣其幽抑结滞于音节也；导之习礼者，非但肃其威仪而已，亦所以周旋揖让而动荡其血脉，拜起屈伸而固束其筋骸也"。

看来，只有审美的教学才是教学理性、教学道德、教学情感的和谐，才能达至一种生命的自由状态，"才是一种成全人的道德情操的教化或一种为着每个人切己地安顿其心灵的学问。”(黄克剑)这就是教学的境界。

教育呢？罗素所理解的“哲学”是“某种介于神学与科学之间的东西”。教育何尝不是如此？一种深深的思考甚至思而不得；一种自我的体征乃至确认，无不呈现着生命之美。

教育之道，是为人道。

如此看来，学生在习得知识、形成能力，实现了初步的内化与自主建构时，教育仅仅是一个开始。对学生来说更为重要的是精神的提升，是审美性观照。

成功的教育总是要走向精神超越的审美阶段，学生的认识与情感从无序、他律走向自律而进入自由的阶段，精神的自由是消弭了技巧、不留痕迹的认知与情感相统一的整体一致性，是“移情”和“忘怀”的，师生都在摈弃了功利、摈弃了私我、摈弃了形式的境界里进行情感和精神的自由遨游。

然而，这就足够了吗？

李泽厚先生说：“中国传统思想中的人生最高境界的审美也具有这方面(实用理性面临着严峻的挑战)的严重缺陷。它缺乏足够的冲突、惨厉和崇高(sublime)，一切都被消解在静观平宁的超越之中。”因此，他主张：“把美和审美引进科技和生产、生活和工作，不再只是静观的心灵境界，而成为推进历史的物质和现实动力，成为现代社会的自觉韵律和形式。”①

“天人合一”的生命境界，“实用理性”的教育法则，都在教育之道。

走入一个个教育现场，切忌体察，本书就是对实际教学问题的道德分析和实践探讨所得，探究教学的情与理、体与用，试图系统地了解教学的道德基础，并从一般的原则出发，寻找一个合乎规律性与目的性的审美路径，这才是教学的路径。

多么希望“慢慢地走，细细地欣赏啊”！然而，我们怀揣着问题，怀揣着问题解决的诉求，不得不开始这段面向黑暗远方的跋涉。

本书所成，即如笛卡尔所言：

---

① 李泽厚：《中国古代思想史论》，339页，北京：生活·读书·新知三联书店，2008。

我们要透彻领悟一个问题，就必须把它从任何多余的观念中抽象出来，把它归结为一个十分简单的问题，并且把它分割为尽可能最细小的部分，同时却不忽略把这些部分一一列举。

亦如班固论及司马迁的《史记》：

不虚美，不隐恶，故谓之实录。

第一章

教学的“发生”

将一个结论放在那里，然后老师来讲，学生听得懂就等于会了，会了也就接受了；听不懂则练，一遍练不会则反复练，直至形成机械思维。这里有学习吗？学习是指学习者因经验而引起的行为、能力和心理倾向的比较持久的变化。这些变化不是因成熟、疾病或药物引起的，而且也不一定表现出外显的行为。由施良方先生的定义不难看到，学习者的学习体现为“变化”，行为的、能力的、心理倾向的都属其范畴，即使是渐进的，也是需要在累积中逐步实现的。然而，当课堂变成教师讲，学生听不下去时；当课堂变成仅仅是唤起学生已知的经验而没有思维的碰撞时；当课堂变成若干旁观者陪同教师经历一个独立于情感之外的过程时，教学发生了吗？那么，如何才能使教学发生呢？

引例

这是一节高中生物课。教师让同学们打开课本并听讲。

师:我们来学习“建立减数分裂中染色体的模型”。我们一起来讨论“精细胞”和“卵细胞”。看老师来为大家画这两个模型,这一部分内容很难,大家一定好好听,好好看。(接下来是老师系统的、很有深度、很有激情的一段讲授。然后让学生画出这个减数分裂模型)两个学生到黑板前去画,然而都出了错:一个是大小画错了,另一个是方向画错了。(教师纠正错误,并又讲一遍模型特征和画法;然后再让两个学生去画,然而又出现了错误。(教师再纠正。这时,很多学生在课堂上只是旁观,似乎无事可做)

教师的要求是对照课本认真看一遍,而接下来是教师的第三遍讲授:

同学们,精细胞模型是不是这样?(是)/我们可不可以这样来看待?(可以)/画出模型一定要结合细胞特点对不对?(对)/这样画是不是符合他们的特点?(是)/这样画是不是就错了?(是)/以后我们是不是要这样画?(是)/以后我们是不是不能这样画?(是)/看看老师画的对不对?(对)/这下都会了吗?(会了,零零散散地回答。)好,我们学习下一个内容。

下课了,笔者问其中一个学生画了吗,回答:没画;再问:不会;再问:课堂上不会不要紧,课下问同学;另一学生补充:课下多做几遍作业就会了。如此看来,就连学生也认可了课堂上不会课下补的学习状态。

这样的教学过程里,学习发生了吗?

一、学生提高了吗?

有学者认为:学习是指学习者因经验而引起的行为、能力和心理倾向的比较持久的变化。这些变化不是因成熟、疾病或药物引起的,而且也不一定表现出外显的行为。

教学以引发学生的学习为切入点,继而以实现学生的发展为价值取向,如果教学没有引起这二者的变化,我们可否承认:教学在很多的课堂里并没有发生。一个简单的例子,当我们问小学三年级的学生“63+36=?”的时候,学生会异口同声地回答“99”。这个过程结束,教学过程似乎也结束了,然而,这个仅仅唤起学生学习经验的过程有没有引发学生“较持久的变化”?如果没有,则意味着学习没有发生,那教学呢?

以真致善,学生真正的提高是教学之善的根本标准。无论有效还是高效的教学追求,从学生真正的提高来看待才是具有意义的。

提高的显性层次存在于学生的认知领域。布鲁姆的教育目标分类学曾清晰定义了学生在知识与认知过程领域的发展目标,后来,又有学者对此进行了修订[①]:

① L.W.安德森等:《学习、教学和评估的分类学:布鲁姆教育目标分类学修订版(简缩本)》,皮连生主译,25页,上海:华东师范大学出版社,2008。

分类表

知识维度	认知过程维度					
	1.记忆	2.理解	3.运用	4.分析	5.评价	6.创造
A.事实性知识						
B.概念性知识						
C.程序性知识						
D.反省认知知识						

在安德森等人看来,这样的目标分类表能够涵盖学习与教学中的所有具有认知特点的教育目标,学习过程的指向更清晰一些。而作为教师理解的教学活动过程中的目标,则意味着多种知识的达成和调度,同时也意味着多个认知过程的分析应用和体现,这就使得教学活动的目标多元而具有选择性。

在每一个、多个交叉点上,都会出现学生知识以及认知过程的发展维度,这就意味着学生的发展在教学的每一个领域都在进行。虽然没有教学,学习也会发生;虽然没有教学,发展也会存在。但是,只有有意识地影响学生的发展领域,才能够保证学生学习在不断提高中积累,在不断积累中提高。

将目标与任务结合起来,在教学过程中运用这一分类表所涵盖的认知学习领域的目标,并构建学习目标的认知结构系统,将能够促进学习的发生,学生提高就有了可能。如果说教学过程的目标是可以控制与操作的,这就为学生提高提供了充足的可能。那么,在教学过程展开之前的教学设计则要充分考虑学生学习展开的各种条件,除了外部条件之外,还有源自于学习者的内部条件。

这就是一整套因素:外部因素(如学习的环境、该环境中的资源以及学习活动的管理)与诸如学习者带到学习任务中的心理状态、先前习得的性能、个别学习者的个人目标之类的内部因素存在着相互作用。[①] 而内部因素对学生学习的影响更大一些。因此,教学设计只有关注了学生的学习与心理准备状

① R.M.加涅等:《教学设计原理》,王小明等译,8页,上海:华东师范大学出版社,2007。

态，才能够有的放矢，并且在教学过程中关注学生的动机、人格、意志的提升时应当具有直接的切入点。这也可以称作教学发生的隐性领域，只有当学生获得了变化的发生时才会有提高。知识如此，情感发展亦如此。

我们是否可以这样来看待教学中的学生提高：不是讲完了就是有效了，不是学生回答了就是有效了，我们希望看到的是学生提高了多少，每一个学生走进课堂之前和走出课堂之后在知识、能力、过程、方法上有没有相对于自我的提高或者经历？学生在情感、态度、价值观上有没有深刻的感受或者顿悟？做题不是学习，对答案不是学习，提高才是学习。起源于教学设计，深度切入教学过程的提高论成为教学至善的首要条件。

二、教师打动自己了吗？

由衷而发，如果教学以学生为主体，那么探讨教师情绪情感因素似乎偏离核心。然而，影响学生学习，特别是影响学生学习状态的还是教师这个主动性因素，尤其是教学中教师情感投入的程度。还是雅斯贝尔斯的理解，教育是一棵树摇动另一棵树，一个灵魂触碰另一个灵魂。雅各布斯也呼吁：师长们，不论是父母、长辈或老师，都会使用书本和录像，但他们同时也用口教导，并且在最有效时，也会以身作则。[①] 言传身教，教师所存。

我们始终相信，研究学生发展是教学问题的第一问，研究学生学习是第二问，研究教师教学仅仅是第三问。当然，每问都是其他两问的存在条件，三者同等重要。就教学的关注点来说，也停留于学习主体的发展和学习方式的转变，然而，一切转变的条件都受制于教师"此时"的状态。因为"人—人"对话关系是其他关系的基础和条件，而对学生学习起到决定性影响作用的所谓"外部事件"，也是以教师占据主体地位的。我们来看加涅对于学习内部过程受学

① 简·雅各布斯：《集体失忆的黑暗年代》，姚大钧译，5页，北京：中信出版社，2014。

习外部事件影响的分析：[1]

学习的内部过程及其所受的外部事件的影响

内部过程	外部事件及影响
注意(接受)	刺激变化产生唤醒(注意)
选择性知觉	物体特征的增强和差异促进选择性知觉
语义编码	言语指导、图片、图表可提供编码方式
提　　取	提供或呈现如图表、表格、箭头、押韵等线索帮助提取
反应组织	就学习目标进行言语指导，告诉学习者所要求的行为表现类型
控制过程	通过语言形成定势从而激活并选择合适的策略
预　　期	告知学习者目标，从而形成对行为表现的预期

在这七个过程中，教师至少要在五个过程内采取言语乃至身段的方式，以“外部事件”促进“内部过程”的发生，而其他方式的提供也离不开教师的主体参与。从这一点上来说，外部事件，主要是教师所创造的学习的外部事件对学生的影响带有深刻的情感要素，要么是各种刺激，要么是教师的言语、行为。

那么，教师自己是否已经被教学材料、教学设计、教学过程打动，或者说教师是带着什么样的情绪情感因素来到学习现场，将决定着对学生学习的根本唤起程度。

这不是个虚设的问题，我们走进课堂，或多或少都怀揣着自己的理想，无论远大还是平实，它总能带给我们一种心灵的感受，如果我们自己都对这节课没有感觉、没有印象、没有好感，那么，这样的教学就算教再多的知识能称其为有效吗？能对学生的学习产生影响吗？教学只有先打动教师才能打动学生。况且，只有打动自身的教学才具有对教师本身由内而外的吸引力，才能够让教师享受教学过程，此时的教学研究才是真实的。

---

① R.M.加涅：《学习的条件和教学论》，皮连生等译，84页，上海：华东师范大学出版社，1999。

当然,从教学伦理与价值的角度可以做此判断,打动自己的另一个要素还意味着教师对课程、对教学过程的再加工,而不是走过场。这是因为情感是人的一种动力机制,能够有效促成人的行为动力;同时也是人的一种享用机制,让人的行为在自然状态下具有幸福体验。正是这两种机制的综合作用,使得被打动的教师更容易探究教学过程的意义与教学内涵的价值,也更容易在这个过程中享有教育的幸福体验。

三、生命力值得信任吗?

生命状态,这是教学理想与现实的综合诉求。通过透视学生在课堂学习中反馈出来的综合状态能够判断教学发生的程度,这种综合状态如果称其为发展状态,则至少包括:生理发展,指身体方面的变化;个性发展,一般指个体性格方面的变化;社会性发展,指个体、人际关系方面的变化;认知发展,是指思维能力上的变化。① 内尔·诺丁斯从另一个角度提出教育的母性观点:如果我们真正爱孩子,就要不仅尊重孩子们所显示的各种才能以及他们所从事的各种职业,我们还要深切地关心他们。我们希望保全他们的生命,哺育他们成长,以可接受的理想来指引和教导他们。②

然而,当笔者深入教学研究的现场,从许多专业研究活动的视角透视当前诸如"课堂观察"一类的专业行为,综合分析不难发现,所谓的"课堂观察"一般体现为"效率观察"。比如:指向于问题设计的效度、问题提出的艺术、教学目标的达成、目标达成的广度、教师讲授是否清楚、学生参与是否全面、小组合作是否有效,等等;通过各种各样的数据分析表、问题解读来探讨教学的价值;

---

① 阿妮塔·伍德沃克:《教育心理》,陈红兵等译,25页,南京:江苏教育出版社,2005。

② 内尔·诺丁斯:《学会知心:教育的另一种模式》,于天龙泽,75页,北京:教育科学出版社,2011。

教学观察与教学评论一般停留在师生教学行为的有效性上。虽然也会涉及学生的参与状态、学生的参与广度等涉及情感层面的研究,但是主动进行“生命观察”的教学研究还是难得一见的。

教学的智慧是生命的智慧,不是数量关系的智慧,我们相信“人”是教学的主体,却常常绕过学生的生命体验单纯地深究效率。即便是效率,其发生于人的情感领域也远远大于发生于单纯理性的层次,因为“教”可以理性视之,而“学”则往往发于自动,正所谓“不愤不启,不悱不发,举一隅不以三隅反,则不复也。”(《论语·述而》)“知其心然后能救其失也。教也者,长善而救其失者也。”(《学记》)不仅是学先于教,而是先于教的学是与生命状态同步的,而具有生命力的学则一定是学生情感全情投入的。

“得其大者可以兼其小”,说到底,教学之理是为人理,教学之道是为人道,关注到了学生的生命力,以学生完整的身心发展作为教学的出发点和归宿,教学就有了“取乎其上”的价值取向,在实施层面上自然是透视学生内心世界,关乎学生的情感状态的。当学生在情感领域,特别是学习动机、学习兴趣、学习意志力得到充分激发以后,自然就有了发乎情感的学习向往和学习自由,学习效率便蕴含其中了。

IQ 很重要,EQ 也很重要。有研究表明,人的智商受先天影响大,而情商,包括情感因素往往是后天造就居多,这也进一步向教学发出启迪:应该在教育容易变革的情感领域施予影响,还是在学生较为固定的智力领域单纯培养?结论是不言而喻的。

教师是否回到完整的生命本身来施教,依然关乎“信任”学生与否。

教师当我们以聪明伶俐或者如此之笨来判断学生的时候,眼睛里就没有了人,没有了对人的生命力的关注。每个人都应得到“细致入微”“无微不至”的关心和教育,因为他们是“人”,而每个人都应该得到最好的教育。成功是一种生命效应,而不是一种事实预设。如此,教学便可以由内而外地发生了。

四、哪些事情是学生愿意的?

学习不只受外力影响,而应当来自学生的自发自愿。

然而,课堂里面一厢情愿的事情太多了:知识是要学的、问题是要回答的、习题是要做的、什么时候开始什么时候结束不是学生说了算的,这就是学生的学习状态。而"有效"教学、"高效"课堂让这种状态更为恶化,聪明的老师不是看学生学了多少,而是看他们喜欢学多少,能够学多少。愿学才能乐学,乐学才能勤学。然而,让学生勤学的出路在哪儿呢?

虽然在班级授课制背景下无法规避大一统的作息时间、统一号令等问题,然而,当单位教学的时间固定,或者说,当教室的门关上以后,一位教师与几十位学生在几十分钟的时间里,可以呈现什么样的交流活动?这是可以设计、可以预期、可以控制,而且是可以随时调整的。这些活动的根本依据是什么呢?

不同的心理学家曾经给出教学与学生学习意愿间关联性的根本判断。

人本主义心理学家罗杰斯从意义学习的角度给出论述:

> 第一,学习具有个人参与的性质,即整个人(包括情感和认知两方面)都投入学习活动;第二,学习是自我发起的,即便在推动力或刺激来自外界时,但要求发现、获得、掌握和领会的感觉是来自内部的;第三,学习是渗透性的,也就是说,它会使学生的行为、态度,乃至个性都会发生变化;第四,学习是由学生自我评价的,因为学生最清楚这种学习是否满足自己的需要、是否有助于导向他想要知道的东西、是否明了自己原来不甚清楚的某些方面。①

加涅提出的促进学习的九个教学事件虽不是人本主义的,但依然可以看作学生需要的条件:

---

① 施良方:《学习论》,385页,北京:人民教育出版社,2001。

建立在智慧技能、认知策略、言语信息、态度和动作技能这五类人类学习结果基础上的教学事件应当是：一是引起注意，二是告知学习者目标，三是刺激回忆先前的学习，四是呈现刺激，五是提供“学习指导”，六是引出行为，七是提供反馈，八是评价行为，九是促进保持和迁移。①

无论从学习还是教学指导来看，心理学家倾向于为了学习的教学，而学习的发起无疑是学生，就此，学生内在的学习意愿显然是不可忽视的。

那么，哪些事情是学生愿意的？

让学习成为学生自己的事情，这是学生愿意的前提，就此，课堂教学促成学生的意愿至少符合这样的实践标准：

目的相关，教学目标符合学生期望并由学生所认知；因学定教，因循学生的学习与心理基础；

过程明了，教学过程对学生开放并由学生控制；

评价自主，自评为主而不以评价产生不安和排斥感；

迁移适度，让学生在自己的最近发展区自由探究；

领受信任，信任学生自主的学习并由学生所感受。

五、学生思维在运动吗？

思维为本，最伟大的智慧往往产生于闲暇时间。真正的学习是具有思考力的，思考力来自于学生能够组织的过程。怀特海倡导“应该引导孩子们的思维”，让“学生们应该觉得他们是在真正地进行学习，而不只是在表演智力的小

---

① R.M. 加涅：《学习的条件和教学论》，皮连生等译，247～257 页，上海：华东师范大学出版社，1999。

步舞蹈”。[1] 这就要“努力在学生的心灵中纺织出一幅和谐的图案，把对学生直观来说各有其内在价值的教学内容，调整到各个从属的循环周期中去。我们必须在合适的季节收获合适的作物”。[2] 思维才是自然的学习状态。

课堂上促成学生思维、思考力得以生长的关键在于问题引领，在于空间保障。

关于问题引领，这是课堂教学得以发生的设计支持。如果说教学在行为方式上的变革可以概括为“怎么教”，当然，这个“怎么教”既有技术策略，又需要深入人格内心。那么，问题引领思维就可以称作是“教什么”的层次了。什么样的问题能够引领思维？怎样来设计和组织问题能够让学生的思维运动起来？这时可以针对不同学科进行探究，但总有一个核心的方向需要确定，即问题要符合学生现实的思维发展规律，问题本身具有一定的思维价值而不至于让学生对问题本身失去判断力。

其实，作为引领学生思维运动的“问题”，至少立足于四点指向：一是指向对学生的无限期待，属于学生能够自我实现的问题，比如能够让学生通过“我认为……”“我发现……”“我希望……”“我研究了……”等来作答的问题；二是指向学科课程价值的问题，为学生与课程之间建构研究与统整的桥梁，让学生借助问题走进学科课程的最深处；三是指向迁移应用的问题，避免单纯在知识范畴内部就问题而谈问题，让问题引发学生实现多学科、多资源的整合和应用，给学生思维以生活空间；四是指向研讨互动的生成，教师常常要求学生就问题而讨论，殊不知，讨论是否发生和有效在于问题本身的指向。供研讨互动的问题一般处于矛盾中心、资料中心、信息中心、人际话题中心，并能为课堂反馈生成若干行为模式。

关于空间保障，这是课堂教学产生深刻思考的文化生态。让学生平静地思考，而不是教师急切地抢着告诉学生标准答案。我们敢不敢把耐心的等待作为高效？我们敢不敢把学生一次次错误的尝试当作高效？我们敢不敢停下

---

① 怀特海：《教育的目的》，庄莲平等译，15页，上海：文汇出版社，2012。

② 怀特海：《教育的目的》，庄莲平等译，31页，上海：文汇出版社，2012。

来守望学生思想上哪怕一次的天马行空？高效的课堂与高效的工厂是不一样的。即便如此，还是需要就课堂空间进行更理性的思考，因为教学的对话性、交互性决定着教学一刻也离不开课堂思维的碰撞和生成。然而碰撞会产生智慧也会湮没智慧。伟大创造往往具有个体的鲜明特性，能够与所有人交流的话题往往不具备独特的慧眼和独具匠心的设计。所以，课堂里有多少时间是学生“冥思苦想”的要比有多少时间是学生“激情碰撞”的更重要。“夫学，须静也。”（诸葛亮语）在一个属于自由思想和独立精神的课堂空间里，学生的思维才能够真正运动起来，而不是一味地迎合。

空间保障的要素体现为六点：一是信任保障，相信学生的独立思考、独立学习能够产生甚至超越教师灌输进去的想法；二是理解保障，直指标准答案只能说明思维的准确性并不代表整个思维的价值性；三是价值保障，思考过程深度与广度是不能用“有用”还是“没有用”来进行判定的；四是时间保障，每一个学生的学习与思考过程都在一个安全的状态下进行；五是反馈保障，一个思维与另一个思维之间需要产生由内而外的依赖性和启发性；六是延迟保障，对思维的评价应针对思维过程本身而不过于苛求当前解决问题的程度。

六、小组合作仅仅是一种方式吗？

合作文化，乃是意味着与最优秀的人并肩。

结社是人的社会化需求，也是人在社会化过程中心理、情感、行为方式获得归属感的保障。学校的小组合作教学方式在解决教学问题，分散教学研究渠道，促进学习效率提升的同时，更是对成长中的中小学生心理归属感的正向引领。

从中小学生的社会性发展的心理取向来看，6～12 岁，是学生“勤奋对自卑”的阶段，“孩子们在家庭、邻里间和学校的适应能力和处理学业学习、小组活动和朋友关系的能力将导致胜任感的增长”。而对于 12~18 岁的学生来说,则是“我是谁”——“同一性角色”混乱期,其中包括“同一性获得”,对生活选择强烈的认同感和责任感;“同一性排斥”,未经考虑全盘接受父母安排的生活;“同一性扩散”,无中心,对个人是谁、希望什么的混乱;“同一性延迟”,由于矛盾斗争而对自我选择的拖延。① 关于“我是谁”以及“同一性”的问题,是困扰青少年学生精神成长和心理成熟的标志性问题,在此背景之下,学生如果不能够从一件事情中获得答案,便会去寻找另外的事情来获得新的心理归属。教学作为一项集体参与的学校教育活动,虽然每一个学生都会身在其中,然而并不能保证每一个学生都能够从中获得心理成长与成熟过程中的归属感,必然导致部分学生归属于教学之外的“结社”行为,于是许多青少年学生的问题在新的异化了的“结社”中产生了。

事实上,不仅仅是学生,包括成年人也会因为在正常的社会价值体系中找不到关于自我的“结社”团队而选择走上背离一般社会价值观的道路。要让学生喜欢学习,就需要让学生成为学习的一员,继而让学生在自我选择的“结社”团队中体验到自己内心需求的生命归属感。

小组合作学习将大的班级体系拆分开来,形成每一个学生都能够看见自我的 4~6 人的结社小组,这里面有分工、有展示,每一个人都是其中的“公民”,都能够在小组中享有公平的权利并履行自己对于小组的义务,这样,就从学习的层次上将学生心理归属感留在了教学过程中。当学生开始主动投入学习,我们想要的理想教育也就到来了。

从当前一般意义上来说,小组合作是一种学习方式,也是教师组织教学的一种方式,不是每节课都要小组合作,然而,小组合作却是学生课堂学习必然经历的一个过程,在大班额十分普遍的现状下,只有小组合作学习能够保证更多的学生有机会参与。从学习规律上来说,辅导他人学习也是最好的巩固,对优等生也是极为重要的学习方式。

---

① 阿妮塔·伍德沃克:《教育心理学》,陈红兵、张春莉译,72~78 页,南京:江苏教育出版社,2005。

从学生心理归属的层次上来说，依托小组学习实现的学生公共性责任感，是更重要的心理趋向的获得。由此来看，小组合作学习在技术层面上有其有效性的研究空间，我们可以用各种有效策略和合理的运行过程来对其进行保障；而小组合作学习在其文化心理意义上的研究空间更大，却往往被忽略。

小组合作文化的核心是让学生建立起“小组合作意味着与最优秀的人并肩”的理念，其中的每一个人都是学生自觉自愿结社的，并且各负其责，是各自独立的最优秀的人和最优秀的群体。如此，学习就在小组内发生了。

七、实践性以何而立？

张志勇研究员将大课堂观作为当前课堂教学改革的重要理念之一，倡导具有课程价值与进行课外拓展的教学改革方向。这是符合社会、历史的发展方向而兼具教学内在规律的价值判断。从某种意义上来说，重视以实践为核心的教学改革是破解当前中国基础教育善考不善用、善文不善工，特别是破解教学片面强调“有用性”功利取向的深刻路径。

囿于课内，不再关心天高地厚。这是教学价值片面萎缩的核心问题。新中国成立后的中国教育几经反复，与社会生产、生产劳动经常“被结合”却常常貌合神离，在重视实践的年代我们的教育曾经被严重摧毁，在重视教育的今天我们的实践被几近无视。其中内在的社会原因自然有学者探究，一个无法回避的现实是教学的课内化，甚至学生的课外学习也已经课内化，知识学习在课内，课外学习是对课内知识的复习巩固。潘光旦先生曾将儒家思想概括为“天地人”的思想，但他指出，过度关注了人，特别是人的认知以后，就把上位的思考“天”、下位的实践“地”丢失了。如此，离开了实践，学生的认知被强化，但是认知视野萎缩了；学生的重复认知被强化，但是学生探索新领域的机会被抹杀了。实践性学习正是以突破课堂时空限制的方式来实现学生认知、发展的拓展。

囿于习得,欠缺实习、演习与习练。“学而时习之,不亦悦乎。”(《论语·学而》)经典的开篇之语自然有其深意,其中既蕴含了“学而时习”具有快乐的人生本义,还有更值得深究之处。关于“习”,杨伯峻先生解释道:一般人把“习”解为“温习”,但在古书中,它还有“实习”“演习”的意义,如《礼记·射义》的“习礼乐”“习射”。《史记·孔子世家》:“孔子去曹适送,与弟子习礼大树下。”这一“习”字,更是演习的意思。孔子所讲的功课,一般都和当时的社会生活和政治生活密切结合。像礼(包括各种仪节)、乐(音乐)、射(射箭)、御(驾车)这些,尤其非演习、实习不可。所以,这里的“习”字以讲为实习为好。[①]由此回望今天的学习,学生忙于习得知识,练习以巩固知识,却失去了实习、演习与习练所获得的更多的身心两健的发展。实践性教学将是回归学习之本的选择。

囿于有用,异化学习与教学的价值。之所以出现重课内轻课外,重习得轻实习的问题,还在于我们的教育教学文化传统与追求中对于“有用”的迷信与盲从。在某种意义上,“有用之教”是合理的,“有用的”当然是值得肯定和趋向的,但是将有用极端化,自然成为了约束价值的极端功利化选择。当教育被“有用无用论”所控制时,关注当前、关注现实自然成了首选。那些对学生未来、对民族未来,甚至对整个人类未来具有决定意义的素质是很难以有用的方式在当前的教育中发生的。走向课外,学生身心的舒展、兴趣的提升、能力的发展、意志品质的建立、创造力的生长可能都是无法在考试中被量化的,那么,就被理所当然地认定为无用而被忽略。实践性教学的建立是突破这一桎梏的唯一行为路径。

如此看来,当我们重新唤起课内外学习相结合,重新推动学生动手、动口、动脑的课外实践性学习时,其价值已不再局限于教学本身。山东乐陵市实验小学自 2008 年启动大课堂改革至今,倡导“世间万物皆为吾师”的教育思想,让学习成为生活的常态,在活动、实践、体验及生活中注入学习基因。“指尖上

---

① 杨伯峻:《论语译注》,2 页,北京:中华书局,2006。

有数学”“手机里有英语”“超市里有语言”……我们需要这样的选择。

八、恒久不变的“发生”

“反本”“开新”，教学发生在现场，自古至今，其要义在于引发了人的内在变化，没有变化的教学称不上教学的“发生”。

这是一节低年级语文课，学习内容是《一分钟》。在这节课上，教师带领学生学习生字、理解课文、练习表达、提升认识，而每个环节中，教师都对教学问题做了精心的设计，这里有四个教学片段呈现了教师教学的基本环节。

片段一：在认读完了这节课的九个生字“钟、闹、零、哈、欠、迟、叹、决、悔”之后，教师提出：“迟”这个字不容易记住，同学们有好办法记住吗？出乎意料的是学生齐声喊“有”。此时，教师说：“那就把你记住这个字的好办法说给同学听一听吧。”学生纷纷说起来，不到一分钟，教学过程结束。

片段二：在理解课文内容的过程中，教师为了引起学生的注意，强调“一分钟”和“二十分钟”的关系，设计了一个填空题：元元想多睡____分钟，迟到了____分钟。当学生起来回答的时候，连续三个学生都是“一分钟、二十分钟”，而这正是正确答案，教师肯定了学生的每一次回答。

片段三：在指导学生有感情地朗读课文中最后一句话的时候，有的学生把元元的老师读成了一个严肃的老师，有的学生把元元的老师读成了温柔的老师，不同语气呈现出了学生对课文情感的把握的不同与理解的多元。对于学生的朗读，授课教师都是微笑着给出了肯定的评价。

片段四：这是一篇具有一定哲理的课文，在学生理解了课文的内容后，教师自然地提出了一个问题：如果你是元元，你会想些什么呢？一个学生马上说：要珍惜时间。于是老师沿着学生的回答，点击课件中提供的一系列的珍惜时间的名言警句，包括诗句："抛弃时间的人，时间也抛弃了他""少壮不努力，老大徒伤悲""一寸光阴一寸金，寸金难买寸光阴"。学生在朗读更多的惜时警句中结束了本课的学习。

我们要思考的是：教育以什么样的形式在发生着。我们按照蔡元培先生的定义来概述："教育是帮助被教育的人给他发展自己的动力，完成他的人格，于人类文化上能尽一份子的责任，不是把被教育的人造成一种特别器具。"这个概念并不空泛，无论是能力、人格、责任，即便是造成的"器具"，也是在发展之中的，没有发展，教育便没有产生，因为马克思、恩格斯也认为：教育是促进"个人的独创的自由发展"。

由此看来，即便在"相对特殊"的课堂教学过程中，学生获得发展，哪怕是其中一方面的发展，也被视作教育的产生。

回到上述四个教学片断中，在"片段一"中，学生大声喊出"有"记住"迟"字的办法，而此时，正是让学生说出、交流、修正这一办法的绝佳过程，只有学生把办法交流出来了，并进行了充分的研讨，才是学生获得发展可能的标志，然而，草草结束的教学过程却恰好泯灭了这一最具开放性、发展性的教学习得经历，学生的方法习得仍旧未实现；在"片段二"中，学生是否回答出了"一分钟"或"二十分钟"是不重要的，而这一填空训练对二年级的小学生来说，重点意味着学生能否把一句话完整地说出来，表达是否完整准确，所以说，其设计是非常用心的，而在教学操作中，却恰恰偏离了学生的发展需要，反而成为寻求标准答案的过程；"片段三"也是一个良好的、生成性教育资源的呈现，学生用不同的语气来界定原本只是"严肃"的教师形象，其实，学生用不同的语气来读大多是发轫于一时的意气，但是，当教师抓住学生与众不同的朗读语气，追问学生"为什么"这样去读的时候，学生就会冷静下来思考，即便给出的不是正确答案，但学生对自己的反思已然形成，其发展自然也已经形成；"片段四"则是值得审视教育价值的引申问题，"一分钟"这篇小小的短文其实不仅仅是节省时间的问题，文中所呈现的是元元用多睡"一分钟"而致使上学路上产生的很多变故最终导致迟到"二十分钟"的故事，其隐喻的实践的多变论和事物之间的联系问题可以让二年级的学生做简单的解析，而教师针对学生对“惜时”的理解进一步从这一角度补充大量珍惜时间的名言警句，“惜时”的教育目的虽达到了，但文章的内涵显然是简单化了。

教育的发生意味着受教育者深度的自我觉醒与积极的自我建构，其中包含认知的、情感的、道德的、伦理的，当然更多是来自于技能的。但在常规意义的课堂上，最常见的却是类似于上述四个教学片段所呈现的教学选择，在教师精心设计的教学流程之内师生很规整、有序地走过了一个教学过程，却很少在某一个教学环节上“停留”下来，由此而引申出能够使每一个学生都有所超越的学习过程，那么，学生的发展便不可避免地陷入泛化。这是一个最具教学特征的过程，但我们可以反思：教育真的在那一刻产生过吗？

其实这是一个广泛存在的教育浅层化问题，在小学生学习《静夜思》的时候，教师打出了李白的简介，包括字、号、诗歌特点等；在初中生学习《春夜洛城闻笛》时，教师打出了李白的简介，包括字、号、诗歌特点等；到了高中阶段，高中学生学习《将进酒》《蜀道难》时，教师呈现出的李白简介竟然与提供给小学生的素材如出一辙。是谁越位？是谁缺位？似乎结论并不在此，而在于我们是否认真思考过不同阶段学生应当去面对什么样的学习内容，运用怎样的学习方式才能使其获得真正的教育。

破解问题的路径在哪里呢？

其一是教学关系的视角继续向学生转移。之所以用“继续”是因为在我们教师“主导”、学生“主体”的《国家中长期教育改革和发展规划纲要》的判断下，教师是为了学生的主体性的学习而主导教学过程，教学过程往往按照教师设定的流程走下去，只有遇到所谓“生成性资源”“教学事件”时，教师才会停下来做智慧性处理。而一般来说，教师是认可了走完教学过程的学生自然会受到教师预设的教育。而事实恰恰与之相反，在预设过程中，需要师生不断地停下来，不断地就某一问题进行反复研究才能有所收获，而停下来的思维依据就是学生的发展状态是否得到了真实的关注。

其二是赋予教学过程一定的元认知状态。教学过程不是机械化的工业流程，而是人与人之间的相互交流、相互促进的过程，而这一过程还将借助于课程、环境、评价等多种因素，因此，教学过程具有天然的复杂性，忽视了其中任何一个因素都可能造成教学的失误。但也不必悲观，因为抓住了其中的任何一个要素都会带来真实的教学效果，从这一意义上来说，审慎面对教学中的推进因素或阻挠因素并加以利用，随时对教学过程存在一种元认知的准备，进行自我评价，对教学来说，都是能够促进其深入和实效性产生的。

其三是穿越复杂的障碍直指学生发展的核心问题。其实，教学过程中每一个积极预设的环节都是有意义的，或多或少、或深或浅会对学生产生一定的影响。“删除无效环节即有效”的论点其实是存在偏颇的。但是，产生影响并不意味着学生就一定获得其应该获得的发展。教育的产生“润物无声”，同样也应该“强烈深刻”地作用于学生的生命体验和生命认识。用爱因斯坦的话来说：“把学到的东西忘掉的剩余的才是教育。”剩余下来的恰恰是深入灵魂的、具有生命价值的认知或情感体验。那么，通过在教学过程中简化流程、删并环节，师生在一定时间内有充足的精力和“借口”聚焦于某一问题或主题的研究，透彻地、不依不挠地进行深度、全体参与的学习，才会使得教育真正产生。

其四是视教学中的冲突为教学推进的动力资源。“凡是能直接教给学生的知识相对来说都是无用的。”理解罗杰斯这一略显武断的心理学判断，意味着理解教学不是单向度的授受所能达到最终效果的。真正的教育是在不断的冲突中产生和完成的，这里包括教与学之间的冲突、需要与不得之间的冲突、发展与困顿之间的冲突、集体与个体之间的冲突、已知与未知之间的冲突等。认识并借助这些冲突，进而破解矛盾，在获取有价值的信息时发现教学的切入点，才能够更好地确知教育的价值和意义。所以，冥思苦想、乐此不疲的学习状态才属于教学所希望的状态。

第二章

沿革与智慧

※

质疑传统有时意味着我们还不知道传统是从哪里开始的,传统在丈量历史的功过得失,也在厘清当下的思想智慧,并生长未来的价值伦理。每一天都构成新的历史起点,在教学现场寻找教学,目之所及,思想的根系在实践的土壤里伸展,触到的是教学中深深蕴含的真意。以效率论教学还是以品质论教学,其意义是不同的,教学是学校教育的基本活动形式,是学生生活的众多相关联的点,以时间来计,教学的长度与生命的长度在共同生长。那么,在询问教学应该怎样之前,还是多问一下:教学是什么?如果连教学是什么都没有考虑好,我们所习以为常的教学规定、教学法则、教学程序、教学策略还有意义吗?在缺少前提思维的实践中,教学能走远吗?

引例

一位教师构建并实践着自己的复调语文课程与教学。

《孔子游春》是苏教版六年级下册的一篇课文，课文内容分为对泗水春景的描写、孔子观水而发宏论、师生在泗水河畔围坐抚琴高歌、师徒三人谈论志向等几大场景。课文是由多篇文章改编而来，涉及的内容分别来自《庄子·渔父篇》（抚琴高歌部分）、《说苑·杂言》（孔子论水部分）、《论语》（言志部分），作者把发生在不同时间不同地点的几件事放在一起，难免有强拉硬扯之感。

怎么既尊重文本又使文脉畅通呢？我与学生开始重读《论语》，读钱穆的《孔子传》，读《孔子和他的非常弟子们》，读林语堂的《左手孔子，右手老子》。随着对孔子的解读，越来越清楚的一点是，作为孔子一生中的一个重大事件——孔子周游列国十四年必须让学生知道。

引领学生了解了这段历史，无论是论水还是言志，在学生眼里，孔子师生间的一切不再高深莫测，不再隔膜生硬，而是那么自然融洽甚至让人心仪。

"读书是学习"人所共知，"读书是教学"就需要我们的智慧了。

这是孙云霄老师的复调语文，即注重精神成长的对话语文：复调语文追求的是一种音乐境界；复调语文追求的是一种观点多元、价值多元、体验多元、感情真实的思想世界；复调语文关注的是人的个性。

思想建构并不容易，一位教师的教学思想既要有传统的依据、现实的价值，又须包含对未来的判断，这是规律的现实化。然而，教学的规律总在多元语境中被泛化。

一、规律可待孔子说

一位教学论专家谈及自己的研究经历时说：虽然我对俄语一窍不通，但是我可以连听两节俄语课，虽然师生之间都是用俄语对话与交流，其中极少出现汉语，我也能在课后给教师指点迷津，点优勘误，因为我比学科教师更懂教学规律，知道教学应当怎样，自然也知道学科教学应当怎样。

另有许多学科领域的研究者坚持学科属性，比如音乐研究者强调：音乐教学就要体现音乐学科的品性，要把音乐课上得有音乐课的样子，要尊重音乐学科的规律，不要把诸如创造、实践等非音乐甚至反音乐的东西也当作音乐学科的教学来选择，否则有违学科规律。

看来，规律是个大问题，似乎一旦掌握了某个领域里的规律，便俨然成为这个领域里的权威，不尊重规律者自然被轻视，其行为则要被谴责。在规律面前，许多教师诚惶诚恐，十几年、几十年的教学竟时常被冠以“无视规律”甚至“违背规律”之嫌，而且，即使有些教师找到了规律，也还搞不清楚应当遵循的是学科规律、教学规律还是其他什么规律。

那么，学科规律和教学规律各是什么样子？再向其前提去问，学科规律和教学规律之前还有什么规律吗？甚至可以去问，学科和教学真的有规律吗？如果有，我们真的知道吗？

许多教育者喜欢到国外相关的理论成果中去找规律，也有人愿意从传统经典那里找规律。我们到孔子那里试试看。

作为思想家和教育家的孔子，以积极入世的姿态来实践教育，无论是在教学内容的选定、教学方法的选择上都给后人留下了成熟且宝贵的成就，其思想对我国教育思想的形成与教育实践的选择都有着深刻的奠基意义。

（一）“六艺”学科之用

孔子希望培养德才兼备、文武全能的人，所以他承认传统“六艺”，即礼、乐、射、御、书、数的作用，并最终形成了他《诗》《书》《礼》《乐》《易》《春秋》为主体的"学科教材"。"以课程教"在孔子那里已成现实。

关于《诗》，孔子所辑的 305 篇，是"可以兴，可以观，可以群，可以怨"（《论语·阳货第十七》）的。即所谓"诗"，一是可以引发联想，激发人的情感与意志；二是可以观察风俗，考察社会生活情境；三是可以处理人际关系，在切磋诗意中增进友谊；四是可以讥讽时弊，批判不合理的政治现象。对于诗，孔子似乎主张用，而不是背，他说："诵《诗》三百，授之以政，不达；使于四方，不能专对。虽多，亦奚以为？"（《论语·子路第十三》）但怎样学《诗》？怎样教《诗》？孔子没说。

关于《书》，李零先生说，孔子是"复古主义者"，孔子以"述而不作，信而好古，窃比于我老彭"（《论语·述而第七》）来阐述自己愿意继承古书、古人的意志。而他的教材《尚书》无疑就是其教学中最重要的历史文献科目，其中大量的历史文献资料是他希望他的学生学习先王之道，继承和恢复周的文武之道的素材，其用心也苦。但怎样学《书》？怎样教《书》？孔子也没说。

关于《礼》，孔子说："夫礼，先王以承天道，以治人之情，故失之者死，得之者生。"（《礼记·礼运》）所以礼是定国之根本，礼的重要作用可见一斑，在《论语》中，孔子特别强调"立于礼"（《论语·泰伯第八》）以及"不学礼，无以定"（《论语·季氏第十六》）。在这里，孔子将礼的作用从立国进一步具体到人之立，不学礼则人也无法立于世。学礼是要有外在规范理解和内在精神领会的。这是学《礼》教《礼》要达到的目标，仅此而已。

关于《乐》，孔子对"乐"已经到了迷恋的程度，而其对弟子的要求，尤其重视"乐"的作用，在乐教方面做得可谓尽职尽责。虽然孔子所编辑的《乐》教教材已大多散佚，但从他对乐的描述，以及他屡屡提及的诗、歌、舞、曲等各种各样的美育教育，可见其对乐的一往情深。所以他总结为"兴于诗，立于礼，成于乐"（《论语·泰伯第八》）。据说，孔子上课，总有乐器在旁，他将乐教作为高层次和最高追求。看来，孔子的《乐》并不仅仅是弹奏歌舞，而是一种融汇教育所有内涵的美的追求。

关于《易》，孔子到了晚年才将《周易》作为教材进行讲授，但他对《易经》

的爱却尤甚，研究《易经》竟而“韦编三绝”。他说：“加我数年，五十以学《易》，可以无大过矣。”（《论语 · 述而第七》）对《易经》的学与教，孔子只强调了教材价值以及他的深入研究。

关于《春秋》，这是一部历史教材，也寄寓了孔子的社会与政治主张，这本教材编辑了鲁国公元前722年以后二百多年来政治、经济、天文、地理、灾害等方面的史料，但也以史鉴今，其中包含着孔子的政治情怀。怎样学《春秋》？怎样教《春秋》？孔子在《论语》中未提及。孔子的学科规律偏重人，偏重文，但是每一学科是否都会因循其规律而选择合适的教学呢？孔子并未提及，相反，他“志于道，据于德，依于仁，游于艺”的思想成为教学总则，似乎是适用于所有学科教学的。

《诗》《书》《礼》《乐》《易》《春秋》，这是真正的经典，被称作人类文化的源头，以此为课程，是孔子至圣的根本、标志之一，即遵循课程的规律。

（二）“因材”施教之法

孔子是最早的教学方法论者，他的教学方法描述也代表了他在学习和实践中对今人所谓“规律”的反映。在此，我们不妨观照一下孔子在教学中各有什么“规律性”的方法留给我们，继而探究其在教学与学科之间的关系。

需要注意的是，孔子的教学思想中隐含着“学先于教”的主张，是以“治学”多于“施教”的。在一部《论语》中，“学”字提及64次，而“教”字只提及7次。既然教统一于学，我们不妨把具有学与教特质的内容做一摘取。

1.《论语 · 为政第二》①

子曰：“温故而知新，可以为师矣。”（温习过去，以知道未来，这样便可以

① 《论语》中所记述的孔子与其弟子论学、论教的内容非常多，在此只是摘取其中具有代表性的几个方面。本部分对《论语》中句段的注释，均选自李泽厚先生的《论语今读》，北京：生活 · 读书 · 新知三联书店，2004。

做老师了。)

子曰:“学而不思则罔,思而不学则殆。”(学习而不思考,迷惘;思考而不学习,危险。)

2.《论语·雍也第六》

子曰:“知之者不如好之者,好之者不如乐之者。”(知道它的,不如喜欢它的;喜欢它的,不如以它为乐的。)

3.《论语·述而第七》

子曰:“三人行,必有我师焉。择其善者而从之,其不善者而改之。”(三个人一起走路,必定有值得我学习的老师。选择优点而学习,看到短处而改正自己。)

子曰:“盖有不知而作之者,我无是也。多闻,择其善者而从之,多见而识之,知之次也。”(有那种无知而凭空造作的人,我没有这样做过。多听,选择其中好的而遵行;多看而记住,这就是知的次序、过程。)

子曰:“默而识之,学而不厌,诲人不倦,何有于我哉!”(默记在心,学习而不厌烦,教导别人而不知道疲倦,我还有什么呢?)

子曰:“自行束脩以上,吾未尝无诲焉。”(凡十五岁以上,我没有不收教的。)

子曰:“不愤不启,不悱不发,举一隅不以三隅反,则不复也。”(不刺激便不能启发,不疑虑便没有发现。指出桌子的一个角,不知道还有另外三个角,我也就不再说了。)

子曰:“二三子以我为隐乎?吾无隐乎尔。吾无行而不与二三子者,是丘也。”(你们这些学生以为我有什么隐瞒吗?我没有什么隐瞒的。我没有什么事情不对你们公开的。这就是孔某的为人。)

4.《论语·卫灵公第十五》

子曰:“吾尝终日不食,终夜不寝,以思,无益,不如学也。”(我曾经整天不吃饭,整夜不睡觉,用来思考,结果并没有好处,不如学习。)

子曰:“赐也,女(汝)以予为多学而识之者与(欤)?”对曰:“然,非与(欤)?”曰:“非也,予一以贯之。”(“子贡,你以为我是多学多记的人吗?”“对,不是这样吗?”“不对。我是用一个基本看法来贯串它们。”)

子曰:“有教无类。”(教学生不要分类别。)

5.《论语·子张第十九》

子夏曰:“百工居肆以成其事,君子学以致其道。”(各行各业的工匠在制作场地完成他们的工作,君子应该努力学习以完成他的事业。)

子夏曰:“日知其所亡,月无忘其所能,可谓好学也矣。”(每天知道一些新知识,每月不忘记学过的旧知识,这可以叫做爱好学习了。)

子夏曰:“博学而笃志,切问而近思,仁在其中矣。”(广泛学习,坚定志向,诚恳提问,认真思考,“仁”就在其中了。)

……

在孔子的上述教学方法里,还有极为重要的一点虽未直接提及,但在其与学生的对话以及对学生的分析中可以清晰获得,即“因材施教”。

如《论语·先进篇》:子路、曾皙、冉有、公西华侍坐。子曰:“以吾一日长乎尔,毋吾以也。居则曰:‘不吾知也!’如或知尔,则何以哉?”(子路、曾皙、冉有、公孙赤陪孔子坐着。孔子说:“我不过大你们几岁,不要顾虑我是老师。你们平常说,‘没有人了解我’,如果有人了解,想干什么事情呢?”)

子路立即回答说:“千辆军车的国家,夹在大国的中间,外有别国军队的威胁,内有巨大的饥荒。要我来干,只要三年,就可以使老百姓勇敢无畏,而且明白道理。”孔子微微一笑。

冉有回答说:“六七十里或五六十里的小国,我干的话,三年之后,可以使老百姓富足。至于推行礼乐,那就只有等待君子了。”

公孙赤说:“不是说能够,而是愿意学习。办祭祀或者接外宾,穿着礼服礼帽,我愿意做一个小小司仪。”

曾皙说:“我不同于他们三个人所讲的……暮春时节,春装做好了,和五六个青年,六七个少年,在沂水边洗澡游泳,在祭坛下乘凉,唱着歌回家。”

对于学生的志向,孔子用对话的形式予以了解,虽然孔子也在表达自己的心境,但是通过问答、讨论以了解人,这是孔子的教育智慧。

正是有了这样充分的了解与分析，所以孔子很清楚他的学生的特点。

他说：子路这个人，千辆军车的国家可以让他负责兵役、军政的工作。我不知道他是否仁。冉有这个人，千户人家的地域、百辆兵车的部族，可以让他负责民政总管。我不知道他是否仁。公孙赤这个人，穿上大礼服，在朝廷服务，可以让他负责外交。我不知道他是否仁。

对学生的知与不知，孔子表述得如此清楚。这样，就会有对学生的分类把握："从我于陈、蔡者，皆不及门也。德行：颜渊、闵子骞、冉伯牛、仲弓。言语：宰我、子贡。政事：冉有、季路。文学：子游、子夏。"（《论语·先进》）而且，孔子对学生的认识还是辩证的，在比较中清楚地看到每个人的特点和发展程度所在，孔子对学生了解之深刻，判断之准确正是他"因材施教"的依据和具体体现。

"因材施教"是针对学生特点而进行的教。加之"学与思"和"学与行"的结合，以及"启发诱导""好学求是"等思想，足见其整体的教学之道。然而，在这些教学方法中，却极少针对某科教材之教。

（三）孔子的规律

孔子是一位多学科的教师，其教学之道与学科之道理应是一致的，也就是说，学科规律也应当是教学的规律，教学的规律也应用于学科的规律。为什么孔子不从学科谈及教学或从教学谈及学科呢？

孔子有更高层次的识见。

《中庸》中说："故君子不可以不修身。思修身，不可以不事亲；思事亲，不可以不知人；思知人，不可以不知天。"

"修身"一事，是从"天道""人道""亲缘""孝道"化解而来，因为没有更高远的境界，单纯的行动是没有好的结果的。孔子的学科与学科教学何尝不是建立在他的道德情怀前提下的呢？

孔子说："君子有三畏：畏天命，畏大人，畏圣人之言。"（《论语·季氏第十六》）这句话是说：君子有三种惧怕，怕天命，怕王公大人，怕圣人讲的话。"不知命,无以为君子也。”(《论语·尧曰第二十》)这句话是说:不懂得命运,没法做君子。

这是敬畏天命。

孔子说:“人而不仁,如礼何?人而不仁,如乐何?”(《论语·八佾第三》)这句话是说:人如果没有仁爱,讲什么礼?人如果没有仁爱,讲什么乐。他还说:“当仁不让于师。”(《论语·卫灵公第十五》)意思是:如果追求“仁”,对老师也不必谦让。

这是以仁为本。孔子说:“弟子入则孝,出则弟,谨而信,泛爱众而亲仁(人)。行有余力,则学文。”(《论语·学而第一》)这句话是说:年轻人在家里孝顺父母,在外面敬爱兄长,谨慎、信实,博爱群众,亲近有仁德的人。做了这些还有剩余力量,就学习文献知识。子夏说:“贤贤易色,事父母,能竭其力,事君,能致其身,与朋友交,言而有信。虽曰未学,吾必谓之学矣。”(《论语·学而第一》)子夏的意思是:重视德行替代重视容貌,事奉父母能尽力量,事奉国君能献出自身,结交朋友能信守承诺。他虽说没学过,我一定说他已经学习过了。

这是忠信孝悌为先。

如此挂一漏万地摘录虽不足以反映孔子“天地人”的思想与胸怀,至少能窥见他于教学之上更多的思考来自于人,即所谓“仁者爱人”。以人为本是孔子积极入世、悲天悯人的情怀根基,这又何尝不是他作为一名教师的为教根基呢?“人本”是思想,也是规律吗?为什么不是呢?

当我们仍在辩论“因学定教”还是“因教定学”时;当我们仍在选择“教师主导”还是“学生主体”时;当我们各执一词“语文要有语文的味道”“音乐要上出音乐性”“数学以思维力为本”的时候,我们是否还能找到学科之本、教学之本在哪里?孔子从没有把人失落了,于是他不在意争执,而在意作为。在他的教学中,学科是人的学科,教学是人的教学,社会、政治、经济也是人的社会、政治与经济,回到人这一价值主体上来,这才是规律。

（四）实践着的理性

比孔子稍晚时代的柏拉图，在其著作《理想国》中构建了他的教育理想，借助苏格拉底之口来阐述他关于教育的方法、内容、课程等一系列问题，特别是教学中的“产婆术”等教学思想，与孔子的主张有诸多相似之处。其中，《理想国》所主张的“四艺”课程，包含体育锻炼、音乐、天文、数学（算术与几何），在论及这些科目的教育时，苏格拉底说：“教育实际上并不像某些人在自己的职业中所宣称的那样。他们宣称，他们能把灵魂里原来没有的知识灌输到灵魂里去，好像他们能把视力放进瞎子的眼睛里似的。”①这不仅仅是方法的判断，也是敬畏于人之本性的哲学思考，教育归属于人的自主建构。

而亚里士多德也承认，教育应当面向自由的人，而闲暇是教育的目的所在，教育“既不立足于实用也不立足于必需，而是为了自由而高尚的情操”②。培养自由的人，成就人的美德被作为教育的根本，亦即统一为所有教育课程与教育实施方法的根本。

从方法到思想，从学科到教学，人类“轴心时代”的中外思想家、教育家的主张有着共同的理想与追求。

随着近代心理学的发展，特别是课程结构的演绎，使得人们在研究问题的时候越来越精、越来越专，而专家的确是某个领域内研究的集大成者。可是，教师呢？教育实践呢？能否专属一个领域来教育作为一个“完整的人”的学生呢？

“专家”是风格的再现，是专业的综合化，然而，“专”的极改是离人越来越远，越来越不像“人”。人的教育丢弃了“人”，还是教育吗？怀特海认为，即便智力发展，也有浪漫阶段、精确阶段和综合运用阶段。所有十二岁以前的学习

---

① ［古希腊］柏拉图：《理想国》，郭斌和、张竹明译，北京：商务印书馆，1998。

② ［古希腊］亚里士多德：《政治学》（第八卷），颜一、秦典华译，北京：中国人民大学出版社，2003。

是浪漫阶段的,“在这一阶段,各种题材对于孩子来说,新奇而生动,其本身亦包含着种种未经探索的可能联系,孩子们好像懵懂地面对着若隐若现的大量内容,不知所措却又兴奋异常”①。基础阶段包括了中等教育和整个学校教育,怀特海依然指出:“精确阶段也代表了一种知识的积累……如果没有对这些事实广泛且普遍的模糊认识,那么之后的分析会变得毫无意义。”②基础教育整体上是浪漫中触及精确,是整体的人的整体教育。

学科不是人给划分的吗?教育不是为了促进人的成长吗?那么,语文课上不该有逻辑归纳吗?数学课上不应有七情六欲吗?外语课上不该有民族精粹吗?体育课上不该有仙乐飘飘吗?物理呢?政治呢?

从人的角度来看,规律是经典的;从专的角度看,规律很脆弱。教师,只有在与学生一起的课堂上,与学生一起的学校里,在教育真正发生的地方,才能找到真正属于自己的和学生的学科与教学的规律。

二、谁的“强大”与“柔弱”?

老子说:强大处下,柔弱处上。

自然界的万事万物都是这样吗?我们从教学中求得证实。

在对课堂教学的批评中,呼吁教师不要独霸课堂者众多:认为教师主宰了课堂,主宰了学生的思维乃至精神,教师的权威地位是禁锢学生自由发展的主因。将课堂还给学生是没有问题的,问题是,教师为什么不能独霸、主宰课堂?而教师真的有能力独霸课堂,把需要传递的信息充分地传递给学生,并主宰每一个学生的发展吗?

---

① 怀特海:《教育的目的》,庄莲平等译,27页,上海:文汇出版社,2012。

② 怀特海:《教育的目的》,庄莲平等译,28页,上海:文汇出版社,2012。

片段一：课堂上，教师正在与学生共同学习新课，这时，坐在后排的一个学生问另一个学生："'惟妙惟肖'是什么意思啊？"被问的学生不假思索地说："就是可笑呗！"于是，发问的这个学生就郑重其事地在课本上"惟妙惟肖"的词语旁边给出了"解释"——"可笑"二字。

这只是一个小小的课堂插曲，这一片段演绎了一段"错误"的学习经历。但是，这"错误"好像不应该怪教师，因为教师在教学过程中根本无暇顾及这些小小的"意外"，况且是如此迅速而隐蔽地发生的"意外"；似乎发问的学生也没有错，遇到不懂的问题提出来，向同伴寻求答案，虽然在那一瞬间没有去听课而是提出了一个问题，但他积极求教于同伴而解决了自己的一个"困难"的态度是值得肯定的，虽然得到的结果是错误的；看来，只能怪给出"错误"答案的那个学生了，但针对这样的一个偶发事件，我们细细想来，他又何辜之有？因为他本身就不知道正确答案，只是他自以为正确的答案是错的而已。由此，这样的教学环节、学习行为和错误结果就偶然而又必然地存在。

或许我们会说，这只是一个偶然发生的现象，教师只要稍加注意即可，这样的教学"事件"是没有多少值得反思的必要的，无需过多地纠缠其中。这话或许是对的，因为教师本身看起来并没有"错误"嘛！但是，作为教师，我们有没有可能去注意到这样的"错误"细节呢？或者说，这仅仅是偶然的吗？有没有必然的成分？有没有可以把握的因素呢？还是说我们根本就没有关注这样的问题呢？看来是需要再进一步考察一番的——

片段二：在听完一位教师上的《周总理的睡衣》一课后，我坐在教室后面忙着补写一点感想，这时，几个好奇的学生围了过来，于是我和他们交谈起来，并鼓励他们说："你们表现得真不错，回答问题很积极！"这时，一个有点儿调皮的学生偷偷地问我："老师，周总理都那么大了，他的奶奶得有多大？怎么还能给他补衣服呀？"我愣了好一阵子，才明白这个问题是怎么回事儿，于是反问他们："邓奶奶是谁？""不就是周总理的奶奶吗？"有两个学生竟然这么说，而且其他同学竟然没有纠正！这显然大出我的意料，便匆忙而尴尬地给他们讲明了原委。几个学生不好意思地笑了。

是啊，谁不知道邓奶奶是周总理的爱人呢？哪一个中国人还会出现这样的疑惑呢？可是，二年级的小学生真的就知道邓奶奶是邓颖超同志吗？我们的前提性判断显然是出了问题。就此延伸下去，如果让我们的课堂教学一定要连此类问题也关注到，那就一定要讲一讲并且告诉学生邓奶奶、邓颖超同志是周总理的爱人，有必要吗？而且，那不成了典型的灌输性的知识教学了吗？但是，学生的认知前提却在与他们的课堂学习开起了不大不小的玩笑。一个无须讲、不可讲的话题，竟然成了学生的盲区，乃至其他问题产生的背景和根源。

看来，忽略学生学习的“细节”并不是偶然的。对于学生来说，“惟妙惟肖”的意思以及“邓奶奶是谁”的问题，会随着其学习过程的推进和其生活阅历的增加而自然解决。但是在那一刻，学生的认知前提和其思维背景却被我们忽略了。忽略这两个问题不是问题，应当说对学生的学习以及今后的发展不会造成什么不良的影响，问题是，我们是否忽略了其他的更多不该忽略的东西呢？

片段三：一位教师在讲解《古井》一课时，在学生基本学完课文的时候，设计了这样一个问题：“当人们把钱物送给老人时，老人会说些什么呢？”许多学生直接借用书本上的话来回答，即“古井都没有索取什么，我要什么”。教师又进一步提问：“如果你是这位老人，你会说些什么？”此时，学生仍然在说拒绝、不要别人的钱物之类的话，而有一个学生却轻声地说：“要是给我钱，我就要！”这句话当然引来了其他同学的侧目和嘲笑，此时教师却没有听到。但是，马上有几个同学在小声嘀咕：“我也想要”“要钱不行吗”，等等。此时，如果教师能够听到或者感觉得到学生的思维起了变化，肯定会对此有所反应。但遗憾的是，在学生的认识向着教师期望的方向逆行的时候，教师却浑然不觉。

此时我们突然发现，“要不要钱”的问题所产生和持续的过程，与“惟妙惟肖”的意思以及“邓奶奶是谁”的问题是如此相似，可是，这一问题却不能让我们的教师和课堂像对待前面的两个问题一样泰然处之了。表面看来，这都是对教学细节的忽略，而往纵深里追问，可能会发现更多的问题：我们在教学设计时对学生的学习过程有过多少预见？我们是如何认识学生的学习背景的？在教学过程中是如何判断学生的自我生成的？教学中得用心去关注学生，还是用来自于主观的判断去分析学生？其实，问题的解答并不困难，我们很清楚教学设计的过程应当是“因学生而定教”，并且学习过程是属于学生的，学习的效果也只能由学生的表现才能够测查，可是，教学却往往在走向知识、走向教师的主观判断的过程中在学生面前戛然而止了。其实教学就这样从学生身边擦过，或者干脆背离学生而去。

不是说教师独霸课堂，严格地控制、牵制着学生的学习与成长方向吗？为何教师却无法对此类问题进行充分关注而“控制”呢？显然，教师在积极讲授，尽心竭力于“教”的过程中，于“学”却有些无暇顾及了。如果换一种教学思维，让学生“霸占”课堂，变教师的讲解传授为学生的自主自为，教师抽身而出，作一“旁观者”，会如何呢？

首先，学生获得充分表达的机会，对学生来说，课堂就是一个展示场，他们要展示的不仅是获得，还有过程：思维过程、认识过程、情感过程……展示的实现就是让学生拥有课堂的话语权利和行为权利。在学生的充分表现中，才能使其思维过程完全暴露，才能使所有的问题充分呈现！那么，用辩证的眼光来看，上述三个教学片段显然具有“实践价值与实践意义”，并且相对于其他学生来说，他们是幸运的！虽然前面的两个学生把“惟妙惟肖”搞错了；虽然第二组学生仅仅知道了“邓奶奶是周总理的爱人”这一简单的现实；虽然第三组学生在“要不要钱”的问题上依然苦恼……他们的收获却在于思维过程的展露及其真实学习状态的外显，他们问过、他们思考过、他们反思辨析过，这本身就是成功的一大部分。我们唯一的遗憾是没有在更深刻的意义上关注到学生的这些“真实”。在学生充分展示的过程中，教师自然能有“闲暇”时光看待这些问题，进而对学生学习进行教师应有的价值干预和价值引导。

那么，就此可以引申出第二点策略，那便是教师以更积极的态度进入学生的“心灵现场”。在当前的教学研究中,我们常常看到教师在教学中充分体现“预设”与“生成”相结合的典型而成功的案例,也就是说,我们看到的所有具有生成性的教学案例都如此成功而精彩。为什么会是典型而成功的?而为什么说大部分都成功了呢?其实,其核心在于教师发现了这些所谓的“生成事件”!只要能够发现,凭借教师的基本教学思想与基本实践智慧,总能将这些问题处理得“很好”“很成功”“很精彩”。看来,最重要的并不在于教师能否处理好生成性的教学资源,而在于教师如何通过教学促进这种“生成性”的发生,并且认识到,它实实在在地发生着。如何才能发展?还是立足于学生的呈现,而教师作为客观的观察与分析员,在了解清楚学生的发展“真相”后,才能有的放矢地进入学生的“心灵现场”。

当教学从关注学生的外在行为向关注学生的心灵世界迈进的时候,教学才真正上升到伦理价值的层次。当一切的教学行为策略都来自于对学生需要关注的时候,教学才拥有了伦理内涵,教师才能够以一种价值分析和科学理性的方式来关注教学实践。在此背景之下,教师仍会忽略一些教学过程中的现象,却不会忽略了“人”。我们是否可以说,第三点策略就是教师与学生在教学过程中始终有着内在的“共鸣”,有着深刻的相互理解和体察,教师在教学中是一种“目中有人”进而“推己及人”的姿态,全身心地成为学生发展需要的“感受者”“理解者”“支持者”,而不是游离在学生需要之外的“控制者”,这仍然需要教师抽身事外般地把教学过程还给学生,继而再进入。

如此,就真的找到学生需要的教学了吗?显然还没有。老子说:“强大处下,柔弱处上。”在教师貌似强大、独占课堂的背后,其实是教师根本无法了解并控制每一个学生的学习需要和学习可能的现实。教师可选择“柔弱”,把“强大”还给学生,这样,教学才能实现“学生的自主建构与教师的价值引导的结合”。

三、非困而失

《学记》中也说“学而知不足”与“教而知困”都是有意义的。因为“知不足，然后能自反也；知困，然后能自强也”。遇到问题或错误并不可怕，在错误中改正与发展是人之必需。其实，教学过程中，教师并非忌讳错误，学生也非完全避讳错误，但纵观当前的课堂教学，行云流水者多，学生已经很少呈现出真实的错误来了。在皮亚杰看来，错误是有意义的学习所必需的。然而，“无错误”课堂、“无错误”教育成为当前教育中的第一大怪现状。

即便是所谓常态的课堂上，在“原生态”的教学中，在师生随心、随意的教学过程中，也鲜有错误出现，更鲜有精彩出现。缘由何在呢？从教学场景中，还是会发现一些端倪的。

（一）鼓励学生挑毛病的评价，挑没了错误

这是一节小学语文课，教师让几个小学生起来读《月亮的心愿》，当学生读完之后，四十几只小手几乎齐刷刷地举了起来，原来大家都听出了问题，听出了毛病。接下来的交流过程中，大家争先恐后，不遗余力地挑剔同学的错误，读书的小学生无一例外地被指出了多个读错、读误之处。耐人寻味的是，甚至有的小学生还忙着“制造”错误，明明人家读对了，还是想方设法制造出个“错误”提出来。在学生那里，找错误成为一种乐趣，乃至成为一种“评论文化”。

这样的教学场景比比皆是，在小学、初中的课堂上，我们最常见的便是这种批评化了的评价。最终的结果如何呢？

在初中课堂上，学生再读书时便没有了自己的感情投入，在一节《兰亭集序》教学的课堂上，教师让学生起来有感情地诵读其中一段：“是日也，天朗气清，惠风和畅，仰观宇宙之大，俯察品类之盛，所以游目骋怀，足以极视听之娱，信可乐也。”好一派日丽风和的美景，好一腔气宇畅达的豪情。可是，就这么短

短的、优美的文字,学生都瞻前顾后,你推我挡,谁都不愿起来读。大多学生是怕读不好而不读的。因为那个“好”是无止境的,如果读“好”,几乎无人可能,学生已经到了“宁不为也不错”的状态了。

高中课堂如何呢?笔者目之所及的高中语文课堂上,学生主动起来读书已罕有人为了。连续听了两节《一滴眼泪换一滴水》,雨果俊美、率真的文字,竟然没有一个学生在课堂上去读,哪怕一句。错误自然也没有了。

纵向观之,缘何出现这样的过度呢?是否意味着越成熟错误越少呢?而事实上,在求知的道路上,遇到问题甚至出现错误是正常的,并不会有阶段和难易之分,学生“不再犯错”显然另有其因。

我们的课堂评价传统是“挑错式”的评价,挑错误会把错误挑得越来越多还是越来越少呢?就一节课来说,会挑出许多的错误,正如一年级的课堂上,学生都渴望找出别人的不足。但是,就长远来看,由于每个人都会被别人挑错误,而扬“善”遮“弊”是学生的一种天性,谁都渴望被肯定,渴望少犯错误,因此,少犯错误,让其他人少发现自己的错误自然就成了学生的一种心理暗示。如果不能用合理的方式善待错误,而是让错误赤裸裸地暴露在课堂大众之下,学生的选择只能是自我掩饰。

在鼓励学生挑毛病的课堂上,更多的学生会畏手畏脚,其关注点都在自己是否有错误这一问题上,而不是尽力地展示自己,课堂的真实已经消失了。久而久之,学生的错误就少了,而学习也失去了应有的价值。

如果变换一种思路呢?以欣赏来建构师生、生生之间的认知与评价系统,学生则不拘对错,勇于展示,因为标新立异、冒险创造是值得尊敬的,如此,真正的学习才发生了。可见,“错误”的消失与呈现是一个对立而又统一的现象。错误是否可怕不重要,因为真实最重要,当错误也成为真实的一部分,还是让学生自觉自愿地呈现出来并得到正确的关注吧。

(二)教师拥有极大的“善”,善于消灭错误于萌芽

教师的教学是精心“设计”的,在设计教学的过程中,有许多的分析、掌握。

比如分析教学内容，掌握教学的重点、难点，亦即学生学习的重点、难点；分析学生学情，掌握学生的学习状态和认知结构，帮助学生学得更容易；分析学习特点，规范设计教学流程，循序渐进，按部就班，螺旋上升……当所有功夫做到家之后，这样的一份教学设计就呈现出来了：

一位教师《草原》第二课时的教学设计片段：

1.复习引入

师：今天我们读了《草原》这篇课文。现在让我们回忆一下，你了解了课文的哪些内容？（提示学生从五个方面说，以免不完整）

根据学生的回答随机在板书上写下课文的线索：草原美景—欢迎远客—亲切相见—盛情款待—联欢话别。学生可从课文写的作者老舍先生第一次随作家代表团去访问内蒙古草原看到的美丽景色以及受到蒙古族同胞热情欢迎的情景，感受到草原天空明朗，空气清新，草地辽阔，有很多的牛羊，草原很大很美很绿等。

师：现在让我们再次走进草原去感受草原美景吧。（课件播放草原美景部分）

2.学习远迎客人

师：俗话说，"一方水土养一方人"。现在就让我们来看看蒙古族同胞对待远道而来的客人是怎样迎接的，（板书：看画面）请看画面。（出示课件迎客画面）下面大家自己读书，希望能做到边看边想边画出你感受或体会最深的句子，在书旁写出你的感受。（板书：读课文画句子谈体会）

学生汇报：（1）我懂得几十里外迎接、骑马带路是蒙古人的特点；（2）看出主人迎客的隆重热情；（3）"飞"反映了主人迎客心情急切。

且不说教学设计是否符合学科与教学的基本特征和要求，仅就将"学生答"也设计出来的教学，还有多少不在教师的"可控"之内呢？而教师的"可控"是意图让学生学会、学好、好学的，教师是用最大的"善"来对待学生的课堂学习的，"善"与预设的结合，就消解了学生学习的困难。也就是说，我们的教学假设，就是还不等学生犯错误，教师就已经通过自己教学设计、教学组织，让学生没有了犯错误的可能。

在追求高效的课堂价值体系之下，往往把学生单位时间内学到知识、触及能力的量作为衡量高效的标准，如此一来，少犯错误甚至不犯错误，乃至让学生用最简单、直接的方法接受知识已经成为一种方法选择。错误因教学之“善”而远离了学生。

问题并不止于教师的主观“善待”。在当前的教学体系中，从教科书到教学组织，都笼罩在求“善”的教学伦理之中，以学生的易学、乐学、好学作为出发点，并作为绝对性的实践伦理，从而避免了学生的误学、错学、乱学、学乱。学习之前，已经精细化地避免了“错误”。

当学生在课堂学习中不能经历错误，不能经由自己的批判与否定，学生就不能对学习有一个完整的“自知”，就在认知中模糊学习“难”与“易”的关系，就会产生学习也能“不劳而获”的奢望。这种对学习的不自知，造成学生对学习的困难准备不足，造成学生对知识的真理性没有切身感知，而误以为学习仅仅是一种浮于接受和记忆的单向度过程，此种学习，是不足以让学生产生对于自身自觉负责任地学习的义务感的。

况且，不失误的知识是不具有创新品位的，没有人的反思性与批判性的知识，既不能生成力量，也不能沉淀为品质。

有足够的教学原生态的呈现，让学生经历知识的发生发展过程，让学生在探究未知中获取超越生命的快感，并积淀否定之否定的勇气，这才是真正的学习。以真为真，以美为美，让过程带来应有的创造性体验，即便暂时会犯错误，即便是知识性错误，即便是伦理性误用，学生是可以自己走出混沌，走向清朗的。

（三）“大水”让“小水”澄澈却无味

我们喜欢用水来暗喻师生关系以及师生在教学中各自独有的范畴，无论将教师比作“一桶水”，学生比作“一杯水”，还是将教师之水喻作浩瀚如大海之水,抑或是源源不断的“长流水”。前提是,学生之水始终被定位于教师之水的范围里面,是被教师的水所包围着的。

其实,教师很愿意成为源源不断的“大水”。一位名师在其教学经验汇报中说:“我总是在开学前的假期里,就把一本书一次性‘备’完,因为这样一次性将一本书备完之后,在教学中,我就能够更好地从整体的角度,从居高临下的角度看待学生的学习,学生完全在我的理解与宏观掌握之中,如此,可以让学生的学习少走一些弯路,而我也能更充分地给予学生指导和帮助。”这看来是不错的,是极富教学智慧与教学道德的选择,相对于备不好课即上课乃至不备课即上课的教师,这的确是具有名师风范和师表之意的选择。这也是将教师比喻为“一桶水”乃至“长流水”的教学实践诠释。其实践意义和对于学生发展的关注意义无疑是深远的。

还有的教师设身处地、推己及人地进行教学的自我尝试。比如一道多解的数学题,优秀教师总是能够从其中的七、八种解法中弄清并掌握大部分的解法,并找出其中最优的1~2种方法,很多数学教师本身是解题高手,与学生相比,面对任何题目,总会略胜一筹;语文教师也有写“下水作文”(就学生的作文题目,教师与学生一起写或先写成的作文)见长者,有的老教师一写就是十几年、几十年,与学生一起写,常写常新,始终成为学生作文的示范者,堪称作文教学的典范、楷模……此类例子,俯拾皆是。教师用自己的实践与理性解读一个师大于生、师贤于生的理念。

如此,在已被我们认可、褒扬的教学过程中,却隐含着对学生的控制与束缚,教师从自身的大而全来主观面对学生的学习时,学生便鲜有犯错误的可能了,因为学生的每一步学习、每一次思维,都在教师的宏观掌控之中,教师总是能在学生任意而为中找到岿然不动的所在,让学生在正确的价值取向上学习、探索。这是有益的。

然而,过于极端则无益,当我们试图居学生之上而教学时,学生便没有了冲破教学牢笼的机会了。有些教师自称为学生的“精神领袖”“人生导师”,殊不知,凌驾于学生之上后,学生已经没有了自己的未知空间,即便在学习过程中有些许的失误、不足,也会因教师的调控而化难为易、化繁为简,错亦不会存在。

事实上，无论教师布置的作业也好，拟定的检测题也好，教师都是先会的，这是被教师自认为教学学术道德的一部分的，这样，学生的错误往往是失误而已，根本不可能出现超然于自身之上的未知之困，更没有批判、否定过程的标新立异之错：学习平庸了。

教师作为源源不断的活水是对的，但却不应把学生看作山脚下的那一潭只能接受、不能自我闯荡的更新之水。让学生之水也流入山溪，让学生自己去经历大自然的流水之美，在碰撞中，在不断地改道与走入困境中，在向未知领域的伸展中，才能实现真正的学习的升华。

(四)思维的中庸未解学习的奥秘

施良方先生曾给学习下过一个被我们反复提及的比较完整的定义：学习是指学习者因经验而引起的行为、能力和心理倾向的比较持久的变化。这些变化不是因成熟、疾病或药物引起的，而且也不一定表现出外显的行为。①

在这一意义中，有三个目标关键词和一个行为关键词，这三个目标关键词是行为、能力、心理倾向，而一个行为关键词是变化，当然，引起变化的是经验，经验是学习过程中的自变量，是学习者因学习而首先变化的变量，而行为、能力、心理倾向则是因变量。

由此来看教学中发生的变化过程，最常见的是学生的知识积累，而触及学生能力与情感领域的教学也能够较多地体现，但是变化都发生得较少。笔者曾在不同的课上感受到了变化的缺失。

这一节课的内容是“8、9的认识”。课堂进程基本分为三个环节：

第一环节，认识8和9，教师让学生看一幅图，图上有红花、绿树、小鸟，让学生数一数它们各有几个，学生数了之后，争先恐后地喊出了8只小鸟、8棵大

① 施良方：《学习论》，5页，北京：人民教育出版社，2001。

树、9朵小花……教师要求学生再数三遍，一年级小学生稚嫩的声音再次响起，认认真真地数起来。然后，教师出示分别画有8个和9个各种小动物的卡片，让学生数数，漂亮的卡片一张又一张地更换，学生一次次地数着，学生注意力集中，课堂氛围很积极。接着教师出示写有8和9的卡片，让学生认读，读的方式也很多，有教师领读、学生个别读、集体读、学生领读等，反复强化。学生对8和9的认识基本到位，此时，这节课过了18分钟。

第二环节，书写8和9，教师在黑板上画出了“田”字格，先是一板一眼地在“田”字格里写下了“8”和“9”两个数字，然后让学生照着写，学生开始写，教师便耐心地巡视、指导，并且不时地集体纠正一下学生写数字过程中的错误，时间一分一秒地过去。看学生写得差不多了，于是教师又指名几个学生到黑板前去板演，学生写完后，对写的情况给予了讲评。此时，这节课过了34分钟。

第三环节，将8和9分开，教师提出问题，“8可以分成哪两个数字?”“9可以分成哪两个数字?”这两个问题对学生而言也比较容易，比如“8由0和8、1和7、2和6、3和5、4和4组成”。学生回答很全面，于是很快就完成了。课堂接近尾声，教师简单小结，学生伴随着快乐的下课铃声下课了。

快快乐乐的一群孩子，快快乐乐地学习了“8”和“9”，这是一节好课吗？学生没有负担，没有疲劳，精力也是集中的，特别是“8”和“9”都已经学会了，似乎一切都预示着这节课的成功。但是，我们还是有必要来分析一下，40分钟完成“8”和“9”的认识和书写有必要吗？有教师曾说，这样的教学内容安排太简单了，学生在幼儿园就认识“8”和“9”，在这儿不学也行！是的，一节课学习两个数字“8”和“9”太简单了，没有办法，学习内容决定了这一节课没有难度，没有学生思维的价值。然而，仅仅是“8”和“9”的认识，这样一个简单的目标也似乎还有更多的遗留下来的问题，作为一年级的小学生，通过这样的一次学习，他们建立起对这两个数字的概念的理解和模型认知了吗？在生活中的“8”和“9”是怎样的呢？“8”和“9”的简单的数学模型学生体会到了吗？建构起来了吗？如果从更深层次来看待，“8”和“9”就只是数字“8”和“9”吗？它们在人类的生活中有没有意义和价值？甚至，他们与学生的生命感悟有联系吗？显然，在教师觉得没有什么可学，只能利用写数字来打发时间的背后，其实有很多属于数学的、属于学生的东西远远没有涉及。如数学思想、数学活动经验，这些真正属于数学的问题没有解决，学生就没有真正经历数学学习的完整认识过程，更不要说思维过程。这样的学习是没有"负担"、没有"错误"的，然而，上述的问题在学生的数学学习中早晚是要解决的，在这样的轻轻松松的课堂背后，留下了学生认识的、思维的、精神的欠缺，学生只有在今后的学习中通过其他的方式来补偿并完成这一欠缺；或者干脆就成了学生数学学习的一大空白，在学生今后的学习中，他们会以另外的努力费劲地来补这一课，学生学习的负担一点点地迁移、积压。从一开始的浅薄，到最后面临束手无策的深厚，最终使得学生在学习上不堪重负。这或许是另一种无形的负担。而更大的问题或错误已经植入学生的知识基础中。

在这样的课堂上，思维是固定的，而不是灵动的。学生虽然经历了一些有意思的活动，但显而易见的是，这不是学生深层次的思维活动，更不是精神得以投入的生命体验活动，学生的生命活力得不到彰显。而且，当学生只是模仿、重复的时候，我们也"欣喜"地看到，学生是不会犯错的，哪怕是犯错的情绪状态都没有。

表面活动、内涵肤浅，思维麻木、神情呆滞的课堂上，离真正的学习已经很远了，学生的行为、能力和心理倾向只是停留在一般的状态之中，缺少的是足以引发真正学习的变化。

我们需要深度学习的重新回归。拥有思维的活力，拥有精神的动力，这是孕育新知的思想境界，也唯有在这一境界中，才足以让学生走向不平庸的认知与情感之旅。即便出错，不也是生命旅程的一部分吗？

教学"无错"非"无错"，只有当"错误"真实呈现的时候，面对"错误"，拥有足够的敬畏，拥有足够的成长伦理的关注，才是真正的教育发生的时候，才是学生真实成长的时候。

四、教学之大

三代时期(夏商周),就有了教学,教学从内容到形式随即弥散于生活的各个领域,是一种真正的大教学。而且,也讲究效率,但效率不是“照本宣科”“急于赶进度”“满堂灌”(从《学记》引申而来)。

“效率”是一个中性的词语,在教学中,求得效率的最大化是天经地义的。然而,“效率”也有两面性,因为“负效”和“高效”代表了效率的两个极端,在教学中,避免产生“负效”,着力追寻“高效”是对的,问题是,“高效”走向的教学真的是有益的吗?一位教师在一节英语课上这样调动学生的积极性:同学们,学好英语太重要了,熟练掌握了英语到美国洗盘子洗碗也比我在这里当老师强,来,同学们,让我们一起来说“学好英语,我能行!”伴随着学生整齐、洪亮、自信的表白,这样的英语课显然会趋向于“高效”,可这是有益的吗?对学生成长来说,是好的吗?即便接下来教师的教学方法仍趋于完美,但对学生人生目标缺失的教学怎能称之为“高效”呢?

那么,有益的“高效”就好吗?有学者说:拿人不当人时最有效,机械化、标准化生产是最高效的。教学呢?

良好的教学是目的性和规律性的统一。从规律性上来看,教学是适应学生的发展需要的,遵循学生的心理规律,有利于学生的学习活动的展开;从目的性上来看,教学是应该有正确的价值取向的,正所谓“世界上不存在中立的教育行为”,道德性、伦理价值、人文内涵永远是教学的必要因素。从目的性与规律性上,我们能否探求到教学的真品质呢?

(一)两种因素视域中的共同价值判断

教学过程是师生共同参与的活动过程,在这一过程中,师生关系必然要不断地在对立与统一中转换,统一是教学所希望的,那么,该如何实现师与生的统一、教与学的统一呢？从教师与学生、教与学这两对关系上来看，学是先于教的，学生的需要是先于教师的需要的，那么，探究其关系的出发点应当是学生、学习。

理解学生的切入点有很多，从学生学习的角度上来分析，有智力因素与非智力因素两个方面，这两个方面基本涵盖了学生学习应调动的基本因素。

关于智力因素，燕国材教授这样述及其在学习中的作用："智力影响学习的深浅；智力影响学习的速度；智力影响学习的方式。"这就是说，智力对学习质量、学习数量以及学习方式都是有一定影响的，如此，智力因素是影响学生学习的重要因素。[①] 同时，智力因素与学习之间也是一种辩证的关系，智力影响学习，学习也能够促进智力的发展。由此可见，如何利用学生的智力因素促进学生的学习，又如何利用学习促进学生的智力发展，二者都是教学应当关注的，只取其一的教学显然就违背了学生的学习规律或智力发展规律。

那么，学生的智力因素包括哪些方面呢？燕国材教授主张学生的智力因素由五个方面构成，并形成一个结构体，这五个方面是：注意力、观察力、记忆力、想象力和思维力，其中思维力是核心。如此，关注学生智力因素的教学就应培养学生"会注意""会观察""会记忆""会想象""会思维"，这"五会"显然应当成为教学效率的立足点，无法引领学生"五会"的教学显然不具备教学"有效"乃至"高效"的特征。

非智力因素呢？习惯上认为非智力因素影响智力因素的发挥，是一种辅助性因素，燕国材教授却不这样认为，他将非智力因素对学生学习的作用做了这样的分析："非智力因素能够转化为学生的学习动机，成为推动人们进行学习的动力；它可以帮助学习者确定学习方向，它能够引导学习者从动机走向目的；它可以使学习者发挥锲而不舍的精神，把学习活动坚持到底；它能够及时地调控学习者的心理和行为，激发其有利于学习的一面，克服其对学习有碍的消极因素；它可以提高学习者的生理与心理能量，使他们始终保持旺盛的学习

① 燕国材：《智力因素与学习》，38~40 页，北京：教育科学出版社，2002。

劲头，积极探索，努力进取。”[①]这种由内而外的作用显然具有对学习的决定性作用，这就包含了动机、兴趣、情感、意志与性格的五种基本心理因素。同样的，一方面，非智力因素对学生的学习具有明显的作用，另一方面，学生的非智力因素也会在其投入学习的过程中得以提升和强化，这就是所谓的“五学”，即愿学（以动机为机制）、好学（以兴趣为机制）、乐学（以情感为机制）、勤学（以意志为机制）、独立学习（以性格为机制）。

如此一来，教学的效率就应当体现在充分调动学生的智力因素与非智力因素来影响学生的学习，同时，通过学生的学习使其智力因素与非智力因素得以培养和提高。从教的角度来看，责任的确如此，由这样的选择可进一步引发对教师的教学定位，从智力因素的角度来探究，教师必须是智慧的，是具有理性的；而从非智力因素的角度来关注，教师则又应该是情感性的。教师是智慧与情感的化身，由此而引领学生智慧与情感的同步生成。

即便如此，教与学无疑还是教师与学生的双边行为，教师单纯介入，一厢情愿并不能保证教学的成功，那么，应以何种方式来实现师生双方的互相谅解，实现教与学的和谐统一呢？

从学生智力因素与非智力因素来看，二者也不是可以截然分开的，而是统一为学生的生命整体。智力因素既有天生又有待于后天养成，非智力因素同样既有天生又有待于后天养成；智力因素与非智力因素同为学生的生命品质，随着学生不断地学习及广泛参与社会，他们对自己的智力因素与非智力因素既无法清晰判定，又具有真实的元认知，学生是有自我意识的；学生智力因素的发挥与提高，以及非智力因素的投入与提高，都是一种主动行为，正所谓：“吾欲仁，斯仁至矣。”学生智力因素的核心“思维力”与非智力因素的核心“意志力”则都包含道德的趋向性，是学生在对善、美的自动趋向中得以充分运用的，道德的境界在于自由，学习显然也需要让学生的智力因素与非智力因素的发挥进入自由状态。

以此，我们综合观照课堂教学过程便不难发现，体现正向价值效率的教学

---

① 燕国材：《非智力因素与学习》，22页，上海：上海教育出版社，2006。

应当是教师的主动行为与学生的主动行为的真实契合。

什么因素才能让教师与学生的行为共同达到主动呢？显然不是教师主观调控便可解决的，因为真正的“行为共同”是受人的心理趋向与道德认同所约束的，这将是一种社会性行为规律。休谟说：“社会性的德性具有一种自然的美和亲切……这些社会性的德性的公共效用是它们由以派生出它们的价值的主要因素，因而，它们趋向于促进的目的必定是以某种令我们感到愉快的方式，必定抓住我们的某种自然的情感。”①从德性和效用上综合来看，这种价值的吸引力是影响人的核心，对于美与善的趋向使价值的力量凸显了。康德也说：“（道德名义之下的）情感仅仅是由理性导致的。它并不用来判断行为，更不充任客观德性法则本身的基础，而只是充任这个法则本身成为准则的动力。”②由理性而导致的情感具有动力作用。哲学的反思并不屑于关心实践，而实践却需要到思想那里寻求帮助。即便面对单纯的教学问题，我们仍能从大师那里找到依据：行为双方达致同步的关键在于一个共同的判断，这个共同的判断就是价值判断。“上下同欲者胜”（《孙子兵法》），教师与学生在教学过程中最大限度达致共同的基础是双方能有一个共同的价值判断。

在共同的价值判断中，教师与学生作为矛盾的双方才能达成谅解，并共同遵循教学中的一切原则和标准；教与学作为必须实现统一的行为才能殊途同归，来交融于同一个价值判断之中。

人性趋向于美和善，美和善可以用来统整学生智力因素与非智力因素从而综合而成生命价值。无论人的“自我”意识是善还是恶，充分的自我才是动力的根本，而在共同的价值判断中，师生的“自我”统一于教学价值中，教学才有了正向的动力与效率。

（二）基于人本理论求取的人格之教

心理学最贴近于人但也最容易历经“目中无人”的危机，当数字与实验把

---

① ［英］休谟：《道德原则研究》，曹晓平译，65页，北京：商务印书馆，2006。

② ［德］康德：《实践理性批判》，韩水法译，83页，北京：商务印书馆，2005。

人的心理品质一点点解构，一点点抽取、抽象的时候，人就变得异常复杂乃至异化了。作为教学的实践者，以此来关注并改变自己的教学的时候，也往往演化为局部的敲敲打打、修修补补。因为科学被认为是正确的，所以教育随其他相关科学研究成果随之所做的改变也是正确的，但是教学可以单纯因循其他相关学科的科学成果盲目地进行“补丁”式改革吗？而且，整体关注人就可以了吗？其实，教学的问题回到整体的人才是简单、直接的，回到人的教学将无限趋近教育的本质。而即便为了简单的回归也是复杂的，复杂到我们找不到切入点，甚至也找不到终点。

来听一听教师的抱怨：我们太累了，都是高考惹的祸，层层加码的考试排队让我们学校的每一个人都如履薄冰，从年头到年尾，从白天到黑夜，神经绷得就像火箭升空前的倒计时，什么时候是个头哇！（改编自某网络留言）山东省于2008年大力规范办学行为，严禁高考成绩外泄以期彻底打破学校单纯以成绩排名来为教师定高下的现状。此时，新的抱怨也产生了：看不到考试成绩我们很轻松了，可是我们这些好好干的老师和那些不好好干的老师是一个样的，我辛辛苦苦了一个学期，不看分数看什么？校长你来给我个说法。（改编自某网络留言）不同的抱怨之声虽然不是同出于一位教师之口，但显然代表了许多教师在批判传统时无奈地挣扎以及面对改革时无措的迷惘。其实，这种迷惘与矛盾并不完全来自现实的困惑，而是一种对于教育目的认识的困难，更具体一点说，是教师对于自己所从事的教学的根本目的的迷惑。

教学以人为本，以育人为己任，这是教师耳熟能详并且时时念及的教学理论，问题是，以人为本的教学应怎样？以育人为己任的教学又应该怎样？

在教学中，许多教师排斥理论，认为教育理论远而空，对实际教学的作用不大，还是学一点专业技能效果来得迅速，于是停留在“教法”的层面步履蹒跚；有些教师却愿意并能够抬头仰望教育理论的星空，却发现那美丽的星空竟然就是自己每日所见，理论的信条已经记住，不过如此。两种行为显然都造成了理论与实践的断裂。于是，在遇到实践问题时因欠缺理论解释而迷惑，在掌握理论后却不能用于实践使其着陆于自己的教学而同样难有所得。

以此来思考教学与人的发展的关系，我们既无法从缜密翔实的心理学数据中找到行动支点,又无法从经典空灵的人生哲学中找到思维灵感。失去了“顶天”与“立地”,教学何处去?

我们试着走向人本与心理学交汇的人本主义心理学来尝试一下。罗杰斯的人本主义心理学理论、人本主义学习理论跳出观察者的数据依赖与主观判断,力求从行为者本身来思考和解释问题。虽然他的理论常常被批评缺少足够的实验科学的支持,科学性不强,但我们或许更能够从中找到回归“生命整体”的“整体教学”的智慧。

罗杰斯根据自身的经验和研究,归纳并提出了十条学习原则:(1)人类生来就有学习的潜能;(2)当学生觉察到学习内容与他自己的目的有关时,意义学习便产生了;(3)涉及改变自我组织(即改变对自己的看法)的学习是有威胁性的,并往往受到抵制;(4)当外部威胁降到最低限度时,就比较容易觉察和将那些威胁同化到自我的学习内容;(5)当对自我的威胁很小时,学生就会用一种辨别的方式来知觉经验,学习就会取得进展;(6)大多数意义学习是从做中学的;(7)当学生负责任地参与学习过程时,就会促进学习;(8)涉及学习者整个人(包括情感与理智)的自我发起的学习,是最持久、最深刻的;(9)当学生以自我批判和自我评价为主要依据、把他人评价放在次要地位时,独立性、创造性和自主性就会得到促进;(10)在现代社会中最有用的学习是了解学习过程,对经验始终保持开放态度,并把它们结合进自己的变化过程中去。[①] 在罗杰斯的研究成果中,他的叙述是直接指向于教学原则的。可以说大多体现了教学过程中的一些策略和方法,向实践的迁移是比较容易的。即便如此,我们透过他对学生“自我”的极大关注,能够确定他的教学理论是基于学生“自发”“自主”的,其中,关于“自己目的”“自我组织”“负责任地”“整个人(包括情感与理智)”“自我发起”“自我抵制”等的述及,显然包含了对学生人格的更多关注,这就是说,人本主义心理学对于学生学习的关心是寄望于学生人格的,如果缺乏对学生的信任和理解,人本主义学习理论是没有任何意义的。那么,寄望于学生人格的教学,显然也就期待着教学能够倾向于学生的人格,甚

---

① 施良方:《学习论》,383~391页,北京:人民教育出版社,2001。

至于脆将教学的终极目标定位于“人格之教”。

马斯洛说：“教育的重要任务，应该是培养学生成为有创造力的人，能采取创造的态度。”而“自我实现者的创造性，首先看中的不是成就，而是人格，成就充其量只是这种人格魅力闪现的副产品”①。作为人本哲学的集大成者，马斯洛所讲的创造性成就只是人格副产品理论显然能够引发我们无限的遐想，学生在整个学习过程中的一些成绩、成果、成就，是否也来自于他们的人格呢？如果是，教学以培养学生人格作为基点和目标是同样有道理的。

事实正是如此，教学是应当立足于“成就人”的，正如人文能够引领科学一样，文艺复兴不仅是人文的回归，同样也是科学创造集大成就之时。

如此，回到教学实践中，我们就能够在简简单单中归真，就能够做到“大道从简”，也就能够实现“大教教心”，而非“匠心植术”。那么，即便面对再传统的应试和再前瞻的革新，作为教师，一定能在教学中找到平衡价值的人格之教。

（三）在价值与人格中实现教学之大

当师生关系、教与学的关系归于共同价值观的统整，师生在教学的目标、内容、方式等问题上便达成了高度的认同感，教学过程便形成心灵相犀的一种合力。这便使教学过程有了“有无相生，难易相成，长短相形，高下相倾，音声相和，前后相随”（《老子·第二章》）的自然之态，甚至达到“不言之教”（《老子·第二章》）的境界。当教学进一步立足于促进学生的人格完善，而借助学生的人格来实现学习，教学将变成学生自由自发的自主过程，学生用自己的智慧与情感调控自己的学习，为所该为，行所须行，教学便有了足够的空间和时间。

以此，大教学便自然产生了。教学之大，应大在“天人合一”的生命境界；

① [美]马斯洛：《马斯洛人本哲学》，成明编译，226、241页，北京：九州出版社，2003。

教学之大，应大在“实用理性”的教育职责。[1]“天人合一”如何实现？“实用理性”怎样实践？这便是“大教学”的理念与策略问题。

1.大在价值，教学的道德选择

《中庸》第二十章说：故君子不可以不修身。思修身，不可以不事亲；思事亲，不可以不知人；思知人，不可以不知天。这就是说，修身不仅仅是关乎自我的，而是一层一层推演上去，而直至天地之道的。中国的思想传统里，是敢于问一些为什么的，正因为不断地追问，思想才有可能走得更远。

中国的哲学思想中自然包含着教育的成分，而教育的目标恰恰与道德走得最近，这是因为，我们愿意从人的角度来思考教育，而道德则是属于人的道德。时至今日，教学在“术”的层次上越走越远，越走越精细化，却在不经意间远离了道德。而正因为如此，教学离人也就越来越远了，教学的时空、境界也就变小了。

教学要思考的首要问题是：人是什么？即便这与教学的实际问题相去甚远，它却时时影响着教师的教学选择。当教师的眼睛仅仅盯着教科书上的那一点点知识，只顾反省学生考试中所呈现出来的那一点成绩时，显然，教学已经远离了人，远离了人的教学便是断裂乃至破碎的，是教学的范畴乃至价值的萎缩。

教学的法则就是人的发展的法则。人的发展首先是道德的发展，以此，教学基于道德来回答“该培养一个什么样的人”的问题，才能使教学的伦理价值达至天地之间。

2.大在境界，教学的审美自由

曾几何时，我们以自由作为生命的根本追求，而在全球化乃至后工业时代凸显个人价值的今日，我们述及自由时却多了些许的顾虑，多了一些闪烁其词。当一个人不能成为自由的孩子，这个人也就失去了曾经的生命之根。如果连自由都难以企及，那生命中最灵动、最具形而上色彩的审美显然也失去了。

---

① 李秀伟：《教育言无言》，8页，桂林：广西师范大学出版社，2009。

而教学显然太需要审美、太需要自由了,因为在审美自由的生命状态之下,才有人的情感、智慧、人格的独立和张扬,才是人之为人的本原,才能让教学过程变成学生所趋向的活动,才能让教学的境界得以还原。

为什么教学常常让学生望而却步?因为教学失去了美。为什么教学禁锢了学生的性情?因为教学忘记了学生的自由天性。那么,美是谁之美?自由又是何种自由呢?

从审美的层次上看,真正的美来自于每一个学生的心灵深处,来自于学生是否用真情实感体悟课堂的每一个环节、每一个细节,并且认可自己作为审美主体与美的载体的统一;从自由的层次上看,真正的自由是学生人格的独立性,是学生性情所至的最大化。即使学生毕恭毕敬,即使学生冥思苦想,即使学生涕泪滂沱,即使学生扼腕叹息,当他们的审美自由得以彰显时,教学就自然地走向了一种境界,一种生命发展的真意。

人是要按照美的规律来塑造的,学生也是按照美的规律来自我发展的。教学之美无处不在,但并非每一个学生,每时每刻都能体验到。如何让教学以其自然美的规律来实现对学生由内而外的吸引,则是教学是否走向高远至善境界的核心要素。

3.大在开放,教学的生活延伸

即便是从系统论的原理来考察,教学也是一个开放的体系,其内部关系的优化整合所带来的效益也必须不断与外界进行交换,才能保证内部工作状态的积极有效。

判定教学之大,最外显的特征是看它向生活开放的程度,因为学生是在生活中成长的,学生的一切都来自于生活并最终接受生活的检验,离开生活的教学不仅失去了源头活水,而且因其回不到生活而失去意义。

生活何以如此重要?因为学生的学习不是起于空白之处的,是首先基于其经验和知识背景的,而学生的经验也好、知识背景也好,早已是经过生活的检验的,是他们相对稳定的一种人格品质,唯有将学生的这种人格品质激发出来,才能使教学的起始有一个基础保障,显然,这样的教学起点是远远先于学生在教学中所能达到的单纯的知识起点的;而学习的巩固与提高则更是学生自己的事情。建构主义理论告诉我们:知识是学生在与外界环境的交互作用中自主建构的结果,不仅是知识,学生的认识、情感,以及对整个世界意义的形成也是自己建构的,而无论是建构一种图式还是一种模型,只有让教学向更靠近生活,乃至进入生活的方向延展,学生才能自主建构。可见,无论在起点还是终点上,学生都需要立足于广泛开放的背景才能获得其需要的发展。

回到生活世界的教学,便具有道德的意蕴,也有了学生自主自能的意蕴,从形式上看,其实践场域与实践方式都已经足够大。

4.大在内容,教学的课程视野

什么是教学的课程化?简单来说,就是教学遵循课程价值并且自动转化为课程的一个部分,借助课程提供给学生,并实现课程对教学的引领。

长期以来,教学研究常常进入唯教学的狭窄空间里,即便是相关的教学模式、教学原则、教学策略、教学方法、教学艺术不断推陈出新,成果也层出不穷,却始终无法跳出就教学论教学的圈子,使教学缺失载体和依靠而成为一种单纯的行为方式的打造。不能够对课程进行足够关注的教学是没有意义的。教学之大,应实现教学对教学内容的主动干涉,进而使教学课程化。

从课程来看,它是结构性的,无论是“儿童中心的课程”“社会中心的课程”,还是“学科中心的课程”,其结构性是本质特征。如果教学无视课程的这一特征,随意为之,则很难实现因学定教,也很难实现整个教学过程的价值一体化和价值相关性。

如此看来,教学过程中首先要建立课程意识,从课程的价值性、整体性、结构性来透视课堂,将每一节课与学生的整体发展结合起来,与教学内容的整体结构浑然一体,使每一节课都能有“前因后果”“承前启后”,这样,教学就逐渐走向了整体性、持续性。

5.大在行动,教学的有形无形

有形的教学模式与无形的教学智慧何者更重要?当然,从有形到无形是教学行为得以显著提升的标志,即便如此,有形的过程也是必不可少的,而且也承载着特定的动机和价值。

所谓教学的有形过程,是指教师对于一种教学思想的学习、接纳、实践、改进的过程，在这个过程中，教师是全身心投入的，因为只有全身心地投入其中，才能发现其优势与不足，这样才会得到改进和提升。何库赛曾经说过："假如你想画一只鸟，你必须变成一只鸟。"对教学而言，对教师而言，何尝不是如此呢？

然而，进入有形状态并非停留于此，而是能否尽快从这种状态中升华，使教学变成教师自得自悟的自然状态。因为只有在自然状态下，教师才能够游走于情感与智慧之间，自如地调动自己的认知储备和行动计划，让教学走向大道从简的状态。

当我们发现理论是正确的，那么，转化为实践的工作就迫在眉睫了。所谓教学之大无疑是对教学功能的另一种诠释，而无论是怎样的大思想、大智慧、大情怀，却都是要通过大行动、大策略来实现的，"人能弘道，非道弘人"。教师成为道的主人，教学的品质也就归真了。

五、因循学的需要

教学的起点和终点都是学生，我们很容易从这些正确的理论出发，也很容易选择一个辩证统一的客观规律来遵循，以此来阐述我们的主张，诸如"教学生活化""教学主体性""教学人本化"等。然而，当我们确立了教学以学生为中心，以学生的学习为中心的时候，在教学改革的层面却就"教"本身而改者居多，就"学"而改者甚少。因此，我们通常的教学选择成了一种盲从，而所谓的辩证也成了一种折中主义，而鲜有真正基于学生需要的教学实际经验。问题如何破解呢？

（一）因学定教

教学的价值还是要在教学之内来找，即便是在这么小的"教学之内"也有着广泛的“人”的基础。“人”的概念是一个复杂的概念，从不同的角度我们可以给出几十种解释；“人”的发展是一个丰富的命题，从不同的方面具有发展的可能和必须。这就是说，教学既要最大限度地发展人的可发展性，又不能超越教学的功能之外。那么，人在教学的范畴之内有哪些方面是可发展的呢？或者说，人的哪些发展需要教学的辅助呢？

对教学而言，基于“人”的需要显然是破解问题的根本。说得具体一点，教学是以辅助学生的发展需要而存在并具有应然价值的。那么，教学是否找到了学生的需要，实际上决定了教学是否在正确的起点上开始，如果连教学起点都找不准，甚至在一个错误的前提判断下起始，那么，教学的过程和结果也将很难达到预期的目标。

由此，我们逐渐明确了教学应从学生的需要出发组织教学活动，不能机械、刻板地从知识或教育者主观的教学任务入手，这也就是以人为本的重要体现。事实上做到这一点并不容易，格式塔心理学的代表韦特墨经常举这样一个例子，一位在病房里值班的护士，到了深夜11点时，把一个病号叫醒说：“现在到了你该吃安眠药的时候了。”这是一个极端典型的例子，反映的就是不能很好地以实际需要来从事某种活动。

学生需要什么？或者说学生的需要是什么？这是关注学生发展的一个前提性命题，学生的需要就是学生作为一个生命主体的成长与发展的需要。在教学实践中，学生的生命主体的成长与发展需要还会以各种不同的形式表现出来，教学目的就是要从学生的这些需要出发来建立。“从人的存在的角度来看，教学的目的在于引领学生寻求个体、自然、社会的和谐发展，引导学生学会生存；从人的生成的角度来看，教学的目的在于引领学生追求智力与人格的协调发展，引导学生学会做人。”①这是从培养一个“整体的人”的角度来界说教学的价值取向，更关注在一个和谐、平衡的状态之下来实现学生的整体发展。

其实，厘清了教学的“需要”前提，只是一个理论的开端，只是我们将学生的真实的生命发展置于教学的价值中心，并且依从这个中心来寻找最佳的教

① 钟启泉、姜美玲：《新课程背景下教学改革的价值取向及路径》，载《教育研究》，2004(8)。

学策略的起点。然而，对于教学来说，学生的需要如何类化？学生有哪些需要？这是应进一步思考的实践命题。如果说学生的需要是学生作为一个人的整体生命发展，既有智力、能力的因素，当然也有情感领域内的因素，教学就是在学生综合发展需要的前提之下展开的。

从学生发展的内涵上来说，课程改革倡导"三维目标"，即知识与能力、过程与方法、情感态度与价值观，这是发展的一个方面；还有"知情意"的发展；当然也可以从智力因素、非智力因素两个方面来界定学生发展的内涵，这是从内涵上说，要关注到一个学生每一方面的综合发展。从层次上来说，我们要实现学生的"当下发展"，即他现在应该达到一个什么样的程度，如：他在语文学习上还需要记忆什么？还需要背诵什么？这是当下发展，那么在这个当下的发展区之外，他的"最近发展区"在哪里？通过教学的引领，如何让学生超越自己，这就是最近发展区内的发展，实现学生最近发展区的发展也是教学改革应该关注的。

另外，从发展机制上讲有"预设发展"和"生成发展"，时间上有"当前的发展"和"终生的发展"，从范畴上有"个体的发展"和"群体的发展"……而这些不同方面的发展，都必须在学生学习的过程当中来实现。不管教学方式多么精心，都不能代替学生的学习，也不能替代学生的发展。由此，通过学生的发展，我们进一步思考教学的走向，学生的学习要实现的人生价值是什么？在教学中人是目的而不是手段，教学最终要促进人的发展，而不是通过发展人来实现政治、经济等的发展，而人的发展是为了生活的幸福与美好，这是一个比较明确的追求，由此还可以追问：什么样的人能够获得幸福与美好的生活？这些都将成为教学研究的起始点。

由此可见，从人的需要出发的教学不是要走向"儿童中心主义"这一极端，而是以"人"为中心的一个发展诉求，是向"人"寻找价值、寻找策略的教学思考。这样的教学显然就具有了伦理的价值，是出于对学生的整体发展负责任的教学。而脱离了学生发展需要的教学不但是无根的教学，而且也是抛却了"人"的一种不道德的教学。就像马克思、恩格斯所说的，全部人类历史的第一个前提无疑是有生命的个人的存在。那么，教学的德性皈依和全部前提无疑也就是每一个学生的生命需求。

(二)因势利导

教学过程是一个动态发展的过程,其中,既有学生的情感生成,也有学生的智慧生成,还包含着广泛的生成性的课程资源。因此,教学需要教师的因势利导,学生需要教师的即时引领。许多教师常常感慨:费了那么多口舌,可学生还是无动于衷,很多时候启而不发。其实真正的问题并不在于学生的“无动于衷”或“不发”上,而在于教师的“口舌”是否吸引了学生,“启”得是否有效果?延伸一下来说,关键要看教师的教学活动是否在恰当的时间、以恰当的方式提供给了学生。

教学在于提供给学生主体参与的环境,保障学生的积极性。学生的主体意识并不随教师的主观意志而产生,随着课堂环境的变化,学生的主体意识、参与意识在不停地发生变化。此时就凸显了因势利导的作用。教师有时不经意的表情、态度或评价往往会转化为一种规范环境,会对学生的主体参与意识产生重大影响。对学生来说,如果教学环境仅仅因为教师的一时疏忽而改变了色彩,他的周围就会产生浓浓的孤立氛围,精神环境的恶化与物质环境不佳同样会对学生产生不良的心理影响。由此可见,教师的引导并不仅限于学习的进程引领,也不限于知识或问题的学习,而教师细心地构建有利于学生主体参与的教学环境也是如此重要。

这仅是从个体的角度来说,其实对于集体也同样重要,学生之间的情绪或心理体验往往带有交互性,一旦学生的整体气氛受到压抑,课堂上的主体参与意识便不复存在了。生成性教学与学生的心理感受是密不可分的,课堂教学环境要求师生之间建立平等、和谐、民主的关系。在此基础上,允许学生对学习内容及学习方法有所选择,可以根据自身的需要进行合理的优化组合;允许学生参与课堂评价,包括自我评价、评价他人和对师生评价的再评价;允许学生在课堂上充分展示自我,包括错误的观点或答案。从而使学生所处的外部物质环境及其精神上的规范环境产生积极的作用,成为学生主体参与的有利条件。

教学过程中所谓的“因势利导”应致力于引导学生由他主到自主、由他律到自律的转变。当学生的自主学习展开的时候,学生是最需要教师的帮助的。是这样吗?自主学习的过程不是学生自己完全独立的学习过程吗?

事实上,当课堂呈现一问一答的灌输式教学状态时,学生会几乎处于一种麻木状态,他对老师没有渴望,没有帮助的需求,缺乏情感。而恰恰是学生自主学习的时候,学生把学习当成自己的事情的时候,学生才需要教师的帮助,他会发自内心地提出“老师你帮帮我”。学生的哪个地方还需要提高,哪个地方还需要发展,有时候学生自己可能说不出来,他也意识不到,但是学生是会遇到困难的,这个时候教师应在学生的困难点上因势利导,给学生以有效的引导。

(三)因材施教

“因材施教”是我国宝贵的教育遗产。几千年前孔子践行的这一教育理论至今并将长久具有鲜活的生命力,并且得到了现代教学论及相关科学理论(诸如脑科学理论等)的支持与验证。因材施教事实上是一种建立在个体差异、个性发展基础上的教育形式。现代教学的因材施教致力于创设适宜的教学环境让置身其中的每一个人获得自由发展,教师能够根据不同学生制定相应的教学目标,集体教学与个别教学相结合,保证学生的整体进步,更重要的是使每一个有特点的学生得到相应的良好教学,特别是对优秀学生、特长学生、后进学生的教育不应偏废。

“因材施教”作为孔子的教育智慧,其前提是对这个“材”有准确的认识,然后才能“因”之而教。

孔子就做到了了解学生这一点,他往往是在谈话中听学生说,然后进行分析。如《论语·先进篇》:子路、曾皙、冉有、公西华侍坐。子曰:“以吾一日长乎尔,毋吾以也。居则曰:‘不吾知也!’如或知尔,则何以哉?”子路率尔而对曰:“千乘之国,摄乎大国之间,加之以师旅,因之以饥馑;由也为之,比及三年,可使有勇，且知方也。”夫子哂之。“求，尔何如？”对曰：“方六七十，如五六十，求也为之，比及三年，可使足民。如其礼乐，以俟君子。”“赤，尔何如？”对曰：“非曰能之，愿学焉。宗庙之事，如会同，端章甫，愿为小相焉。”“点，尔何如？”鼓瑟希，铿尔，舍瑟而作，对曰：“异乎三子者之撰。”子曰：“何伤乎？亦各言其志也。”曰：“莫春者，春服既成，冠者五六人，童子六七人，浴乎沂，风乎舞雩，咏而归。”通过问答、讨论了解人，这是孔子的教育智慧。

正是有了这样充分的了解与分析，所以孔子很清楚他的学生的特点：“由也，千乘之国，可使治其赋也，不知其仁也。”“求也，千室之邑，百乘之家，可使之为宰也，不知其仁也。”“赤也，束带立于朝，可使与宾客言也，不知其仁也。”（《论语・公冶长》）对学生的知与不知，孔子表述得如此清楚。这样，就会有对学生的分类把握：“从我于陈、蔡者，皆不及门也。德行：颜渊、闵子骞、冉伯牛、仲弓。言语：宰我、子贡。政事：冉有、季路。文学：子游、子夏。”（《论语・先进》）而且，孔子对学生的认识还是辩证的，在比较中清楚地看到每个人的特点和发展程度。如子贡问“师与商也孰贤？”子曰：“师也过，商也不及。”曰：“然则师愈之？”子曰：“过犹不及。”（《论语・先进》）[①]可见，孔子对学生了解之深刻，判断之准确。

在这样深入的分析与了解之后，孔子才能够说出“因材施教”，这是“因材施教”的根基。当前，对学生的认识与思考可以有更多的选择，从人的道德层次、智力层次，特别是多元智能理论提供的多元认识基础，让我们有了更多的选择余地，也意味着“因材施教”不再是想当然的理论层面的问题，而是具有深刻的思维基础的。

但是，当前教学中执行的“因材施教”更多的是一种“因差施教”。一谈及因材施教，就谈到了后进生，甚至专指辅导后进生的策略；一谈及因材施教，就谈到了特别优秀的学生怎么让他发展得更好。这是因循了差异的教学，对于教学价值来说没问题，是对的，但是，这对“因材施教”的理解是不完整的。真正的因材施教是要看到学生的发展需要，看到学生在哪些方面更需要教学，更

---

① 《论语》引用部分解读见本章“一、规律可待孔子说”，可对比阅读。

需要有针对性的引领。不同学生的需要是不同的，那么，当教学能够切入学生需要，能够把握学生兴奋点的时候，就能够唤醒学生的情感，就能够引领学生的自主学习。

因为，只有清晰地判断“材”，“施教”才会有根基，这种因循显然才是符合学生的需要的。

第三章

内省与卓越

好教学就是好教师，好教师就是好教学。这是倒转的逻辑还是实践的应然？其实，这是内涵深意的价值定位：好学生定位好教学，好教学定位好教师，好教师是服务主体。卓越不是一种教学范式，也不是一种教学流派，它应当是一种教学的状态，是维系课堂内外人的发展的教学价值状态。张志勇研究员指出："卓越的课堂并不局限于传统课堂的教室之内，常常是贯通课内与课外、横跨校内与校外的。"它至少具有这样的七个特质："生命性、互动性、知识性、智慧性、生成性、超越性、个性化。"这是回归到育人为本的课堂，是实现自我超越的价值生成的课堂，也只有在有着人的个性意义的课堂上才能够体现。卓越课堂在哪里？来到教学现场，看到教师对自我、对课堂的超越，答案或许并不遥远。

引例

2005 年潍坊市“自主互助学习型”课堂教学改革，以调整教学关系，把学习还给学生为基本理念，开启了一个最大的区域教学改革模型。从理论上来看，几千所学校、几万名教师、十几万名学生，推行一种教学理念、模型是根本不可行的。然而，连续七年，潍坊市教育局将教学改革作为一号文件来发布，以“创新奖”“燎原奖”将教师的研究呈现出来，且推广出去，产生的效应却远远超越了课堂本身，不仅没有禁锢，没有模式化，而是大批“轻负担高质量”的课堂教学研究成果以教师姓名来命名而推广应用。区域教学改革为教师注入了研究发展的力量。

2009 年临朐县“特色教师”的培养、评选、使用机制逐步建立起来，以“教学因我而不同”的独树一帜，以“每一位教师都是一座高山”的若谷虚怀，将全县教师的教学积极性调动起来。以县为单位对每一位教师的教育状态、特色成果予以无限关注，从而产生了积极的“晕轮效应”，只关注教师的“光环”又有何妨？大山深处默默耕耘的老师不可能给教育提供一个整体的高水准研究成果，但是，“每一个人的自由发展必然成为一切人的发展的条件”。临朐县教育局，特别是科研室从教师的教学特色入手，发现、培养出了一大批在全国有影响力的特色教师。

2013 年昌邑奎聚街道教育中心校在更贴近学校的一个“区域”开启了“个性化教学改革”的研究项目，带领着 2 个初中、7 个小学、12 所幼儿园发现、培养个性化教学改革研究成果。在这样一个农村区域里面，产生了个性化教学改革整体经验；一大批农村学校的老师有了自己的教学主张和教学思想，极具个性化的教学方法、策略，引领着学生的自由成长；引领学生公民素质发展、创新素质发展的教学成果，让我们看到了又一个研究奇迹。

一个人的内省与一个区域的内省相得益彰。

一、从容地“颠覆”权威

2013年5月22日,在潍坊市昌邑奎聚街道中心学校,我连续听了七节课,在这些“个性化教学”的课堂上找到了教师个体主导下教学趋向卓越的基本要素。而在5月27日昌邑市奎聚街道中心学校提供给全国会议的课堂展示上,又进一步验证了我的这些假设和判断。

这是一节语文课。

在这里,我看到了另一种“颠覆”。

刘志强老师是一所农村初中的语文教师,在他执教的《我最好的一场戏》中,简简单单设置了四个教学环节:“默读课文,整体感知”“朗读课文,探究质疑”“品读课文,感悟体会”“读后练笔,学以致用”。

当一群农村初中的孩子带着这样的学案进入课堂的时候,我并没有发现什么不同,然而,当学生开始“默读课文,整体感知”的时候,一切价值就静静流淌于其中了。

在“默读课文,整体感知”后,一位女同学从容地走上前台,写下了本节课的生字词,对同学们说“同学们看黑板”,稍一停顿便开始读生词,这时有一些同学跟读,这位女同学便说“听我读一遍”,读完后,要求大家“跟我读”;读完后请了几位学生读,当大家觉得都没有问题的时候,这位同学很自然地回去了。学生的表现是自然的,生生之间的交流也是自然的,能够清晰地感受到“教材—教学—学生—教师”之间那种内在的默契和融洽,这是一种学习得以发生的状态,自然而真实的学习状态。

对于文章大意的描述,一下子变成了学生的舞台,即便有的学生说这是关于周星驰的爱的故事,有的同学说这是母爱的故事,还有的同学明确表达着自己的心酸,但此时,我已经能够发觉自己被打动,打动我的是学生自然的表达、流畅的表达、充分深刻的表达,是学生语文素养的显现。

在接下来的“朗读课文,探究质疑”“品读课文,感悟体会”中,我甚至渐渐忽略了老师的存在,学生结合“明明是对母亲的挚爱,却偏偏要用顽劣调皮来掩盖,甚至还要付出受到体罚的代价。我的良苦用心表现在哪里?”以及“用这样一种极端的方式来演绎亲情,你可曾经历,可曾想过?结合课文,联系实际,说说你获得了怎样的人生感悟?”进行着小组内充分地思考、讨论,并在全班的交流中畅所欲言。学生结合课文中的关键语句,结合文本提供的一个个生动的场景,不仅分析了周星驰的母子深情,表达着对周星驰的爱的敬佩,阐述着母爱无价,深刻领会着亲情的伟大,并结合自己的经历,动情地描述着一个个类似的感人的故事。最后,学生静心写下这些感悟和故事,其间,课堂上从喧哗到静谧,一切如此自然,并全部是学生的操控,在写作过程中,只有学生偶尔的抽泣声、叹息声,学生被周星驰的故事,也被自己的人生经历深深打动了。

然而,打动我的却不是这些故事,而是课堂上学生的学习状态、学习过程。这是一种对“语文教学权威”的颠覆。

权威是什么,不仅仅是一种对权力的服从和支持,也是一种默认、许可、常规,甚至约定俗成。马克斯·韦伯认为:“任何组织的形成、管治、支配均建构于某种特定的权威之上。”然而,学生可以颠覆权威。

关于语文教学的权威话语体系已经不少见——

有专家说:和内容分析式阅读说再见。是这样吗?

有专家说:分析讲解、肢解课文是语文教学最严重的问题。是这样吗?

事实上,这些判断不仅仅在权威的专家那里,也深入到了教师的认知范畴里去,是这样的,这些认识已经被我们自愿服从和支持了。但是,我们只是思考了如何来避免,却往往没有做到超越,这样的教学就称不上“卓越”。

刘志强和他的学生做到了这种超越,甚至颠覆。

为什么?

这节课紧扣文本,就是在学习、分析这位并不算作家的周星驰的文章,没有更多的课程整合和渗透;然而,没有问题,因为学习过程是学生的,学生由这一文本入手,深度质疑、探究,在一种学习的状态中收获着过程价值。

这节课分析教材，将教材内容做了深度的分析和挖掘，从中找到了作者的情感、意识、希望，是对课文本身的挖掘；这也没有问题，因为学习过程是学生的，学生自己找到关键词，自己找到关键句子，自己找到最动人的描述。

这节课的课堂成了舞台，每个人都在试图表达自己的观点，但最终往往达成一致；这也没有问题，因为表达者、评价者、分享者是学生，课堂上，教师提供一枚枚导火索，燃烧和爆炸的是学生的情感和思维。

说到底，这节语文课仍然是讲解分析的，但是，这是学生的讲解分析，学生讲给学生听、学生讲给老师听，更重要的是，学生讲给自己听。不同就在这里，或许这就是刘志强老师所期待的学习状态，却完成了一种对教学理念的颠覆：没有什么是绝对的，只要回到学生那里，答案并不唯一。

为什么能够寻求到“颠覆”，还在于刘老师遵循了人本主义心理学的一些规律和基本的判断：

罗杰斯“提出要废除传统意义上教师的角色，以促进者取而代之。促进者的任务是：提供各种学习的资源；提供一种促进学习的气氛；使学生知道如何学习。简言之，罗杰斯主张，废除教师中心，提倡学生中心；学生中心的关键，在于使学习具有个人意义。”①而他所倡导的有意义的学习的核心就是让学生“自由学习”，这是对自主学习理论的经典论述之一。他所列举的10种有助于促进学生学习的方法也有重要的借鉴价值：(1)构建学生学习的真实的问题情境；(2)提供给学生充足的学习资源；(3)使用学习合约；(4)有效利用社区的学习资源；(5)同伴学习；(6)分组学习；(7)探究训练；(8)利用程序教学；(9)利用交朋友小组；(10)倡导学习者的自我评价。这10种促进学生学习的方法体现了学习的过程性和人的整体性的参与。

罗杰斯将生长和发展作为一种不断趋向和自主、不断摆脱外部控制的过程，从而将认知与情感合二为一，培养出完整的人。罗杰斯的教育过程观注入了人本主义的成分，是理想化的。然而，在这节语文课上，当老师将理想化的信念注入教学实践的时候，就已经寻求到了实践的支点和实现的可能。

---

① 施良方：《学习论》，392页，北京：人民教育出版社，2001。

人本主义心理学家有这样的判断:“凡是可以教给别人的东西,相对来说都是无用的。”我们敢相信吗?我们能够以此来指导我们的教学从而颠覆一些传统的判断和认知吗?来到昌邑奎聚,来到刘老师的课堂上,我们可以找到答案。

当然,为了颠覆而颠覆,盲目自大与随心所欲更值得警惕。但在昌邑奎聚的教学改革中,因为有着对于国家意志(课程标准为代表)、专家思想(教科书内容为代表)、教师可能(教师的自我认知为代表)、学生需要(学生学情及心理分析为代表)的准确判断,让这种颠覆有了理性的空间和可能。

不仅仅是语文,其他学科也是如此。

属于学生的课堂,从容地“颠覆”权威,使教学也有了自由之精神、独立之思想。

二、有一段“静默”的时刻

课堂教学没有固定的外在形式。然而,很长时间以来,很多人喜欢喧哗,喜欢学生的热烈,甚至不在乎这种热烈背后的浮华。

在昌邑奎聚,课堂同样热烈,但维系热烈的却是那一段可贵的“静默”。

这是一节小学数学课,来自昌邑奎聚辛置小学的魏伟平老师出示了《孙子算经》下卷第31题“雉兔同笼”,题为:“今有雉(鸡)兔同笼,上有三十五头,下有九十四足。问雉兔各几何?”

同时提出要求,这便是“研究建议”:

(1)议一议:根据提供的信息,找出题中的条件和问题?

(2)写一写:用你们喜欢的方法解决问题,并在作业纸上记录解决问题的过程。

(3)想一想:你们组还有其他解决问题的方法吗?如果有,请记录下来。

老师说:给大家10分钟的时间理解题意,进行研究。

这一要求是出乎我的意料的,在短短四十分钟的课堂上,又是在公开课的情况之下,让学生研究十分钟,时间允许吗?

这时,我看到的是学生开始凝神思考,有几个同学开始在纸上画着什么,整个学习现场一片静默。

几分钟以后,陆续有几个同桌的学生开始小声地交流起来;先是两两相对地交流,逐渐地整个小组的其他成员开始加入了交流;慢慢地,交流变成了讨论,学生声音大起来了,讨论逐步深入;然后便是每个小组选择一位学生去黑板前写出自己小组的算法。

在学生讨论的过程中,能够发现学生训练有素的学习,其中一个小组内部讨论是民主的,学生在愉快地商量着问题,一会一个同学说:"表决。"结果六个学生里有四个学生举手。过了一会儿,这个学生又说:"表决。"还是四个同学举手。结果并不是最重要的,最重要的是学生能够自由地组织和控制自己的学习过程。

等各小组边讨论边写出自己的计算方法后,时间足足过去了15分钟。

精彩由此便展开了。(每个小组汇报时全都上台展示)

组一的学生代表汇报说:我们组假设全是兔子,则有35×4条腿,然后可以与94条腿总数比较,加减便可得出结论。

组二:(一个同学在讲)给鸡按上两只脚,可以算出……

(另一组一个学生补充)我的方法和他一样,但是我的思路和他的不一样。我们把兔子的两只脚绑起来可以算出……

组三:兔子X只,鸡有35-X只,可以算出……

组四:我们先要知道等量关系式,谁知道这是什么?谁知道35-X是什么?我们这样也可以算出……

组五:兔子和鸡都抬起一只脚,然后再抬起一只脚。

组六：假设鸡 X 只，兔子 Y 只，X+Y=35，这个学生慢慢将大家的思维引向了二元一次方程组，并借用代数的方法算出，要知道，这可是初中的学习内容。

组七：(竟然)画出了 35 个圆圈表示鸡兔，然后依次安装腿数，也能算出。当然这个"笨"办法显然并不合理，然而老师也并没有否认。

更多的计算方法展示出来了，学生在自由地交流着。我们看到，有了十几分钟的"静默"，便产生了这样的"精彩"！数学可以用语言来表达，在表达中学生的思维、智慧在这里得到充分展示。

更惊喜的却是学生进行交流的自然语言，特级教师王冬梅老师记录并对此进行了分类。

看这样的一组对话：

"我接受你的建议""听明白了吗""我觉得他讲得太好了，我们应该给他一点掌声！""我感觉我比你讲得好，能让我展示一下吗""我觉得你讲得很多了，把机会给我好吗？""(师)我给他求求情，先让他讲好吗？""我来帮帮你好吗？""我觉得应该是……""谢谢你给我这个建议！"……

自然大方而又言之有理，王老师将其称为"对话礼仪类问题"。

来看另一组对话：

"我没听明白，你能不能再仔细地讲一讲？""刚才那个还没明白，能不能先弄明白那个？"(看得出，孩子真是在学习，不放过一个疑点，可贵。)"我还有不同的方法，我能讲一下吗""我还不明白刚才的方法，能再讲一下吗""有一步我没听明白，为什么要加一个呢？""这一步的 12 和最后一步的 12 有什么区别？""打扰一下，我对假设法还有补充，能不能让我说一下？"(画图法)"我觉得他好像说错了……"

王老师将其称之为"指向学习本身的问题"。

事实上,这是学生通过问题的方式实现的对话交流,学生的学习进入到了一种自然的状态,受自然约束的彬彬有礼而又热情开放,并且细致入微。

正如卢梭的自然主义教育所相信的:“如果孩子没有顾虑,不害怕受到你的教训和斥责,他是一定会把他的思想全盘告诉你的,谁也不敢叫他向你隐瞒,因为大家都知道他是不会向你隐瞒任何事情的。”①是啊,在这节课上,打动人心的不仅仅是学生的精彩展示、自由表达,更是学生真诚、热切的学习态度。每一名学生始终将注意力聚焦于学习过程中,探究是他们唯一关注的事情,因为每一个人都对这样的交流与研究过程有所准备,他们都有自己的独立思考,都有自己的小组讨论作为支撑,都有交流过程中教师的等待作为条件,学生有什么理由不投入学习之中呢?

显然,那段“静默”的时间是如此宝贵,有准备的学习才能真正唤醒学生内在的动机,当学生有了自己的基本经验的累积,有了自己对于问题的基本看法、基本思想认识,限制他们的表达才是困难的事情。

卢梭所相信的,我们也能够看到。

课堂上,一段“静默”的时间为什么会有这样的效用?

诸葛亮说:“夫学须静也,才须学也。非学无以广才,非静无以成学。”而“静读诗书,虚心琢磨;静思其理,切己体察”,这都是最动人的学习状态,这都需要时间的支撑,需要一段可以信赖的必然会有所回报的时间付出。

“静默”让学生感受到信任。当老师给予学生充分的时间静学、沉思、讨论的时候,前提是相信学生能够用这段时间实现教师所期待的目的,老师的信任,学生是能够感受到的,学生自然会投入到学习中去,情感的交流也在此生成。

“静默”让学生感受到安全。课堂没有被切为零零碎碎的小块,学生能够在相对较长的时间里调整自己的学习进程,不必过于担心因为在思维发散或者反应较慢的情况下游离于学习过程之外,学生的心理安全感在提升,安全感也是学生投入学习的一种心理状态。

① 卢梭:《爱弥尔》(下卷),465页,北京:商务印书馆,2004。

"静默"让学生感受到可控。课堂教学是一个过程,学生的学习也是一个过程,过程的控制者是谁?一般意义上是由老师来主宰的,即便我们曾经设计过或多或少的自主学习活动,但在没有时间保障的情况下学生往往还是被动和受制的,他们无法控制自我,超越自我也就无从实现了。

"静默"让学生选择深刻。学习需要调动整个的身心参与其中,匆匆忙忙变幻的学习过程往往让学生的思维流于肤浅,只有学生充分参与、充分投入的学习才能够回到深刻,才能够产生创造性的突破。

那么,课堂是不是静态的,越慢越好呢?

还是要回到学生那里去判断,"静"与"动","快"与"慢"始终都可以是辩证而存在的。在魏伟平老师的这节课上,学生用15分钟的时间自学、探讨"鸡兔同笼"的问题,也可以有1分钟之内的"快速反应":

> 自行车和三轮车共10辆,总共26个轮子。自行车和三轮车各几辆?
>
> 全班一共有38人,共租8条船,每条船都坐满。大、小船各租几条?
>
> 一队猎人一队狗,两队并成一队走。数头一共是12,数脚一共是42。
>
> ……

这些问题,学生争先恐后,不再"静默"。

三、深谙"过程"的要义

我们相信,学习是一个过程,是学生的"智慧复演"过程,那么,过程的要义是什么?这可谓是教学的前提性问题。

事物发展的一般过程规律是由简单到复杂,由低级到高级,由量变到质变,由远及近,由浅入深,由易到难,等等。无论怎样的发展,一蹴而就、一劳永逸的学习过程都不太现实,而每一个学习过程的内部运作也往往决定着这一过程的效果。

过程教学遵循的原则还在于过程本身,这就是不拘泥于一个环节、一个载体。

夸美纽斯说:人必须尽可能受到教导,通过学习天空、大地、橡树和山毛榉而不是通过学习书本变得聪明,即是说,他们必须学会认识和研究事物本身,而不是学习别人对事物的观察。如果我们每个人都从源头、从事物本身获得知识而不从其他来源获得知识,我们就是步古代智者的后尘。因此,我们可以将夸美纽斯的观点作为规则定下来:(1)一切知识都应从相关学科的不变原理中推演出来;(2)不应根据书本上的权威传授任何知识,而应把感官和智力的实际演示作为权威;(3)在学习任何学科时永远不应排他地运用分析法,事实上应更多重视综合法。这是对学习载体、学习源头的过程关注。

苏霍姆林斯基的判断更为直接:请你努力做到,使学生的知识不要成为最终目的,而要成为手段;不要让知识变成不动的、死的"行装",而要使它们在学生的脑力劳动中、在集体的精神生活中、在学生的相互关系中、在精神财富交流的生动的持续的过程中活起来,没有这种交流,就不可能设想有完满的智力的、道德的、情绪的、审美的发展。在经验丰富的教师的实际工作中,教学和教育的这一方向性体现为:在学生的脑力劳动中,摆在第一位的并不是背书,不是记住别人的思想,而是让学生本人进行思考,也就是说,进行生动的创造……

那么,怎样的教学能够带领学生进入学习的过程而使学生自己思考、自己领悟并有所得呢?

在昌邑奎聚刘志强老师教的《我最好的一场戏》这节课上,学生的讨论过程,就展示了一个个训练有素的学习过程,在学生大致感知课文之后,教师要求学生读书后回答问题:

"明明是对母亲的挚爱,却偏偏要用顽劣调皮来掩盖,甚至还要付出受到体罚的代价。'我'的用心良苦表现在哪里?"

学生自由地大声朗读。

读书停下来后迅速进入安静的思考时间。(此时不再有声音,只是学生静心地默读、圈画与思考)

大约两分钟思考以后,学生逐渐自发地开始了交流,并不是一下子便大声交流,而是同桌之间、两三人之间小声地交换着思想。

大约五分钟以后,学生交流的过程结束了,整个小组在小组长的带领下开始了有目的、有分工的讨论,讨论逐渐热烈起来。

随着各个小组讨论声渐渐小了以后,老师组织学生开始全班交流。

第一个学生找到关键句子谈自己的感受,从周星驰的饭量谈他的行为选择。

等他说完,马上有第二个学生不同意他的观点,因为感觉周星驰的饭量问题并不是最重要的。(第一个学生诚恳地说:谢谢你的提醒,我们小组会再研究)

生3:我认为他的用心良苦主要在母亲那里,因为用一般的方法是不能够让母亲吃好吃的东西的,母亲的挚爱和坚持才成就了周星驰姐弟们这样的一种做法。

生4:我很同意你的观点,爱是相互的,从课文中还可以看到,母亲越是打他,周星驰却越是调皮、嬉笑,满不在乎之余更看到他对母亲的深爱;一家人抱在一起哭的时候,才更显出生活艰难,这样来做实在是没有办法的办法。(学生有掌声)

生5:我同意你的看法,但是你声音不够响亮。提醒你注意。

生4:谢谢你,我会注意的。

接下来有更多的组相互交流、补充,学习过程渐渐深入。

教师发现学生仍然就文本解读文本之后,提出联系今天的现实生活场景,让学生理解作者的"用心良苦"。

学生马上开始了独立思考,交流、讨论、展示随即展开。

当然,作为课堂学习的一般过程,没有一个固定的模式,没有付诸实践而皆准的统一标准，那样，反而让过程变成新的枷锁。然而，遵循一般规律的学习过程，才是学生发展的可能。

在这一学习过程中，学生自动展示着这样的学习过程。

过程一：先是独立思考，然后交流观点。

学习在学生自己对自己内心的发现与超越中完成，无论是语言文字的品读、问题解决过程的梳理，还是一个结论的归纳，一个思想的提炼，必然需要学生叩问自己的内心。而创造性来源于学生自己的一段静默的时间，这可以是一段愉悦的发现之旅，也可以是一段深深地冥思苦想。但是，唯有独立思考最宝贵，主动的创造在于个体。常常看到学生在问题显现的那一刻便开始了讨论，连自己的思维、观点都把握不住，何来有效讨论？况且，没有自己充分的准备，学生讨论是希望所在还是教学的一厢情愿，值得探讨。

过程二：学生充分交流，然后讨论归纳。

交流和讨论是不是一回事？在《辞海》中，“交流”首先定位于“沟通”，再查“沟通”，则又定位于“人际沟通”，意思是：人与人之间的信息交流过程，往往是直接的、面对面的信息交流。而“讨论”则是：探讨寻究，议论辨析。语出《论语・宪问》：“为命，裨谌草创之，世叔讨论之，行人子羽修饰之，东里子产润色之。”其实很清楚地得知：交流在前，讨论在后，意即先是说出，把我呈现在大家面前，然后再相互之间进行“探讨寻究，议论辨析”，从过程上来说，是先有个体再有集体，没有充分的个体表达交流，所谓的讨论又怎样能够究其理、析其义呢？

过程三：学生充分讨论，然后展示互补。

如果将讨论置于“探讨寻究，议论辨析”的本义上来观照，是需要学生的思维碰撞、情感交互、观点互补，甚至需要学生在固守己见与搁置争议之间进行辩证统一的学习的。讨论的过程是一个人的认知、智慧充分展示而又不断受益不断完善的过程，不仅仅是解决问题的问题，而且是进一步解决人的发展的问题。所以讨论也要充分。讨论还要建立起规则和流程，在一个讨论学习的结构中，谁来组织？谁先发言？怎样论辩？怎样形成结论？怎样保留个人观点？怎样形成汇报提纲？等等，都需要讨论小组的规则建立，这一规则是大家认可、认同并且熟知的。

过程四：学生充分展示，教师引领提升。

教师介入教学是一种艺术，从按部就班的教学过程来看，教师们都认可在学生充分展示后再进行引领和提升。这一充分展示过程内含这两种期待：一是从学生的视角来看，呈现学生的学习成果，让学生将自己的小组讨论结论展示出来，大家可以分享、互助、完善，形成具有普遍意义的学习结论或成果；二是从教师的视角来看，期待得到对学生学习最充分的认知，了解学生群体、个体对某一问题的理解、认知情况，可以有的放矢地组织后面的教学。但是还有第三种情形，即讨论结束也意味着学生一个学习过程的结束，有时候不需要再正式地展示，也不一定每次都需要引领。以学习需要来调控教学，而不是以教学需要来调控学习，如此，固化的环节也便活了起来。

过程五：教师引领，差异提升。

对个体的引领往往是学生充分展示后教师要做的事情，这一引领过程是基于差异的。有了整个教学过程的呈现，教师将会对这一研究问题的学情有充分的认知，哪些学生需要继续超越自我获得高位收获，哪些学生需要帮助以跟上学习步伐，只有在充分展示后教师才能够了解，这时基于差异的教学事实就回到了因学定教的层次上，根据学生学习需要实施个别指导或者布置个别任务，而实现差异提升。当然，在个别指导的同时关注整体的学习效果也是此环节的要义。

当然，一次完整的讨论不拘泥于此，也不一定只有这些要素，但就学生的感知、理解、内化直至实现自我建构，包括教师教学由问题入手经由学生个体学习、群体互助再到最终的个别指导的过程来看，形成一个相对固定的教学过程，让学生在每一段时间里都能够有自己可控的方式充分参与到学习过程中，是值得期待的。

课堂教学的环节不只有讨论，而教学的过程也不局限于课堂内，每一次教学都是师生之间的过程之旅，回到过程来育人，更多的智慧与情感需要在这里复演。

四、以“核心素养”衡量价值

拉尔夫·泰勒的课程编制原理虽屡被超越，但在研究课程与教学的问题的时候却往往无法绕过其提出的四个基本问题：确定教育目标、选择学习经验、组织学习经验、评价教育结果。

这虽然是线性的、单向的，关于课程编制的一般理论，在教学研究中却也具有积极的启迪意义。一次完整的教学过程往往是从目标的确立开始，在目标的支配下选择教学内容，然后对教学内容进行加工处理，借助一定的教学手段实施教学，还要进行开放式的展示、表达和评价、迁移。虽然教学过程是超越泰勒课程编制基本结构的，但是，从一个课程目标开始的过程却是不可忽略的。

教学的起点在哪里？毋庸讳言，是在学生那里，然而问题也就此而产生了，学生的需要是多元、多样、多义的，以一般的学科教学过程来全面关注学生需要并不现实也不需要，那么，每节课必然有一个适切性的起点，这个起点就是对课程目标与学生需要综合考量而产生的。

教学回到课程，不仅仅是课程内容，还是课程意识、课程标准、课程目标。

受制于班级授课制，并遵循于国家课程纲要，教师往往不能够从自我目标入手进行课程内容的全新选择和创造性实施，这就是说，完成教师理解之下的先有课程目标，然后依据课程目标选择课程内容，再加工、实施课程的过程是不现实的。一般来说，课程内容是先验的，代表着国家意志（课程纲要和课程标准）和专家思想（教科书），就在教师的教学生活中存在。教师是先看到课程内容（代表着专家思想的教科书），再组织教学，这是常态。

就是在这样的常态中，教学以课程目标为起点的突破在哪里呢？在于课程对于学生“核心素养”形成的支撑作用。

昌邑市奎聚街道南隅小学牛群老师主张这样的英语教学：让学生开心快

乐学英语，跳出单纯传授英语知识的旧课堂模式，注重体现英语学科的语言性，坚持工具性和人文性的统一，努力打造有文化、有情感、有内涵的英语课堂。

快乐英语并非牛老师独创，然而，将英语教学的语言性凸现出来，以“工具性”和“人文性”的统一作为坚持的方向，却已经有了课程意识。我们认为，不论任何触及英语教学的内容，只要坚持学科基本属性，赋予学科教学自己独到的理解，形成学科教学的基本假设并以此为教学的方向，就是一种课程意识的体现。

在这样的课程意识的支配下，牛老师的课程目标就有了自己的课程价值的承载：

知识目标。学会单词：middle，school，study，practice，worry；学会短语：middle school，speak Chinese；学会句型：We are going to speak Chinese. Are you going to go to middle school this September? 掌握“be going to…”句型的正确表达。

能力目标。通过学习句型，掌握一般将来时态的正确表述方式，能用准确的语音语调谈论自己计划或将要发生的事情。

情感态度目标。通过小组合作及情景演示，养成自主解决问题的能力和团结合作能力。通过学习与表达，对初中生活充满向往的同时，也记住小学的美好时光，眷恋同学之间的深情厚谊。

教学目标是由英语学科的课程价值演绎和课程目标转化而来的，其中基于学生临近毕业，太多的复杂的情绪需要宣泄这一现状，设计了学生可以触摸得到的情感与态度目标。有了课程目标，透过教学过程便能够领略到牛老师对于课程内容的整合与实施的基本思路和基本过程。

环节一：

Where are you going to go?

Talk about your summer.

What are you going to do?

环节二:

Where are they going to go this September? They're going to go to middle School.

Are you going to go to middle school this September?

(此处提供了潍坊昌邑市的三所初中让学生选择)

环节三:

用 Which middle school are you going to go? 询问小组其他成员,看一看他们打算去哪所中学?找一找你在中学的好朋友吧!找到的好朋友击掌,看谁说得又快又好!

Are you going to go to middle school this September, Daming?

Yes. I'm really excited.

What are you going to study?

I'm going to study Physics, Chemistry, History…

环节四:

Group work: Design schedule(小组活动,设计课程表)

	1	2	3	4	5	6
Monday						
Tuesday						
Wednesday						
Thursday						
Friday						

学生表达:Hello, I am…

I am going to go to middle school this September.

I'm going to study…

环节五：

Read the first part emotionally and choose.

提供资料：

截至目前，全世界学习汉语的人数已经超过了 4000 万，有 109 个国家、3000 多所高等学校开设了汉语课程 。(Lots of children are learning Chinese all over the world.)

Read the second part emotionally and answer.

(此处安排的是有感情的表达)

环节六：

How to practise your English in your middle school?

(小组讨论：升入初中后怎样练习英语呢？看看谁的办法最多！)

Make a dialogue to talk about your middle school life.

(两人合作表演一个对话，谈论一下你的初中生活)

环节七：

教师提供学生在小学阶段学习、生活的片段，带领学生进入一个难舍难分的课堂情境，并且伴随着《友谊地久天长》的歌声，学生饱含深情地离开教室。

我们大致将课堂观察到的过程分为七个环节，实非授课的牛老师所刻意划分的。透过这七个环节，我们看到的不是教学流程，而是一次次的课程的提供。

在这一节课上，英语知识，包括单词、句式、句型、语法(一般将来时)等都在活动中自然而然地由学生理解、表达、应用出来。老师的着力点不是知识的掌握与巩固，而是如何将这些知识划归到最合理的活动中，让学生在活动中学习英语。

做一个简单的概括，牛老师希望学生从人文到工具，从情感到认知，从非智力因素到智力因素，与一般的教学选择来看，这是反其道而行之的。为什么能够实现这种对一般英语课堂的颠覆？还是因为教师对课程的理解。

英语课程的性质是：义务教育阶段的英语课程具有工具性和人文性双重

性质。就工具性而言,英语课程承担培养学生基本英语素养的任务,即学生通过英语课程掌握基本的英语语言知识,发展基本的英语听说读写技能,形成用英语与他人交流的能力,为今后继续学习英语和用英语学习其他相关科学文化知识奠定基础。就人文性而言,英语课程承担着提高学生综合人文素养的任务,即学生通过英语课程能够开阔视野,丰富生活经历,发展跨文化意识,促进创新思维,形成良好品格和正确价值观,为终身学习奠定基础。(2011 版《英语课程标准》)

英语课程的设计思路是:这一课程体系以培养学生的综合语言运用能力为最终目标,根据语言学习的规律和义务教育阶段学生的发展需求,从五个方面设计整体课程目标和分级目标,即语言技能、语言知识、情感态度、学习策略和文化意识,它们相互联系,相辅相成,使英语课程既重视培养学生的语言基础知识和基本技能,也注重优化学习过程,引导学生形成有效的学习策略和较强的文化意识,培养积极向上的情感态度和价值观。(2011 版《英语课程标准》)

从这两个方面综合起来看,无论是课程性质的工具性还是人文性,都包含着学生语言能力的交流应用,英语活学、在"用中学"是可行性的选择;而课程的设计思路将语言文字的运用作为核心,融合情感、学习策略和文化意识,英语课程体现了一个"人"的"核心素养",且每门课程都支撑学生的若干"核心素养"。

那么,从一般意义上来看,怎样的教学才是对学生"核心素养"的支撑呢?

理解"教什么"与"怎样学"。

作为在教学过程中先入为主的教师,如果没有课程的概念,往往会直接从教学方式切入,在不理会课程的前提下也能够顺利地完成教学任务,如果方式得当,也能够带领学生经历一段精彩的学习之旅。这样的教学价值观,只能在某些内容固定、知识传授为主的教学中适用,除却知识本身,学生的"核心素养"都不是靠固定于书本知识的变相传授所能完成的,即便方式灵活多变,在繁华的表面背后往往难掩生命力的苍白。

所以,教师考虑"怎么教"还是第二位的,第一位的是"教什么"?"教什么”也隐喻着学生“发展什么”，也包含着对课程、对学生的“核心素养”的综合理解。

“教什么”怎样得来？

一是回到课程的育人价值上来判断，而不仅仅是育人功能，学科课程的价值在课程的功能之前，价值无限关注人本身的发展需要，价值承载一个可能与必然的理想空间。从价值上看学生是居于核心地位主动存在的，从功能上看学生往往被动承载被培养者的角色。在课程的价值体系上来寻找教学实践的切入点，能够很自然地与学生的生命成长一致，能够很清晰地切入学科课程对学生“核心素养”所具有的支撑性的目标。

二是回到自我的元认知领域来判断，教师认识学生、认识教学与认识自我同等重要。作为学科教学的实施者，教师理解把握学情被认为是专业必修领域内的事情，然而，教师如何将自我放置到课程与教学深处实现对自我的认知，找寻“我”作为课程与教学的统整和发起者的责任、能力、空间将是具有决定意义的，课程价值观视野下的教师以课程理解与课程建构的双向身份成为课程的决定部分。

三是回到课程经验的组织上来判断，“课程内容不仅仅是教科书”，这是很多人都有的基本观点，“教课程而不是教教材”，这也逐步成为一种共识。然而，决定一节课的教学内容的除了教科书、除了最基本的教学资源，最大的制约因素还是人的因素，还是学生、教师经验的调度，所以泰勒将“选择学习经验、组织学习经验”作为课程建设和实施的核心部分，经验的选择与组织，组织好的经验的实施，这是学生所能够依赖的显性课程。

四是回到课程实践的设计上来判断，教学过程能否实现课程价值，在于教学设计是否呈现出课程的意蕴，是否深究课程资源中隐含的思考力、探究力、道德感等一般意义上的“核心素养”以及不同学科力所能及的“核心素养”，继而形成可供学生思考、探究、澄清的问题或者学习主题；还在于是否呈现给学生足够的活动帮助，让学生在学习过程中能够自然地投入到各种有价值的学习活动中。教学设计也是课程设计。

“怎样学”如何实现？

如果相信学习是学生自己的事情，调动学生的学习经验与学习动机是学生学习得以实现的要素，那么，“怎样教”只是一个桥梁，我们要的是学生“怎样学”。当然，这里还有一个更为前置性的设计，那就是学生“是不是在学”。我们曾经很不情愿地承认，在课堂里面发生的很多事情是教师的一厢情愿而不是学生所愿，当我们对课堂上睡觉的那个学生、眼神呆滞的那个学生熟视无睹的时候，探讨课程与教学的问题已经没有意义。好在，伴随着课程改革对于教学方式的转变，自主的课堂、合作的课堂已经让学生对教学日益归属，虽然探究的课堂还遥不可及。这个时候，关注学生“怎样学”还是要回到课程的价值上来，虽然“高效课堂”屡屡被证明是个伪命题，但如果我们坚持“高效”的走向，还是看看学生是在一个什么样的价值体系里“高效行走”吧。

学习不是在规定好的时间里怦然打开又戛然而止的。这就是说，课堂内的学习即便是单位时间内收获了效率，也并不意味着对学生的教育价值就是可持续的。贯通课堂内外的、能够影响学生心灵的学习具有价值。课程与教学以怎样的方式向学生的生活世界自然延伸，其实是向学生的生命世界自然延伸，这是其一。

调动学习经验需要更多的经验。将教学说成是提供并不偏颇，在一个符号化的世界里（卡西尔语），学生的经验被各种符号所暗示、导引，教育以学生为本就是帮助学生努力切近他们应该做的、应该面向的事情，也要帮助他们克制而不去做他们想做的但是不应该做的事情。理论证明，堵和截、阻和断都是行不通的，那么，提供更多的课程信息，让学生在教学目标希望的符号空间里思考、认知、建构，这是其二。

集体学习并不意味着个体意识的泯灭和自我超越的萎缩。在一个公共性的学习空间里，每一个人都有着与外界交流的机会和权利，这是教学以活动来展开的境界。在发展的层面上，学习却具有个体意识张扬与自我超越的内在品质，关注和鼓励个性是教学不变的主题，每一个生命的自然发展都会影响更多生命的发展，教学相长，这是其三。

“教什么”与“怎样学”不是分离的两个领域，是学生“核心素养”得到关注的自然归属，其内涵将随着实践的探索不断延伸。

五、呵护“公共性”话语情境

英语教学应如何走向“工具性”与“人文性”的结合,这是英语课程价值的基本定位,也是许多中小学英语老师内心生发的责任诉求。为什么这样说呢?

许多初中英语教师曾无奈地说:到了初中,将会有接近一半的学生成为英语学习的“困难户”,甚至被放弃。事实并非被夸大,我在一些初中学业水平考试的监考巡视现场,曾经遇到过英语开考半个小时不到就有 18 名学生睡觉的场景,要知道,一个考场只有 30 人。究其原因,是单纯的知识性教学让英语失去了情感,失去了文化承载,语言不再是语言,而是知识符号。

在大多数的英语课堂上,师生是用英语对话的,但仔细观察可以发现,对话指向的是单词、句式、语法,是认知、强化、巩固,再认知、再强化、再巩固。

而作为语言教学的英语,其文化意义、情感价值都被疏离了,一并疏离了的是学生的生命体验。那么,怎样在英语教学中找回学生的生命体验,让每一个学生成为驾驭、使用英语的生命体,选择英语学习的“公共性”不失为一种良好的手段。

潍坊育华学校赵楠老师就这样设计了自己的教学风格:让英语成为“公共”资源。

我的教学主张:建立英语的“公共资源”概念体系,巧妙设置情境和活动,让学生在自己的语言环境中将英语“活”学“活”用。

我的教学价值:英语课程具有人文性和工具性的统一。如果只是死学课本知识,必然脱离语言学习的本质。面向实际,贴近生活,借助英语这一“公共性资源”,通过各种教学活动,发挥学生的主观能动性,使学生的精神、思维、身体等处于积极参与的自由状态,把学生带入社会,带入大自然,通过学生自发组织的“学习社团”自己学英语、自己讲英语，而教师相机进行语言描述，并配上适当的评价，为学生创造一个学生“自己控制”的语言实践环境。把课堂变成一个浓缩的社会，让课堂活起来，让我们的学生在生活情景中学会生活、学会体味人生、学会英语、爱上英语。

我的教学策略：

一是活化内容，活学活用。活化教材文字为语言；活化教材内容为日常生活；活化英语课堂为交际场所。

二是创设课堂情境，优化英语课堂。进行社团结合，让学生组织学习小组；进行角色对话，发挥学生的语言特点；巧设游戏比赛，拉近师生距离；说说唱唱，活跃课堂气氛；愉快绘画，锻炼他们的动手能力；欣赏评价，让每个学生开口说英语。

三是巧设英语课外活动，充分感受英语氛围。布置3个英语城：比赛城、表演城、模仿城。学生自发组织一个：行动城。

(1)英语比赛城：组织单词朗读接力赛、快速抢答赛、英语猜谜赛、讲故事比赛、编对话比赛等。

(2)表演城：对话表演、英文歌曲表演、英文课本剧表演、小品表演、绕口令表演、传话表演等。

(3)模仿城：用英语模仿礼仪员、讲解员、导游、记者、教师、售票员、服务员、营业员等。

(4)行动城：由学生设计英语课外活动，自发组织起来进行英语活动，定期展示，持续提高学生的英语学习热情。

其实，这是活动性、生活化英语的基本构建，但是，其价值在于始终以英语教学的“公共性”为基础，以英语教学中学生自发组建的“社团”来取代传统意义上的“小组合作学习”，这是了不起的创造。

为什么了不起？

托克维尔说过：在美国，无论人们干多么小的一点事情，总想着结成一个社团，自发组织的社团是人们情感与认知发展所能够维系的基点。他认为，在一个民主国家里，“全体公民都是独立的，但又是软弱无力的。他们几乎不能单凭自己的力量去做一番事业，其中的任何人都不能强迫他人来帮助自己。因此，他们如不学会自动地互助，就将全都陷入无能为力的状态”。学习何尝不是如此呢？让一个智力一般的学生孤独地学习语言，其难度可想而知。

英语作为一门语言，承载文化、实现交流，是大家的公共产品，是属于每一个学生的公共资源，借助这一公共资源可以交流、表情、达意；是一个公共性活动的承载者，承载更多的公共信息。所以，英语的公共性是可以作为教学的要素来把握的。公共性的资源必然需要公共性的活动来承载，赵老师的设计就选择了这样的公共性作为基础。

赵老师说：其实一个完全非英语母语的人放到纯英语国家环境中，两年的时间完全可以把英语掌握得很好，因为他把英语作为一种走向公共群体的交流资源来看待，而不仅仅是知识。一个人处在一个并不熟悉的语言环境里，他的每一次交流、每一次开口说话都是主动找到对话角色，并且主动投入、倾心实践的，这就是一次“组建社团”，我们的英语课堂如果也是这样的，学生的英语学习就具有了交流性、主动性。

是这样的，有人曾观察后说：现在的中小学课堂里，英语老师是最忙最累的，因为在一个学生并不熟悉的英语交流环境里，必须由老师不断地引领，学生才能够参与一项项的英语学习活动，教师的话一停，学生似乎也无所适从了。恰恰因为必须经由老师使劲放低身子才能与学生的语言达成一致，所以老师在不停地说，不停地引导，甚至不停地表演，学生的语言被切碎了。

英语是语言，语言需要交流，交流就应该是主动的，不完全是老师安排的，那么，英语课堂怎样实现学生的这种自由自主？应把英语当作资源，把课堂当作生活空间，让学生自我结社，自由组织不拘一格的“学习社团”，然后进行深度交流和学习。如学生之间自由组合，两个人的课堂社团、三个人的课堂社团、四个人的课堂社团、六个人的课堂社团等，虽然他们只能用自己有限的单词进行交流，但毕竟相互了解、相互信任，保证了这种交流的可行性。

借用托克维尔的判断，在英语学习中，一个学生的力量是无助的，而教师是不可能关注到所有学生的，所以把学生置身于一个广泛交流英语的空间里，让学生在课堂上不断地、毫无压力地与其他学生结成社团，自由组合式学习、在公共环境下学习，难道不是一种良好的尝试吗？

教师呢？当学生开始自发学习，教师则努力组织、保障这些活动的有序性，保障这一学习结构内部的有序运作，也就是说：教师在这样的课堂上，其职责就是保障这些“社团”的结合、交互，保障学生有交流的主动性、有交流的热情，能够有秩序、有效地学习。

这样，教师就不再是传授知识，而是组织学习。

而且，由于教师把课堂的组织、交流还给了学生，教师有了更多的精力、时间来实现对学习组织的观察、组织、评价，学习组织的结构性运作成为可能。

不仅仅是英语，还有更多的公共性资源、公共性教学是否值得利用，值得尝试？

六、在一个“组织内”发生

透视昌邑市奎聚街道中心学校的改革路径，其成功不是偶然的，在这里曾经的教育改革传统为他们的改革奠定了扎实的基础，于美霞、徐丽霞、魏庆文、逄是涛等一批名师曾引领过潍坊乃至山东的教育改革，奎聚街道中心小学、文山中学等创造的教育经验被广泛证明具有创新性、可行性。

有了这样走向卓越教学的基础，他们的成功还有另外的贡献：

(一)要素是人，是领导力和影响力

对于昌邑奎聚的教学改革经验，我们不仅能够发现其创新性的基本价值取向，还能够寻找到基于人的发展、教育理论、教学实践的根基，从人的发展、教育的基本规律上来判断昌邑奎聚的教育改革，无疑能够带给我们更多的

启示。

作为全国首位小学正高级教师，奎聚街道中心学校的姜言邦主任是这场改革的发起者和带领者。从教师、校长到教育中心校的主任，身份的变化并没有影响他教育改革的信念和决心。在我与姜主任并不太长的相处过程中，他的几句话深深地印在了我的脑海里："我最担心的是学生超越不了老师，敢于超越老师，敢于超越教材的学生才是我想要的。""最好的老师是最敢于放手的老师。""我们的这所农村学校就是要有帕夫雷什中学的标准。""我就是为这些愿意改革的老师搭建平台，外部环境我们要高标准，内涵发展要更高的标准。""我们要把农村的孩子培养成世界一流的人才。"朴素的话语里呈现的是一位改革者的教育思想。

在与姜主任一起听课的过程中，他总是能够很清晰详尽地讲述老师们的教学特点、教学方法，每一位老师在他的心里都有一个位置，每一位老师的点滴进步、点滴突破是他最欣慰的事情。不仅仅是教师，学生也成为姜主任的牵挂，在一节语文课上，当一个小女孩起来朗读课文的时候，姜主任说"这个小女孩和课文作者周星驰一样，也是父母离异的，我现在在资助她"；当一个小男孩站起来谈自己关于孝敬父母问题的观点时，姜主任说"这个学生的父母都在陕西打工……"还有更多的关于学生的故事，都铭刻在姜主任的心里。这就是教育的情怀，这就是奎聚教育成果的基石。

有了这样的带头人，我们看到了老师们谦逊、热情，求知的渴望，改革和发展不是外在于人的一项工作，而成为人的一种需要。

如果说姜言邦主任的力量来自于"领导力"，那么，所有老师和姜主任一起就构成了昌邑奎聚改革的"影响力"。

让人参与，学生和教师成为行为主体，这是先验性的要义。

事实上，在马克思、恩格斯的理论中，人的发展不仅仅是一个核心的命题，也是一个具有"发生力"的动态命题，其核心观点在《马克思论费尔巴哈》以及马克思、恩格斯《德意志意识形态：对费尔巴哈、布·鲍威尔和施蒂纳所代表的现代德国哲学以及各式各样先知所代表的德国社会主义的批判》等一系列文献中得到充分体现。

"个人怎样表现自己的生命,他们自己就怎样。因此,他们是什么样的,这同他们的生产是一致的——既和他们生产什么一致,又和他们怎样生产一致。""生存于一定关系中的一定的个人独立生产自己的物质生活以及与这种物质生活有关的东西,因而这些条件是个人的自主活动的条件,并且是由这种自主活动产生出来的。"①

在马克思、恩格斯的理论中,我们不仅到处可以看到人,而且可以看到人的发展,哲学理论和教育的理论前提是对人的回答。在这里,人是实践中的人,是在实践中获得发展的人,离开了实践,只限于精神层面是不能够获得真实的发展的,而且,即便是精神层面的发展也是与实践过程紧密相连的。不仅如此,人类的知识、智慧都是由人所创造的,在传递、继承人所创造的知识与智慧的过程中,人必然会与其具有"此岸性",会与这些知识和智慧同处于"一致"的状态,学习是内化的,不是外铄的。

更重要的是,人的精神活动是物质活动的直接产物,行动是精神生产的前提,同时,我们也相信这是一种自主活动,是与人的内在发展需要一体化的自主自愿的活动过程,教育的发展过程理论在这里可以得到体现。

昌邑奎聚的经验就告知了我们这样的理性背景。从教育的价值和意义来看,教育也是一种经历,没有生命的经历和历练就没有教育发生,这就是教育的过程本质。现实的经历是教育的一部分,而作为人类创造的文明成果,往往存在于精神和历史的层面上,很多时候和学生的人生体验不一致,教育的作用就在于创造这种一致性,让人的发展与人类的成果形成一致,这也不断印证着张志勇研究员智慧复演理论存在的哲学根基。

(二)敬畏规律,寻找正确的事情坚持下去

在昌邑奎聚街道的所有学校,包括中心校的墙壁上,都能够发现一张图:

① 中共中央马克思、恩格斯、列宁、斯大林著作编译局编译:《马克思恩格斯选集》(第一卷),139、203~204页,北京:人民出版社,2012。

“学习金字塔”示意图。“学习金字塔”理论向我们传递了一个关于独立思考、合作学习、互助学习的基本规律，很多学校、很多老师是了解的，但是应用起来却是遮遮掩掩、半信半疑的。唯有在这里，处处可见的不仅仅是这张学习理论示意图来到了各个学校、教室的墙壁上，更重要的是，我们看到了对理论的尊重，看到了实践者勇于实践的决心。

透视昌邑奎聚在农村土地上成长起来的个性化课堂，却实实在在印证着一个个学习论的主张。

1.领悟加涅

让教学经历一个过程，让过程突出出来，这是教学的基本属性，加涅对于学习过程的八个阶段的理论是值得我们进行分析的：

第一个阶段是动机阶段，为了促进学生的学习，必须关注诱因动机，即学生力图达到某种目的的动机；

第二个阶段是领会阶段，学生必须接受某种刺激，形成一种控制执行过程的作用，即只对某些刺激予以加工，形成选择性知觉后才能进入其他的学习阶段；

第三个阶段是习得阶段，涉及对新获得的刺激进行知觉编码后储存在短时记忆中，然后再把它们进一步编码加工后转入长时记忆中；

第四个阶段是保持阶段，这是长时记忆储存阶段；

第五个阶段是回忆阶段，教师可以利用各种方式使学生提取线索，这些线索可以增强学生的信息回忆量；

第六个阶段是概括阶段，也就是我们所说的学习迁移，学生学习某件事情时经历的情境越多，迁移的可能性也就越大；

第七个阶段是作业阶段，教师需要根据几次作业才能对学生的成绩做出推断；

第八个阶段是反馈阶段，反馈过程也是一种强化过程。[1]

在对学习的过程、教学的过程，学习与教学的内部条件与外部条件的论述中，加涅清晰地展示了他对教学过程的情有独钟。

而这些关于教学过程的基本判断，都出现在昌邑奎聚的课堂上。

2.领悟罗杰斯

让教学过程回归人本，回到学习本来的样子。

这就是罗杰斯的意义学习，包含着四个要素：第一，学习具有个人参与的性质，即整个人都投入学习活动；第二，学习是自我发起的，即便在推动力或刺激来自外界时，要求发现、获得、掌握和领会的感觉也是来自内部的；第三，学习是渗透性的，也就是说，它会使学生的行为、态度，乃至个性都会发生变化；第四，学习是由学生自我评价的，因为学生最清楚这种学习是否满足自己的需要、是否有助于了解他想要知道的东西、是否明了自己原来不甚清楚的某些方面。[2]

这就是教学的"自组织"原理，也是学生学习的自发行为的回归，只有在自我可控制的学习过程中，自我超越才能够成为可能。

还有更多的理念值得验证，值得实践与理论"对号入座"。

卓越课堂的要义也就由此而成为现实。

规律在哪里？当然不是寻找真理式的论断来供奉，不是停留于表面上，还在于将自己认可的有益于教育发展、有益于学生的事情做出来。在昌邑奎聚街道的学校硬件建设中，也蕴含着他们对于教育的理解。在姜主任看来，大楼要盖、绿化要搞、操场要建，但是，最重要的是三件事情始终在他的心里装着：

---

① 这八个阶段的解读来源于施良方先生所著的《学习论》，319~323页，北京：人民教育出版社，2001。

② 施良方：《学习论》，385页，北京：人民教育出版社，2001。

一是加强图书室、图书角建设，小学生人均图书37册、初中生人均图书49册的标准要超越；二是加强微机室建设，再偏远的农村学校也要保证信息技术课，保证互联网的畅通；三是加强实验室建设，实验课教学、学生的动手实验要无条件地保障。最伟大的理想也需要现实的保障，从农村的土地上培养面向世界的最优秀的中国人，就在这样平凡的选择中酝酿。

是啊，规律不仅仅是大道理，也不仅仅是哲学思维、心理学前沿理论。关注学生的阅读，丰厚学生的人生底蕴；关注学生的视野，联通整个信息世界的力量让学生面向整个世界；关注学生的能力，让学生在操作中获得一生必备的创造力。谁说硬件建设没有道理？

当然，在他们的改革领域内，最值得称道的还是对学生的关注，无论是课程建设、教学实践还是学生辅导，以学生的自主、主动、超越自我的学习为核心，这也是他们无限切近规律的必然取向。

（三）创新体制，主动实现与被解放着

对于山东省潍坊市课程改革的经验曾经有一句含义深刻而又易于理解的话可以概括：改到深处是制度。如果一个区域的教育改革单靠一个人、一个群体来推进，是步履艰难的，至少会是“短寿命”的。教育改革上升到制度的层面，在办学体制、培养模式、保障体系层面的创新是艰巨而有意义的。

体制的创新呼唤一个完整、健康、健全的制度体系。然而，从实践基层来看，大刀阔斧地从上而下的改革往往是不可求的，从一点一滴开始，为了改革创新慢慢地实现自我的改变要比一蹴而就来得真实而可靠。为了一项改革的成功，体制的创新也要在摸索中前行，在不断的验证中确立。来看昌邑奎聚在师资保障领域内的规定：一是建立校长以人为本的教师发展机制，校长就是关键人物，“以人为本”的含义是“立足人、发展人、为了人”，即利用现有的老师、现有的条件，把学生教育好，这才是教育发展的“以人为本”；二是从教师的均衡配置来看，要求新分配的大学生全部到农村学校任教，三年不动，稳定农村教师队伍。

在这里“明确课堂教学的评价标准、教师对教学改革的思路进行自我定位、探索学生自我管理的新模式、开展5分钟讲课运动、成立名师论坛、推行预约式考试制度、培养学生听说读写的良好学习习惯、组织教师个性化课堂赛课活动”等已经成为共识,这是教学改革制度深入人心的标志。

在此基础上,围绕个性化教学改革,理论辅导、外出学习、网上拜师、课堂开放、随机听课督查、预约式听课、表彰奖励先进典型、教育办人员开展包校活动等都形成了制度,并在执行的过程中深深影响着教师的教学改革热情。

无需一一列举昌邑奎聚制度的细枝末节,在课堂实践中,在师生的精神状态和行为选择中,制度的价值和力量早已凸现出来。

一个开放的、规范的、充满着理想主义色彩又不失现实诉求的教学改革制度体系建立起来了,这也是昌邑奎聚个性化教学的成功经验。一个区域是这样的,一所学校也是这样的。就像李希贵先生说的:校长的口中很少提及教学改革的制度,这样的学校里会有教学改革的氛围吗?会有教学改革吗?

(四)信任才能持久,精神与思想所期待的归属感

隐含在成功背后的是对成功的渴望与信任,尤以信任最为重要。在这里,既包含对人的信任,也包含对事理的信任。

从昌邑奎聚街道,我们看到了对人的信任。

街道中心学校相信在农村的上地上不仅能生长出教育的情怀,也能生长出教育的智慧,而这就是对校长、对教师的信任。姜言邦主任将一所普通的农村初中比作心目中的帕夫雷什中学,相信在这里会有最伟大的教育产生;学校校长不仅相信老师们能够做到“学生为本、师德为先、能力为重”,还相信老师们能够成为终身学习的示范者,赵建波校长历数老师们的教学个性,在教师面临失败的困扰时仍然能够将他们“卷入”(昌邑奎聚小学正在进行“卷入式”教学的改革)到教学改革的前沿。老师相信学生具有天然的学习禀赋与超越自我的巨大潜能,体现在行动上就是将被一些所谓的专家“证伪”了的学生的自

主学习淋漓尽致地体现在了教学上，体现在了每一个教育环节中，学生能行，学生自己能行。

从昌邑奎聚街道，我们看到了对事理的信任。

教学改革涉及学生，而且是一批批学生一生的发展，在起点上显然是慎之又慎的，需要一个绝对正确的方向和路径。于是，这就有了在改革道路上徘徊不前的绝对理由。虽然，绝对的“真”，即绝对正确的真理性的教学改革方向是不可行的；然而，绝对的“善”，即为了学生更好的发展的教学选择是一定存在的。让学生走上讲台，让学生开口说话，让学生喜欢学习，让学生眷恋课堂，让学生的思维在课堂上变得深刻，让学生满心喜悦地迎接一个充满自信的人生……还有，很多很多。这些，就是绝对的善，是可以在课堂教学的改变中实现的。昌邑奎聚街道中心学校的个性化教学改革就是沿着这样并非真理的路径实现了教学道德和价值。

信任也仅仅是一个中性词，也常常会被“盲目”所遮蔽，然而，在这里，思考让信任的理由变得具体而充分。

亚里士多德曾经这样描述人类的三种生活方式：一是享乐生活、二是政治生活、三是思辨的静观的生活。第三种生活也被称作是沉思的生活，而这种生活蕴含着最大的善和最大的幸福。

在昌邑奎聚的课堂上，呈现出来的是学生的精彩，而在这种精彩的背后，则蕴含着教师的思考、实践，是教师“理论思维”指导下的课堂，这种理论思维不仅代表着一种最高的善和最高的具有研究意义的幸福感，也显示着改革与创新者决绝的心志。

他们相信自己，相信教学，更相信学生。

（五）超越自己，生发于否定之否定之间

张志勇研究员经常用海明威的一句话来勉励老师们：“优于别人，并不高贵。真正的高贵应该是优于过去的自己。”

教学就能够创造这样的高贵。对于每一位教师,每一名学生,我们都可以拥有这样的高贵。

在昌邑奎聚的课堂教学研究中,因为一个个学习型组织在课堂上建立起来,学生有了自己的话语权,在合作交流共享中不断完善和超越自我成为一种可以考察的现实存在。

"谁快来帮帮我?"

"我有点明白了,让我再想想。"

"我来说说我的想法,大家看对不对?"

"我说完了,大家明白了吗……不明白? 我再来讲一遍。"

"谢谢你的指导。"

"我还是不明白,老师,您来帮帮我好吗?"

这样的坦诚、积极的对话交流普遍地存在于昌邑奎聚的课堂上,透过学生自然生发出来的判断,我们就能够透视学生的学习状态,就能够看到学生学习过程中对自我的超越。是的,唯有学生能够把握和实现自己的超越。"每天进步一点点"是一个最质朴却又最隐晦的教育理想,进步存在于学生对自我的理解与控制,这是在一个学生自我发起的学习组织中得以实现的可能。

而对教师来说,一个学校构成了一个学习型组织,一个教研组也构成了一个研究与学习的组织,而跨学校的教师的组织与学习则更具有代表性。教师丰富的经验既能成为其教学的自然智慧,也会成为教师自我超越的障碍,作为教学过程中的专业收获来说,离不开的正是对于教学本身的认可、反思、反省与否定之否定。认识教学的过程如此,超越自我的过程亦在其中。首先,认可就是一种肯定,是对自我经验与努力的肯定,然后在同伴互助的过程中对自我进行反思,而反省则伴随着对教育现象学的观察与思考,反省已经是立足于自我批判与否定了,而最终还是要重新建构的,这又进入了一种自我肯定的状态。

即便是基于一节课、一个教学环节的自我超越，也应和着不变的哲学思辨。

从这一点上来说，昌邑奎聚的经验必然有着不完美，有着参与其中的改革创新者自我认知的不完美，也有着教育者期待中的不完美。

“卓越的课堂并不局限于传统课堂的教室之内，常常是贯通课内与课外、横跨校内与校外的。”

这是张志勇副厅长透视教学本质的判断，在这里，还有着很大的研究与实践空间，其实，完全没有理由悲观，在农村教学改革的广阔天地里，“贯通课内与课外、横跨校内与校外”是一种自然，而不仅仅是理想，有了这样的期待，昌邑奎聚会给我们带来真正的“大课堂”。

第四章

求真与致善

真还是善？在信仰的争论中常常陷于本与末的困扰，真与善其实可以作为一枚硬币的两个面，“虽然这枚硬币并不怎么值钱”，但是缺少了任何一个面，它就不再是硬币。以真致善，以善鉴真，教学的过程就有了“合则两美”的判断。屡受诟病的公开课表演、作秀、造假似乎是非真的特例，在常态的教学中或许并不称其为问题，然而，现实如此吗？“教非所学”与“学非所愿”、“高效灌输”与“拒绝接受”就是真的吗？教学行为首先假设“目中有人”的可能，没有帮助学生获得真实发展的教学，即便在客观形式与主观判断上兼而有之的“完美”，在道德上是可行的吗？因为“善”是道德原则的总则，是指一切好的东西，“本立而道生”，“善”本身或许并不难被清晰定义。

引例

走进韩兴娥老师的教学,会发现更多的奇迹在发生。暑假过后,二年级仅一个月的时间,就学完了江苏、语文、人民教育三个版本的语文教材。

剩余时间的课程是韩老师为学生建构的。这节课是填充游戏:

国庆节放假,妈妈和李子朔一起出去玩,等56路公交车时,李子朔说:"妈妈,我们坐5路吧。"妈妈说那会越坐越远,李子朔说:"这是南辕北辙。"

阎冠伊看着她可爱的蚕宝宝变成了蚕茧说:"'春蚕到死丝方尽'原来是这样的。"

爷爷送来几个自己种的小萝卜,临走时妈妈让爷爷带上西瓜,尹浩全看见了,说:"这是投桃报李。"

宋佳怡看到好朋友的毛笔字写得好,打算向他学习,说:"能亲仁,无限好,德日进,过日少。"

……

我们惊叹于二年级小学生的生活语言就如此丰富,其实,更大的惊叹还是应该留给韩老师。韩老师一节课所提供的素材达7000多字。7000字,这是一节语文课的备课内容。我们可以说,这是练习题,这是课程,这是智慧,但是不够。一节课的教学,7000字的素材!而且,每一句话,每一个空白,都来自于学生在家庭、社会上的亲身经历,即便这样以"海量阅读"的教学,即便这样"以书为本"的教学,韩兴娥也在关注着学生的现实生活,关注着孩子们的可能发展和兴趣所在。价值至上,真与善都在。

一、可怕的是错误吗？

明袁宏道称：大抵物真则贵。然而，回到真实，意味着会面对在真实状态下不可预期的各种问题，甚至错误。在常态的教学过程中，无论学生还是教师，都不可避免地会出现错误。教师对自己错误的态度自不必说，在面对学生的错误时，容易表现出极端的行为。一则视错误为“失败”，表现在教师对学生的错误如骨鲠在喉，急于纠正而且立即强化；二则视错误为机会，甚至欣赏、鼓励学生犯错误，如石中英老师所说，一位同学回答“3+3=5”，教师表扬说：“很好，离真理不远了。”可以肯定地说，此两种教学行为都是值得反思的。

（一）不同教学行为的辩证

一位教师曾经这样面对学生的错误。

在执教《高大的皂荚树》一课时，教师范读了课文的最后一个自然段，赢得了同学们自发的掌声。掌声刚落，一个学生举手说：“老师，你读错了一个字！”显然这位教师并不介意学生指出其错误，平时或许还鼓励学生指出教师的错误，她笑着问这个学生：“哪儿错了？”“‘轻烟袅袅’应该读‘nǎo nǎo’，你读成了‘niǎo niǎo’……”说到这儿，同学们哄堂大笑。很明显是这个学生指正错了。同学们纷纷谴责这个学生，而教师此时也似乎没有多做考虑，冷冷地甩下一句：“以后看拼音要仔细。”就又开始了正常的教学。然而，在接下来的学习过程中，这个学生一直含着泪，涨红着脸。在后面的学习过程中，这个学生几欲回答，但瞻前顾后，犹豫之色溢于言表，再也没有把手高高地举起来。

另一位教师也有过面对学生错误的经历。

在学习《两小儿辩日》一课时，因为是初学文言文，学生读起来感觉很别扭。在练习过几遍后，教师点名让几个学生起来朗读，没想到，第一个学生一开口，就来了个“一儿‘旧’”（“曰”字错读成了“旧”），一时间，教室里爆发出一阵哄笑，再看读错的学生已是满脸通红。见此情景，教师只是小声示意这个学生继续读完后坐下。朗读继续进行着，幸好没有再出错。然而，第二环节中一学生在解释“此不为远者小而近者大乎？”一句时，在说了自己的想法之后，停顿了一小会儿，可能想起这是个反问句吧，赶紧加了个长长的“吗——”，这一下不要紧，有了刚才的“旧（舅）”又有了现在的“吗（妈）”，这会儿学生笑得更是一发不可收拾，就连教师也忍不住笑出了声。大家好不容易止住笑声，又有一个学生在解释“孔子东游”一句时，说成了“孔子向东游去”。“敢情这孔子是条美人鱼啊？”教师的一句幽默点评如同油锅里溅进了水，一时间善意的笑声充溢着课堂……

不能说第二位教师面对学生的错误时所采取的应对措施有多么高明，但第一位教师则肯定对学生造成了伤害。

如果对学生的错误轻率地否定，很明显将压抑学生的学习情绪，容易使学生视学习为畏途，甚至视错误为“失败”。虽然学生在学习行为上能够表现出有错即改的特质，学习也容易进步，但显然，长此以往的代价是学生探究精神的泯灭和创新潜质的消退，甚至于对自我的怀疑和对权威的盲从。

反之就可取吗？对学生的错误听之任之，抑或欣赏、鼓励，当然可以使课堂呈现热烈、开放的景象，使学生心态放松、敢于尝试、不怕犯错。虽然学生的学习动力得到了提升，课堂教学也能够呈现出探究性和创新性，但是，学生的求真品性将被忽略，特别是遇到学生在价值观层面的错误时，听之任之的态度无疑会带来不良的后果。

如果错误无法杜绝，那么，还是从如何对待错误的角度来反思更好。

(二)教师“错误”的审视

教师当然会犯错误。教师的“错误”不单是教学中的知识性“失误”，更多的是教学切入点、技术、方法等方面的应用不当，与学生观察、体验角度不同而产生的主观谬误则更多见。许多时候“真理在握”却因“目中无人”而产生教与学的断裂。

那是一个周三的上午，我对二(2)班的学生进行小测验，出了一道看图列算式的题。图中是一群小鸡，它们被栅栏分成两堆：一堆是5只，另一堆是4只。这道题并不难，题的本意是问一共有多少只小鸡？可以列算式为：5+4=9。然而，一个学生却把算式列成了6+4=10。我很恼火，指着图厉声对他说：

“看这边是几只小鸡？”

“4只。”他脱口而出。

“那边是几只小鸡？”我又问道。

“5只。”他低声嘟哝着。

“那应该怎样列算式？”我竭力耐下心来。

没想到，他竟然还说6+4=10！

我有点气急败坏了，但还是强忍怒气，自以为很耐心地对他讲了又讲，终于，他列成了5+4=9，但还是满脸懵懂的表情。

我余怒未消地回到办公室，心里久久不能平静，反复嘀咕：怎么现在还有这么笨的学生呢？以后应该怎么办呢？又转念一想：为什么别的同学都做对了，唯独他没有那样去列算式？是不是有什么别的原因呢？不行，我得去问个明白。

课间休息的时候，我把他叫了过来，又拿出了那道题。这次，我没有训斥他，而是心平气和地问：“你为什么把算式列成6+4=10？”他看了看我，指着图说：“老师，我算的是图上组成栅栏的木棍数。”我一看，原来图上的栅栏断成了两块，正好一边6根木棍，一边4根木棍。不细心观察根本看不出来(而题目本身只是看图列算式,并没有一定让学生算小鸡的数目),实际上他做得完全正确。

这是一位细心的老师,他的“转念一想”是如此可贵。在教学中,当过于肯定自己的主观认识的时候,便容易出现像这位教师开始时造成的疏忽,也可以称之为犯的错误。教学中,的确应当细心一点,耐心一点,多反思一点,设身处地地为学生的课堂实践与价值生成留一份精神的空间。另一位教师则从学生那里不断获得新的认识,乃至教学的智慧。

我在教《司马光》一课时,读完了课文,学完了生字,我让学生结合课文中的插图自由练习读一读课文,这时,一个平时爱捣乱的学生一直目不转睛地盯着课文中的插图却没有读书。我催促他赶紧读书,他却一本正经地说:“老师,我认为书中这幅图画错了。”“哪点错了?”明显我很冷漠。“这个孩子从水缸里爬出来,衣服和头发怎么还是干的?”班上立刻骚动起来:“真的?”我不由得也去看图,果然如此,我却一直没有发现。我忙问他:“你认为应该怎样画才能表现出小男孩浑身湿漉漉的呢?”他不假思索地说:“应该把衣服画成紧贴在小男孩身上的样子,头发应是耷拉下来的,脸上再加上几颗水珠。”他在我的鼓励和同学们羡慕的目光中十分自豪地坐下了。还有的同学受其启发,认为从水缸里出来的孩子应该是很恐惧的样子等,个性化理解得到了彰显和实现。

其实,像这样的尴尬我在课堂上已经经历过不止一次。教“泉”字时,我说:这个字是“白”加“水”,你们可要记住啊……就在我叮咛不休的时候,一个声音传入耳中:我早就认识了,“宋海泉”的“泉”。就是嘛!班里有个男生叫“宋海泉”,他的名字里就有这个“泉”字,当然大家就早认识了。

教《小马过河》一课的时候,我指导学生读“松鼠认真地说:‘深得很哩!昨天,我的一个伙伴就是掉进这条河里淹死的。’”我说:“同学们要读出松鼠的认真来。”而且还示范读,但马上有小手高高举起:“老师,读松鼠的话光认真还不行,它还很伤心。”我吃惊地问:“为什么?”“因为,它的伙伴昨天刚刚淹死,所以,松鼠应该很伤心!”是啊。我怎么能把自己并不丰富的理解强加于孩子呢？我怎么能漠视孩子的独特体验呢？我真为自己刚才虽十分“认真”但却冷冰冰的范读而羞愧。

看来，学生的感受有时是如此的敏感而又独特，在很多时候，正确与错误就在不经意间转化着。教师长于纠正学生的错误，帮助学生解决困惑、消解困难，帮助学生走上正确的思维路径。同时，教师能及时发现自己教学行为的不当而调整，这才是最重要的。

教师在教学中很难“蹲”下来以学生的视角来看待问题，由此，出现“错误”是难免的。在大班额授课制背景下，如何不断获取来自学生的信息，更好地走进学生的心灵，实现学生发展的应有价值，调整教学关系，审视教师自我也如此重要。

（三）审慎因真实而必然的“错误”

多年以前，网球专家在讨论罗迪克的技术时，认为他的网前技术不够细腻。他擅长大力发球，上网却屡屡不能得手，而这种“网前把握战机能力薄弱”的问题，成了世界网球名将罗迪克的一大“硬伤”。然而，就是这样的硬伤，网球界却给出了一个令我们意想不到的判断：和其他选手相比，罗迪克的网前能力差是他未来的优势所在！为什么？难道缺点竟然成为优势？其实道理很简单。本身技术精湛、发球力量过人的罗迪克因为有缺陷，才有改进的空间，才有进步的可能，才更有称霸世界的潜力！

缺陷果真成了优势？那么，“错误”仅仅是“错误”吗？

而学生的某些错误，某些缺陷，我们何曾称其为“优势”？

这是一名苦恼的高三学生，她在数学日记中写道：连续两次数学考试都是满分了，在考场上找不到可以做的题，在考场之外也不好找，如果这样下去，我该怎样找到自己进步的支撑呢？

这名学生“不合常理”的焦虑让我们警醒，教学因真实而有错误是正常而有价值的，而纠正错误不仅仅是天经地义的教育应对，更是教学价值产生的内在程序。教学既然要面对具有丰富个性差异的“人”，从“人”的发展的“和谐”本质上就赋予了各种可能。

具体到面对学生的错误时，承认错误的现实性、尊重错误者的发展无疑是根本前提。在这样的认识前提下，给予错误与犯错误者足够的善意，从而消除错误引发的不良影响，避免同类错误的重现则是教学行为中合理的价值取向。正如石中英老师所说，如果说教学认识过程中对错误的害怕和敌视反映了人类理性的霸权的话，对教学认识过程中错误的轻率态度又反映了理性的缺失。而对教学认识过程中错误的理性批判则既避免了理性的霸权，又防止了理性的缺失，应该说是一种既积极又审慎地对待教学认识过程错误的哲学态度。

在人类的道德谱系和教育的价值体系中，错误永远不会成为其核心结构因子，然而与之密切相关的真实和宽容却给错误留出了存在的空间，我们能够像雅恩凯列维奇那样“疯狂地爱着真实”，便可以理解桑代克的“试误”学习理论也有着真实的诉求。

是的，因为真实，才有了错误，对待错误是需要积极而审慎的——

学生错了，不指出来，那么学生就会放纵自己的思想和行为；

学生错了，给他一个正确答案，那么学生就会屈服于权威；

学生错了，帮他发现并改正过来，那么学生就会形成自我检视的习惯。

一位教师在数学教学中，将掌声给了回答问题和做题并不完美的学生，而要求学生在掌声过后改正错误，由此，让学生感受到成长的力量。学生在失误甚至错误中不断前进，这不只是一种理想，更被期待着转化为教学的现实。况且，学生出现错误恰恰是教师改进教学的思维源泉，而教师出现的失误也正是自身改进的关键点，何以不能理性地善待呢？

二、何以表演?

正如道理的追问最终走向否定之否定一样,批评公开课作秀、批评教学表演意义不大,其真正意义在于反思教学的价值取向和问题产生的原因。课堂教学需要外在的修饰,比如教学语言的雕琢、艺术化的情境创设、刻意安排的智慧冲突、大张旗鼓的教学剧排演等,都是可行的教学选择,这样的繁荣与表演不仅有效,而且是必要的。然而,有时事实却往往是另一个样子:

数学课上,教师一上课就出示需要研究的问题:让学生自己想办法研究,如何求出城市中心广场的周长。根据大屏幕上的现场照片,学生分成六个小组分头解决问题,教师要求尽量选用与众不同的解题方案。学生经过一番热烈的探讨之后,交流开始了,六个小组的同学轮番到台前展示学习效果。令人"惊喜"的是,六个小组的学生恰好研究出了六种不同的解题思路,而且主宰了接下来的整个课堂教学,在每一个学生完美无瑕的表现之下,这节课也在听课者的掌声中结束了……

下课了,带着疑问,我们与教师进行了探讨:

问:关于广场周长的求解方法,还有没有其他的方式?

答:应该没有了。我们查了很多资料,好几个数学老师研究出来就这六种了……

原来一切都设计好了,而且是众多教师的设计。这样的课堂,隐藏着让人恐惧的虚假。表演、造假,学生学习的效能何在?学生的思维过程呈现出来了吗?科学研究的过程应该是学生"冥思苦想"而又"乐此不疲"的,而表演的课堂有思维吗?从更深层的角度来看,学生的科学精神、诚实的品质怎样来培养？这样的课堂表演还能等闲视之吗？这里，看不到生命的自由自然，看不到生命体验的鲜活，看不到生命成长的困惑和愉悦。学生真实的生命在虚假的表演中淡出了我们的课堂。

这只是表演的一种方式，未经刻意的表演更以常态的方式而存在，教学因之繁荣却肤浅。

真实的确可以作为课堂教学的第一生命，课堂是学生学习的主要场所，也是构成学生生命成长的主要场所之一。教学对学生的一生发展都具有决定性的意义。课堂上，学生不但要打下坚实的认识基础，还要在认知过程中生成能力，形成良好的学习、生活习惯，更为重要的是要在情感、态度、价值观方面不断完善自己。显然，只有教学的真实才能实现学生发展的真实。

既然如此，为什么课堂教学却常常陷入虚假的困境呢？必须承认，凡是存在的事物和现象总有其存在的必然和理由，那么，教学虚假也有许多教学之外无法回避的制约因素。

其一，关于集体性的功利。当公开课等被赋予一种集体研究的成果，并被代之以一种先进或典型的功利性价值实体时，公开课自然承受了它所不能承受之重。就课堂教学的性质来说，公开课也可以很简单、很单纯，也可以是基于学生情感与智慧同步生成的教师教和学生学相统一过程的展示。我们可以给出课堂与教学许多更“经典”的定义，但其实质是师生之间的一种交往过程，它理应代表教师和学生的价值需要，原本与功利无关。但是，课堂教学却往往成为一种功利性的载体：对学校的评估要听课、对教师的评估要听课、对成果的考察要听课……听课、评课已然成为一种屡试不爽的评价信息获取手段。当学校、教师的众多荣誉、利益系于课堂一身的时候，课堂教学进行功利性的应对在所难免。在功利面前，真实便变得脆弱、不堪一击。形形色色的评优课、公开课、选拔课等，因其特殊的功利取向而造成了部分学校、教师心态的异化，教师为功利而舍真实，选择外在包装，精心打磨，甚至让教学主体之一的学生来共同完成这种包装和打磨过程。当然，不排除大多数课堂并未因此而作秀，不排除这样的包装和打磨过程也带有研究的成分，也不排除各种公开课以及以评价为取向的听、评课活动的巨大价值，但至少，课堂教学在应对功利的过程中无奈地选择了真实的失落。

其二,关于教师的失语症。在学校里,教师还有多少民主的空间?教师还有多少自我意志展示的舞台?如果能够系统反思这些问题,我们会发现,在许多本该属于教师话语权的领域内,教师已经失去了权利。一份调查显示,教师的职业精神状态受到严重的挑战:(1)“以分数论学生,以升学率论教师”的现象普遍存在,教师的负担过重;(2)社会环境对学生的影响超过了教师的教育成果,让教师对自己的工作意义和工作效果产生了怀疑;(3)社会对教师的要求不断提高,如要求教师既要在学生中树立权威,又要成为学生的朋友,既要向学生传授知识,又要对学生的全方位发展负责任,过量的工作、过大的压力、过重的负担导致教师消极、倦怠;(4)学校人际环境的恶化,对教师缺乏必要的支持和激励;(5)教师个人的性格也是一个重要原因,比如有些教师比较内向,不够自信,就容易产生职业倦怠。”①职业倦怠产生了,教师还有求真、敬业的激情吗?教师在重重的外在力量的支配下失去了自我,在学校教育教学过程中找不到自己的生命立足点和生长点。而且,应对上级各种检查评估的时候,教师有时还需要协助学校搞突击、补材料等,这直接引发了教师的道德信任危机。在教学中,特别是在各种公开课上,大多数的普通教师是受制于专家、教研员、领导、同伴等的反复指导和反复锤炼的,等一节课设计成熟时,早已没有了教师自己的影子,甚至教师的每一句话、每一个动作都经过别人的设计,在课堂上只是被动执行。在这样的背景下,又如何能期待教师在课堂上关注动态生成、关注学生的自主建构呢?而回到常态的课堂上,教师理所应当地有了话语权,但各种有形无形的权威和压力将许多教师的自我意识驱除了,使得教师失去个性,远离了真实的自我。

其三,对“完美”的偏颇认识。其实,在许多情况下,教学中的表演乃至作秀并不仅仅是功利的需要,也缘于部分教师对“完美”教学追求的一些片面认识。一些教师由于教学理论的不足或者认识的偏颇,认为无懈可击的、没有错误的、没有更多问题生成的课堂才是完美的,于是竭力消除这些“不完美”因

---

① 余玲华等:《教师职业倦怠的管理破解》,载《思想理论教育(新德育)》,2006(11)。

素，最终导致了“造假”。有一位教师在执教《一夜的工作》时，让学生自己读书，提出问题，然后基于学生的这些问题来分析、讲解课文。教学设计和教学流程的总体思路是非常好的，从外显效果来看，学生的问题意识、主体意识都得到了很好的呵护和激励。然而教师课后的“说课反思”却“坦言”了他的教学思想的指向，他说，这节课我主要带领学生来解决他们提出的各种问题，我的目标是在一节课的时间内把学生的所有问题都解决完，我很担心，怕学生会把解决不了的问题带到课下，所以，在让学生提出问题之前，我刻意做了一些无奈的安排，不让学生提出过多问题，也不让他们提出太离奇的问题，这样，就保证了这节课的“完美”。好一个完美！很多教师就是因为这种对“完美”的偏颇认识而选择表演，乃至作秀的。当然，更多的教师担心学生在课堂学习中会出现这样那样的错误，才选择以一种不真实的手段让学生预知，此种教学行为并不少。

在教学中，我们并不缺少解决问题的办法，关键在于有没有认识到产生问题的原因。当我们将教学中的“表演”从不同的层面来解剖的时候，改革的方法就应运而生了。看来，求真的教学关键在于教学所处的文化认同与超越，在于影响教学的综合环境的“贵真”。

三、“知识风险”又会怎样？

在动态生成的教学中，我们允许学生有不同的观点，有思考问题的不同角度，甚至允许学生尝试犯错误，但我们往往把“知识性错误”视为畏途，认为无论如何不能在知识性的问题上有半点含糊。因此，在教学的开放性和教学结论的多元化上，我们往往有着多重的限制，在原则性、知识性问题上，教学是不能够冒风险的。

有没有不同的认识呢？

我在美国的一所初中执教过一节生物课，这堂课是由我和负责实验的两位教师共同来组织的。教师和学生一起探讨鱼的生活习性与活动姿态，并探讨如何体验鳍的活动特点和如此活动的生理必然。学生边讨论边翻看厚达680页的生物课本。在教师讲解完注意事项之后，学生自己动手进行实践体验。他们用胶布把自己的五个手指粘在一起，然后尝试捡拾硬币、用铅笔写字、系线圈等活动，体验鱼鳍活动的特点与所限。师生所采用的这种体验方式已经够吸引我们了，但仍有学生没有按照教师的建议把五个手指粘起来，几个学生双手合拢，滑稽地摇摆，两位负责实验的教师却视而不见。

我很想知道这几个学生是怎么想的，关于为什么不按照活动要求去做的问题，其中一个学生说："我把五个手指一并不就体会到鳍的功能了吗？为什么要粘起来呢？我想做的是，怎么才能够体会鱼尾巴拨水的动作，你看我把两只手并在一起，因为手的左右摇摆，引得身体'左右'摇摆，可能鱼尾巴拨水时就这样吧？谁知道呢？"虽然学生的描述不一定准确，虽然学生用了"谁知道呢？"来显示自己的并不在乎，然而，对这个学生来说，"谁知道呢？"正是他主动思考的价值所在，也正是教学的价值所在。我追问了一句："如果这样搞不清楚鱼鳍的特点怎么办？"生答："错了也不要紧。"原来如此。

我们常常希望创造性学习的表现：一是独立性，其学习活动是与众不同而具有自己的思想主张的；二是探索性，学生虽然没有按照老师的要求去做"该做"的事情，但是做了自己感兴趣的未知的事情；三是冒险性，学生在完全不知道对错的情况下，就敢于去尝试、思考，的确是冒险地学习。学生在这种独立冒险的学习中，真实地拥有了属于自己的创新与研究学习的过程。

"谁知道呢？""错了也不要紧。"这是既蕴涵着知识风险，又包含着探索空间的真实的学习过程的体现。教学为什么不能走出"我已经知道"的现状，而更多一点"谁知道呢？"

另外一间教室里正在上小学数学课，一群小学四年级的学生在教师的带领下研究"841+830="。学生的结果很快就出来了，分别是"1671""9240"和"8840"，如此简单的一个计算题却在教师与学生的反复争论下得不出正确答案。

在师生的争论过程中，我几次欲进行提醒。然而，这位教师却带领学生开始了"I think……"，不管做对的还是做错的学生，都要来一遍"我认为……"或者"我想……"，就这样没完没了地讨论着，直到下课，这么一个简单的算术题也没有得到正确答案。

课后，与教师交流时，教师说，错了是不要紧的，学生不在乎答案对错，主要是经历学习过程，对学生来说，只要敢出错就可以了，而且，我们要的是学生自己的观点。敢出错也可以成为优点吗？

这不由得让我想起了在美国康州学院与田群键教授谈到的一个话题，是否"允许学生冒知识风险"？也就是说，即使明知道错了，明知道没有结果，敢不敢让学生去尝试、去探究一番。这两节课，这些教师和学生显然没有进行最正确的学习，他们所做的研究和探索都是不确定的，甚至是明知道错误，也要说出个"我认为"。如此真实、如此彻底地展示思想、暴露思维，教学过程已经归真了，过程有价。

其实，对于学生来说，从这个已知到另一个已知，并没有解决未知，有的只是已知的积累，而不是未知的获得。在教学中，学生今天学到的没有风险的知识、参与的没有风险的尝试，能为将来的风险做好准备吗？面向未来，教学是为今天的正确掩饰错误，还是为了明天的正确而直面错误？因为今天的尝试，今天的知识风险，或许就是今后走向正确轨道的桥梁。既然知识风险都可以冒，那么，课堂教学中有那么一点源于真实的错误又能怎样呢？

我所接触的美国课堂，从小学、中学到大学，大多是让学生在属于自己的新的领域独立尝试，对于每一个学习个体来说，他们的学习就是在冒自己的知识风险，在自己不确定甚至自己感觉错误的条件下尝试。面向未知，超越自我经验，最重要的是，教师并不主观掩饰学生的所谓"错误"，而是让学生错下去、再错下去，真理会在坚持中出现。当错误与正确相伴，学生的信心与勇气共生的时候，道理与真理就会与学生亲密接触了。学生的创新精神、敢冒风险、敢为前人所不敢为、所不能为的精神也就生成了。

其实，教育本不是轻车熟路，真理从无知起步。有错误，也有不和谐的因素，教学就在这样的知识风险中历经一个归真的轮回。

四、她的算法也对吗？

这一节课的教学内容是用连续退位减法计算 3000－534。考虑到学生刚刚学习了计算 304－126，已初步掌握连续退位减法的计算方法，授课的李老师就放手让学生试算，然后请一位学生扮演，并汇报讲解他是怎么算的。一切顺顺当当，教师接着让学生分析今天学习的 3000－534 有什么特点。

学生小飞第一个发言："连续退位减法。"学生小纯发表了她的意见："被减数的个位、十位、百位上都是 0。"学生小宇接着说："这道题像你昨天说的，有三个'穷光蛋'。"（注：前一节课学习计算 304－126 时，学生形象地将被减数个位上的数比喻为"一般人家"，把十位上的数 0 比喻为"穷光蛋"，把百位上的数比喻为"大富豪"）学生小雪的发言更风趣："这道题是一个'大富豪'遇到三个'穷光蛋'。"在学生发现题目特点之后，我继续问："你认为计算时要注意什么？"学生小媛的发言一语中的："十位上是 9－3，百位上是 9－5。"在此基础上我简略地进行了小结。至此，这道例题的教学应该说是画上了一个比较圆满的句号。但紧接着，学生小娴的发言打破了平静，她把作业本递给我："老师，这道题可不可以这样算？"我一看，小娴是这样算的：

2999＋1－534＝2465＋1＝2466

也许刚才全班学生试算时，小娴就是这样算的，只是我在巡视时没有发现。"不拘一格"的算式显示了她不凡的想象力与创造力。我立即调整原先安排的教学计划，请小娴同学向全班介绍她的算法与想法。全班同学一致认可她这种把退位减法转换成不退位减法的可行性与独创性。

在学生阅读教材时，我让学生记下他们各自理解、掌握或创造的算法。

下课之后，学生小文交给我一张纸，纸上写着：

3000-534=2466

3000-534=2999-533=2466

小文的写法有差错，但有闪光点。小文的算法，是从小娴的算法中得到了启发，要将退位减法转换为不退位减法，把计算3000-534转换为计算2999-533。小文，一个非常调皮的男孩，上一学期，他的数学期末考试成绩是不及格的。我知道这是激励他的最好时机，让他回家再想想并做修改。第二天，小文给出了正确、简洁的写法。

另一节数学课上，当小文向全班同学介绍完他的算法后，我感觉全班的掌声从来没有那天这么热烈，小文从来没有那天这么“神气”。

知识成了目的，成长与发展常常被置之脑后。但这节课，学生掌握了“3000-534”的算法，能正确计算，一般便认为大功告成了。小娴算法的出现，即便教师不用“这样做不规范”的棍子打死，往往也是以“这样做也可以，我们还是用书上的算法”委婉地拒绝学生并不绝妙但却是独树一帜的算法。至于小文的算法，那基本上是会被看做是“什么乱七八糟的”而扼杀在摇篮里。学生获得了规范的“算法”，却失去了独立学习、自我超越的机会。

正如李老师的教学所展示的，学生的创新发展是教学追求的终极目标与核心，致力于学生创新发展的教学才是真正有价值的教学。教学以“知识”为载体和手段，尊重、接纳、欣赏每一个学生，不仅关注学生知识与技能领域的发展，还关注学生数学思考、解决问题、情感态度与价值观等方面的全面和谐发展。因此在教学过程中，尊重学生的独特见解，才能保证他们的个性得到发展，促进他们思维水平提高，引领他们走上创新学习之路。

对于有不同见解的学生都要肯定并鼓励，这是教学能够做到的。但是，如何面对个性不同的学生的表现？值得慎思。

教学允许不同学生有不同的表现，而教师则要针对不同的学生采取不同的策略，使每个学生都能得到相应的学习机会和发展条件。

比如根据学生的课堂参与程度，可以对学生进行大体的课堂分类，结合学生的学习态度、学习能力、学习的心理状态等，可以分为下面五种并不并列的课堂学习类型，据此采取具体的策略。

——针对发言积极、思维深刻的学生。他们回答问题可能不是最快的，但有积极发言的愿望，给出的答案往往是深思熟虑之后的。此类学生已经是每一位教师关注的核心，他们所需要的是不断地鼓励，以保持他们对于问题的思考积极性和参与课堂教学的热情。必要的时候，让他们讲述自己的思考过程，让他们成为其他同学学习的榜样。

——针对发言积极、思维肤浅的学生。此类学生活跃、爱表现、发言积极，但他们的发言不一定具有思维的深度，很多时候凭着感性认识随口回答问题。他们对于问题的理解并不完美，但能够及时表达出来，因此，他们的发言很可能成为其他同学参照、补充、辩论甚至批评的对象。在课堂教学中容易生成宝贵的教学资源，针对这些学生，教师要充分关注他们发言中的误区或随机出现的闪光点，应当适当给予他们一定的要求，让他们再想一想，或者让他们给出更加完整合理的答案。

——针对发言不积极，但一直在思考的学生。应当说，很多学生是这一类型，这一类型的学生也包含很多不同的情况，比如有的学生反应慢，在别人解决问题的有限时空内不能够理清自己的思路，还没来得及想好别的同学已经会了，关注这样的学生，就是要关注他们的学习程度，关注他们的真正学习需求，让他们有思考的时间。还有一种典型现象就是心理畏缩的学生，他们或许会，或许不会，但是，即使经过思考以后，也不愿意参加集体的相关教学活动。这些学生身上存在的最大问题是心理方面的等待或者畏缩，也有些学生干脆没有参与课堂教学活动的习惯，导致教学中出现许多事实上的“旁观者”，他们更需要教师的细心发现。教师要能够准确地把握该部分学生的心理状态及学习程度，在他们有能力很好地参与的时候，一定要为他们创造参与集体学习的机会，适时展示成果，保持他们学习的积极性，激发他们的自信。这一类型的学生都比较“老实”，常常容易成为被忽略的对象，因此，需要教师的加倍关注。

——针对发言不积极，也不思考的学生。这是一部分并没有养成良好的学习习惯，也没有形成学习责任心的学生，应当说，这些学生往往都是教师关注的焦点。

——针对学习确有困难的学生。对他们加以分析，帮助他们建立自信，形成良好的学习习惯是教师关注的主要方向。

单就发言及学习态度所做的教学应对就如此复杂，那么，针对更为个性化的表现，教学应作何选择呢？

实现让学生独立学习，让学生在创新中超越，关键在于学生的个性化发展，而不是用固定的模子让所有学生达到同样的标准。分层达标、延缓达标、殊途同归抑或不同归才是关注每一个学生的根本所在。教学承认并尊重学生的独立性，相信天资聪慧与生性驽钝同样都是具有发展潜能的生命个体，况且，在不同的认识标准之下，天资聪慧与生性驽钝都是相对的。学生的独立性是教学的资源之一，在个性呵护中发展是学生的一种生命发展观，因此，让教学关注每一个学生不但是一个理想中的哲学命题，而且是一个能够实现的教学创新的良好选择。

五、求取真意

马斯洛说，儿童是睁大了眼睛，用毫不挑剔和纯真无邪的眼光来看待世界的，他们注意和观察的只是事实是什么，对他并无争论或者要求……儿童无挑剔，也就是无选择。一切皆进入心灵，哪种刺激更强烈，就会占据主导地位，这当然也包括真实的或者虚假的刺激。

关于课堂教学的真实性问题，似乎没有可以辩驳的理由。求真是一种美德，求真能够带来学生的真实发展。选择真实是天经地义的教学伦理，然而，教师也有不同的理解。

有的教师支持适当的表演甚至作秀：

课堂表演是否需要作秀，学生的感受说了算。衡量课堂教学是否作秀，主要看这种教学行为是否对学生积极有效，作秀就一定是坏事吗？我看不然。我对学生做了这样的调查了解：你对课堂上“老师让你提前准备好回答的问题、老师奖励学生小红花、让学生分角色表演、让学生在课上采访听课老师”分别有什么想法和感受？出人意料地，学生回答，“老师总是先告诉我课堂上要提问我哪个问题，我真高兴，于是就好好读书，争取回答得更好”；“当老师奖给我一朵小红花时，我的心里感觉人和花一样美”；“我真希望得到的小红花越多越好”；“让我们分角色表演真有趣，有身临其境的感觉”；“我在表演妈妈的角色时深深感受到母亲的伟大”。看起来在学生眼里，表演是生动真实的，与作秀毫无关系。由此可见，成人化的思维，并不能代表学生的感受。从某种程度上讲，课堂就是舞台，“课堂表演”实际是由儿童的心理需要“催生”的。

也有教师认为，“课堂表演”是正常的，任何一种课堂教学尝试都有可能成为形式上的表演。适当的“课堂表演”也是必要的，在教育改革与创新的背景下，教师对课堂教学改革本身的认识是陌生的，需要经历由学习、探索到逐步掌握的过程。尤其在学习的初始阶段，只能借助于“形”的掌握来逐步入门，也正如学习书法者首先要从临摹开始，逐步领会字体的神韵魅力，经历一个循序渐进的、由形似到神似的过程。

当然有更多反对的声音：

当下，我们一些观摩课、公开课，被人质疑是作秀课，老师把预设的环节一一再现，使得课没有漏洞，像是编好的程序，一一演练下来。学生叫好，老师也感觉比较顺利。剖析这样的课堂，虽然学生在课堂上能一路走下来，但是学生自己的思考很少，这样的课堂是缺少思维的灵动性的课堂，学习不是内升华型的学习。特别是数学课，没有思维循序渐进的锻炼，就没有了构建学生的元认知学习和相关联的学习动机，思维的技能就形同虚设了。虽然老师能在课堂上环环相扣、紧锣密鼓地把教学环节演练下来，但是走过这一节课，老师回到自己的课堂上，很可能会找不到北。因为学生不是预设的，他们有自己的思维，有自己的认同观，在预设和生成的密切关系上，生成更是活生生的，老师还要提高自己的沟通力、经验值，扩充知识量和必备的策略。

更有教师严肃地说，课堂作秀、造假是不道德的，是对学生的犯罪，是违背教育的人文精神和科学规律的。

由此，我们选择“求真”，其用意仅仅是避免教学的虚假吗？仅仅是基于学生由课堂教学可得的求真精神吗？求真显然还有更为多元的含义和价值。

求真在于领受责任。教学的根本在于学生，在判断“真”与“不真”的是非的时候，唯一的也是必需的出发点仍是学生。许多认为“表演”也能取得教学效果的观点，往往是因看到了“表演”所带来的教学的顺利推进，以及师生在这一顺利推进过程中的愉悦状态而得出的。然而，对于学生来说，教学应当负有的主要责任是学生的发展而不是他们当前一时的幸福愉悦，况且，因“表演”乃至“作秀”换来的幸福体验并不会持久。这是因为，“重要的是生活和思想都要尽可能真实，哪怕要以焦虑、幻灭或不幸为代价。首先要忠于真实：真实的悲哀胜过虚假的快乐”①。在学生还没有能力确知自己的行为该如何选择的时候，用不真实的简易和愉悦来掩盖真实的艰辛和痛苦是有害于学生的，是对学生智慧和情感的双重欺骗，可以说不真实的教学是不道德的。由此，教学的“求真”是对学生健康发展责任的领受，而非避重就轻；教学的“求真”也是带领学生阅读学习经历、阅读生活经历，乃至阅读生命的直接路径，是呈现给学生更多需要学生主体建构的有效信息的必然选择。

求真在于直面错误。如果说课堂“表演”乃至“作秀”是避免课堂上出现许多不应有的错误，避免课堂因错误堆积而推进困难，从而影响大部分学生的学习进程，这显然是难以立足的命题。在当前大班额的班级授课制背景下，学生受教育的过程仍是以上课为主要形式的，也就是参与课堂教学，如果我们刻意地让学生在课堂上回避错误，不给学生遇到困难、经历错误的空间，那么学生便失去了“犯错—纠错”这一自我检视、自我反思的学习体验，此时，学习会

---

① ［法］安德烈·孔特-斯蓬维尔：《人类的18种美德》，吴岳添译，北京：中央编译出版社，2006。

轻松而无深刻可言。这样的学习将会像游戏一样快乐,游戏虽然是高智慧学习的一种载体,可学习却不能单纯是游戏。在表面的轻松中,学生失去的就是对于真实的学习的误读。教学"求真"显然在于提供给学生一个完整多元的学习生态环境,在这样的生态环境里,既有成功的体验,又有失败的领悟;既有学习的愉悦,又有探索的艰辛;更重要的是,学生在每一节课都有真情投入,都会感受到自己扎实的每一步。在这样的学习环境中,错误是可以出现的,错误是可以容忍的,只是,错误更是需要改正的。教师和学生都以真实和诚实的心态来面对教学中随时也必然会出现的各种问题和错误。错误也是一种价值,真实则是一种勇气和态度,在真实面前,即使错误也可以被珍视,学生从真实的错误中收获的将是不断进步、不断探索的精神和力量。

求真在于暴露思维。从更为具体的层次上来解读教学"求真",其价值还更多地体现在充分暴露师生的思维上。教学应当是有思维含量的,无论是教师还是学生,在课堂教学的整个过程中都要有积极的思维的投入。真实的课堂不回避教学中的问题、突发事件、困惑以及不足,不搪塞每一个问题的提出、分析、解决、运用甚至无法解决等每一个环节,这些环节都需要求助于学习主体的思维。在师生明确真诚地面对需要解决的问题的时候,真正研究性的学习过程便展开了。因为真实,所以学生可以充分思考,充分概括自己的思维成果;因为真实,所以学生能够充分表达,充分展示自己的观点;因为真实,所以学生能够将成熟的和不成熟的见解拿出来,供大家品评和参考;因为真实,所以学生能相互交流,既有肯定,也能够开诚布公地提出不同意见。在真实的课堂上,思维是不受拘束的,因为每一个人都可能提出有价值的意见,也可能随时犯一些错误(包括教师),于是暴露思维成为学习的一大标识。而思维的暴露则无疑是教师最希望得到的教学信息,据此,教师就能够明确教学的重点、难点,明确每一个学生的学习状况,可以有的放矢地组织教学;对学生来说,则意味着能动地思考起来,从而使学习过程有了自己思想的影子。

求真在于尊重过程。有效的教学一定是真实的教学,无论对于过程还是结果,有效性都是对学生的一种道德关注。当然,教学的结果和过程谁更重要?这是不能简单化地回答的问题。学生在教学过程中的探究和体验是其学习的重要收获，如果结果可以提前告知，结果可以通过提前设计来呈现，那么，过程则不是真实推进的，而对于真实的尊重就是对于过程的最大限度的尊重。马克思将人的精神生产与物质生产进行了一致性的归纳："个人怎样表现自己的生命，他自己就是怎样。因此，他们是什么样的，这同他们的生产是一致的——既和他们生产什么一致，又和他们怎样生产一致。"①可以这样理解，经历怎样的过程，人就是怎样的那个样子。学习过程"一致性"赋予学生的不仅是积极的参与，而且有着学习品质、学习能力和知识获得等的收获。在教学过程中，学生不是统一地、简单化地来呈现学习结果，而是多元地、丰富地展现自己的学习，展现的有探究、体验、合作，也有思考、交流、实践；展现的有学习的神态、神情、神韵；展现的会是欣喜、愉悦，也会是沮丧、无奈……最真实地展现出来的就是学习的全部，也是学习效率最大值的体现。而不真实的课堂恰恰是对真实的过程的掩饰，是回避了多元复杂的过程而单纯呈现简单正确甚至虚假的结果。

六、寻觅人性光芒

"天命之谓性"，然而，人性却不能仅仅从于天命，从关注人性入手我们可以寻找到人，继而寻找到教学的价值所在。教学的价值理应回归促进学生人性的完满，促进学生的整体生命发展上。人性如何关注？生命如何发展？教学如何才能回归到价值本体？进入我们视野的似乎不仅仅是教学的外在话题，还将有内在的深刻。

① 中共中央马克思、恩格斯、列宁、斯大林著作编译局编译：《马克思恩格斯选集》（第一卷），147页，北京：人民出版社，2012。

(一)学生发展的价值取向

课堂教学的伦理价值可以理解为学生的生命价值,学生的生命价值于教学来说,是要在教学中获得健康、主动的发展。而发展只是一个中性词,并不意味着一定会向良好的方向发展,促进学生怎样的发展才是理想教学所应有的呢?或许我们都能够脱口而出:全面发展!是的,全面发展似乎已经成为一个最具教学价值的教育语境,也已成为“用之四海而皆准”的教学原则。虽然全面是一个质与量相结合的发展之境界,而全面不可以单从量上去界定,否则,“全面”永远不会实现;但好像全面也不可以单从质上去界定,那样,“全面”更无从谈起;二者结合起来显然是一种美好的意愿,可是如此多的问题的存在,使得全面发展在很多时候只能是一个美好的意愿而已。

那么,全面发展有没有更贴近教学价值的另一种实现形式呢?个性发展或许是一种应然状态。个性的核心是学生主体的自由、健康发展,也就是说,促使人的自由、健康发展是教学的灵魂所在,这一发展也是个性发展与社会性发展的结合。个性发展是人的一种整体上的生命发展,而社会性发展是学生在学校里学习生活的价值延伸,是学生的一种可以持续的发展。从内涵上来看,二者是一体的,只在指向上有所不同而已。如果说个性发展与社会性发展是发展的工具理性倾向,那么,自由发展和健康发展则是发展的价值倾向。工具理性与价值性的和谐,才是发展的多维层面的和谐所在。

从发展的层次上看,学生知识的获得程度不等于发展的程度,更不等于发展的个性。在一节作文课中,一个学生主张在写作文时可以“装”(即假装、编造)情感,该学生振振有词地解释说在考场上酝酿感情是很难的,只要“装”出来的情感能让阅卷老师看不出是你在“装”就可以了。对此,授课教师评价说,他提出了一个有意思的话题,大家可以尝试。情感可以“装”,而且“装”得有理!在如此的课堂价值取向下,就不难理解成百上千的学生在高考作文中不约而同地选择“父母双亡”来表达自己的坚强了。

生命是需要思考、追问与反省的,没有什么比生命更值得关注。教学价值的实现应经历怎样的生命体验？蒙田说："最美好的是善于做人，最困难的是学会如何自然地生活。我们有许多不健全的病态，最不自然的便是漠视我们自己的生存。"[①]什么样的生命是最美好的？虽然不可一言以概之，但是，从本质来说，属于自己的生命是最美好的，也就是说，每一个生命个体能够真实而自然地存在于自我意识之中，得到生命的自然需求与精神需求，对自我的了解与控制是生命幸福存在的状态。

由此来追问教学选择，我们现在仍然看到的"讲述—记忆""提问—回答""布置—完成""目标—检评""（打铃）上课—（打铃）放学"……在这样的规范环境里，生命在哪？生命存在美好、幸福还是无奈？"窃窃私语""交头接耳""东张西望"等给予学生的"罪名"，有多少是生命的无奈！有多少是无助的表现呀！在学生那里，生命的存在完全让位于知识的存在，生命的价值沦落于知识的价值之下，生命是教育的"旁观者"！是的，耸人听闻！是的，这是事实！[②]而造成这一事实的根源并不仅仅在于教师漠视生命的存在，而是无力提供给生命发展灵动的教学过程。

（二）有生命的教学策略

教学促进学生生命的个性发展是有层次的，这个层次包含完整的结构过程：其一，以生命存在作为基础，这就要求教学关怀每一个生命的存在方式与其差异；其二，以生命需要作为动力，这就要求教学应尊重并提供每一个生命自由发展的场所；其三，以生命审美作为理想，理想的教学也就应当致力于学生的精神愉悦、身心发展。

以生命存在为基础。对学生来说，他们在教学中首先是一种自我存在的生命感受，学生身体的感受是第一位的，他们通过视觉、触觉等来获取并表达

---

① 蒙田：《论经验》，出自《我知道了什么呢？——蒙田随笔集》，215页，上海：上海三联书店，1989。

② 齐健、李秀伟：《生命课堂论纲》，载《创新教育》，2005(3)。

自己的身体意愿，学生将由此意识到“我”在课堂教学中的地位、作用，以此感受决定他们对自我精神状态的积极或消极的控制。每一个生命体都是以生理感受、直觉感受为基础的。教学忽视的往往就是学生的生命存在，忽视了学生作为一个生命个体的最基本的生理的感受，他们的身体感觉与最直接的心理反应紧密相连，构成了参与学习的基本状态。对于教师来说，认识并理解学生的生命存在，就要意识到学生的现实感受，意识到学生作为一个生命个体所应有的独特性和差异性，因为这种差异决定了学生的学习是个性化的，是有着善意的心灵参与的，是需要关怀的，而不是被要求、命令的。

以生命需要为动力。学生的需要是多层面的，马斯洛需要层次说把人的需要分为缺失需要和生长需要，具体有最基本的生理需要一直到审美需要和自我实现的需要等七种不同的层次。对教学来说，也要从每一个学习个体的基本需要出发，满足他们最高层次的生长的需要，特别是精神的需要。从学生需要出发的教学在于协调学生的各个层次生命发展需要，关注学生的学习状态、学习兴趣、学习意愿、精神需求、发展水平等，以学生的发展需要为教学的基点，促进学生主动、健康地发展。教师应意识到学生的生命需要是一种学习动力，把满足学生的需要作为一种教学的原则和策略，因循学生的需要来组织教学。

以生命审美为理想。审美是一种境界，审美感是人的情感的高级层次，学生的感受实际上也是一个审美的过程。审美作为一种情感状态，与感觉、想象、情感、体验、直觉等是联系在一起的，因此，学习过程在很大程度上就是审美的过程。我们说，审美不只是对美的观察与发现，还是生命体对于外界事物的亲身体验，是生命内心与外界的沟通过程。如何让学生的美感产生，如何让学生的精神境界、情感层次提升，这对教师提出了一个超越性的课题。理想的教学是关注到了学生的精神与情感层面的，是将学生的发展提升到认知与情感的结合层面的，亦即提升到生命审美的层面。

(三)追寻教学平衡

教学指向学生未来的生活和发展,让学生体验现实生活的幸福,感悟并亲近对现实生活的价值诉求,从而让学生对自己的理想生活,即未来生活充满美好的希望,并且有美好的生命体验。

如此,教学宜处理好科学知识的传授与伦理价值获得之间的关系,处理好创新与发展之间的关系,要让学生的发展进入实然的平衡状态。创新是学生发展的必然也是必需,而传承是创新的前提和基础,传承的不仅是知识,也包含了价值观以及道德追求等,实现创新与传承的并存才是课堂教学应有的目标。这里就包含了平衡与和谐的理论。应当说平衡的、和谐的就是有益的,然而,在许多时候却并未达到如此境界。时有教师所刻意设计的教学环节背离教学价值而单纯趋向教学技巧的问题出现。有一位教师在讲到“董存瑞舍身炸碉堡”这个故事时,为了训练和培养学生的发散思维、求异思维和创造性思维能力,特意设计了这样两个问题让学生思考:问题1:“假如董存瑞拉开的炸药包没有炸,那会是什么原因,该怎么办?”问题2:“你能不能设计出一个更好的炸碉堡的方案?”应当说,这两个问题对于拓展学生的思维的确能够起到一定的促进作用。然而,这样的探究又有什么价值呢?又怎么能引领学生的精神发展呢?看来,很多时候,课堂教学离价值与创新之间的“中间地带”还很遥远,让教学的创新与传承以及科学探究与人文关怀交融在一起是一条颇坎坷的路。

平衡是理想课堂教学的显性标志,价值是学生发展的内在诉求;课程目标、教学目标在各个领域是一体的,任何内容、形式上的割裂都将影响学生价值生命的发展。科学思维与人文情感的平衡是作为“整体的人”的教育的两条轨迹,在教学中,这两条轨迹只有在走向融合的时候,才能够支撑学生的和谐发展。

(四) 构建价值澄清的教学

教学的价值一方面在于教学本身的内在价值，体现在促进学生的整体发展上。同时，亦体现为学生的价值获得，即通过教学让学生收获价值。价值澄清理论为我们提供了七点建议①：

(1) 鼓励儿童自由地做出更多的选择。

(2) 在面临诸多选择时，帮助他们发现其他的可能选择。

(3) 帮助儿童审慎地权衡各种可能选择，同时思考每种选择的可能后果。

(4) 鼓励儿童思考他们所珍视和珍爱的事物。

(5) 向儿童提供确认其选择的机会。

(6) 鼓励儿童按照自己的选择行动。

(7) 帮助他们意识到不断重复的行为或生活方式。

虽然价值澄清学派关于价值相对主义的观点受到了普遍的质疑，但是恰当地运用自我澄清的方式组织学生的价值体验是有积极意义的。课堂教学的"价值"之教就是教学价值和价值教学的统一体，为此，教学应具有这样的价值品性：

一是让学生具有价值评判权。支持学生进行价值体验的是学生强烈的表达欲，所以学生的价值体验最重要的前提条件是使其能够将自己的认识积极地表达出来，乐于表达、乐于交流，这样才能使价值观得到不断地肯定与强化。价值生成建立在学生充分的话语权上，教学应让学生的个体心灵有充分施展的空间。通过语言表达，他们不断地来归纳、呈现自己的思想认识，由模糊逐步走向清晰，由困惑逐步走向理解，或者由错误逐步走向正确。学生的话语所构成的价值情境是一个智慧蕴涵的动态场，在这里，价值才能得到真正的体

① [美]路易斯·拉思斯：《价值与教学》，谭松贤译，37页，杭州：浙江教育出版社，2003。

现。价值判断权的实现在一定程度上决定了学生具有价值认识的权利，学生的价值认识权是其主动获取价值观的核心。

二是让学生的价值反思成为自觉。价值是在学生的不断反思与反省中逐步生成和完善起来的，学生对于核心价值观的认识，对于学习过程本身的任务价值的认识，都是具有反思与反省特质的认识活动。价值反思建立在对经验的唤醒上，学生的生活经验就是他们的价值认识基础，价值虽然是抽象的、广泛的，但是都能够在学生的已有经验中找到依据，而这些依据就是学生新的价值观产生的必要条件。价值实现就是要引领学生的反思进入教学过程，让学生从自己已有的价值认识入手来进行体验，检视一下哪些经验是适应当前的新的价值观的？哪些经验又是有悖于当前的新的价值观的？由此提升自己的经验，生成有经验基础的价值观。同时，在学生获得初步的价值认识的时候，学生还应当对自己的认识进行不断地反省，甚至否定，因为价值观的形成不是一蹴而就的，而是需要不断完善、修正的，因此，价值教学的过程应当让每一个学生都有意识地回头总结、回顾纠正。

三是倡导科学的价值强化。学生的价值判断和价值认识是一个不断反复的过程，其间的过程是复杂的。首先，学生从感知外界刺激开始，逐步形成自己的认识，但仅仅是认识是远远不够的，可以说学生明白了某个事理只是达到了价值观形成的起始阶段；接下来学生就要从认识向认可过渡，无论是成人还是儿童，对某种行为或价值的认识与认可往往不是同步的，比如人们都承认性情直率是人的优点，但是更多的人还是感觉应多一点含蓄，还有人们知道“忠言逆耳利于行”，但是却无法接受别人的“直言不讳”，所以，学生能否真正认可价值观是更深入的阶段；内化则是又一层次，学生在自己所认可的价值观的指导下不断提醒自己遵循这一价值观，并且在学习、生活中敏锐地发现这一价值观的存在，检视自己也检视他人。对于学生来说，价值观存在的最高境界则是价值观自然地进入学生的整体生命发展之中，也就是教学所要实现的根本目的——培养完整的人。此时，学生可能意识不到某种价值的存在，但其行为是完全遵循的。这四个过程是反复强化的，这个强化的过程也是关注个体差异的过程。

四是把握“价值”瞬间。学生价值观的生成往往不是集中的，中小学生的价值观随时处在变化之中，这就要求教师要做有心人，及时把握每一个“价值”瞬间。比如，在学生探讨与父母相处关系的问题时，很多学生可能会把一次交流会演变成一场对父母的管教、打骂、缺乏理解等的批斗会，而最后加上一句：我知道父母对我好，但是……可以说，此时，学生对于父母的评价并没有错，但是，在理解、尊重等价值问题方面却明显认识不足，这时，教师就应当及时引导学生进行价值体验；再如，学生经常会说：我真不想和×××同学一起玩了，这虽然是学生一时的任性行为，无可厚非，但是隐含的价值问题却可以提取出来进行讨论。

五是让价值判断清晰化。价值教学的组织、价值体验的实现存在于广泛的价值评价之中，任何形式的教学行为都融合在评价与被评价之中，对于涉及学生价值观的评价不能一味肯定。有教师对《狐狸和乌鸦》一课的教学提供了三种教法：一是在学生读了狐狸第一次对乌鸦说的话以后，教师就让学生说对狐狸的看法，给狐狸戴上“狡猾”的帽子，以下凡讲到狐狸怎么样便称“狡猾的狐狸”。二是引导学生把狐狸三次对乌鸦说的话找出来细读，结合乌鸦的表现谈谈读后的感受。由于教师没有预设的框框，学生畅所欲言，有的说狐狸“狡猾”，而有的说狐狸“聪明”，而且很有“坚持性”，教师认为后一种见解与众不同，很有创意，应该得到鼓励。三是在学生畅所欲言的基础上对上述两种观点展开争论：争论的结果是学生认识到狐狸是“狡猾”的，它的这种欺骗手段不道德。① 除去对学生思维训练不谈，很明显，第二位教师的评价忽视了价值的引导，而第三位教师并没有否定学生，却让学生实现了对价值的自我判断，其教学效果是趋向于学生整体的生命发展而非单纯的思维能力训练。在涉及此类关乎价值的评价中，操作要点在于真诚地公开学生的价值认识，然后再进行反思判断，这样，学生的价值认识才能走向成熟。

---

① 钱正权：《尊重学生体验可以不顾课文价值取向吗》，载《人民教育》，2004(3~4)。

第五章

自主与独立

对自由的呼唤成为人类社会的永恒命题，而这并不意味着人们对于自由的渴望，恰恰源于对自由的恐惧。宗教年代、精神世界、网络空间、时间隧道，在自由来临中人们的担忧往往大于喜悦。学习终究是学生自己的事情，教是为了促进更好地学，如何促进成为一个必然的话题。学习也是在一个学习型组织内发生着，自然成长尚且让卢梭受尽逃难之苦，自主学习真的那么容易？学习需要智力因素，需要思考、实践、反省……也需要非智力因素，需要动机、激情、自信……怎样才能让学习成为学生自己的事情？显然，信任学生，才能够给予学生充分的自由；信任学生，学生才能够信任自己。其实，很多教学方式的出发点就是基于对学生的信任，可是，我们信任自己的信任了吗？教学真的做到信任了吗？

引例

窦衍贵老师提出了安全自由的数学课堂理念。以下是《图形性质的获得》学案：

1.三角形全等判定方法1的探究

【学生动手操作】(1)已知$\angle A=30^{\circ}$，$\angle B=50^{\circ}$，$AB=3cm$，画三角形$\triangle ABC$。(要求每人至少画两次)(2)把所画的两个三角形$\triangle ABC$剪下，将这两个三角形进行比较，这些三角形能重合吗？在小组内，与同组同学的相比较，不同的同学按要求剪下的三角形重合吗？(3)通过上面的实验，你能得到什么结论？这个判定方法可以简单地用______或________表示。

2.等腰梯形的性质探究：等腰梯形除了具有梯形上下两底平行之外还有哪些特殊的性质呢？

性质1：根据下面的要求取一张等腰梯形的纸片，折一折。(1)将等腰梯形剪下来取上下底的中点并连接。(2)将图形沿连线折叠。思考：(1)折叠后的图形怎么样？(2)你发现等腰梯形是一个什么图形？(3)对称轴是什么？根据等腰梯形的轴对称性，你发现等腰梯形同一底上的两个内角的大小具有怎样的关系？你能得出梯形哪个性质？并叙述其内容。

在等腰梯形$ABCD$中，$AB=DC$，$AD//BC$，求证$\angle B=\angle C$。你还有其他的方法证明吗？(根据图示证明)

这样的设计留给学生充分的时间和空间，在独立思考的基础上再进行小组合作交流，动手、动脑，把感性认识和理性认识相结合，使知识得到螺旋式的上升，学生积极思考的习惯得以生成。

一、给予“自己”的问答

很不愿意承认这样一种课堂:教师提出问题并由教师自己来解答,学生以类似“观察员”的身份给予教师的问答以“对”“好”“是”“行”之类的应答。

这是一节高二的阅读课,课题是《新闻特写:梦碎雅典》,本篇特写以短跑名将奥蒂梦断雅典的故事为背景,展示新闻特写的特点。教师很准确地把握到了教学的要点:“新闻是什么?新闻的六要素是什么?新闻的三个主要特征是什么?新闻的基本类型有哪些?什么是特写?”对于这五个问题所涉及的专业知识,即使作为语文教师也很难准确地回答出来,对学生来说也是这样,一连串的问题会有一些学习的难度。然而,教师似乎并不担心,因为每一个问题提出之后,教师都是马上给出标准答案,而且是用标准的书面语言来表述概念,来解释,来例析,最终,教师以大篇幅的书面语言讲完了这几个问题。就听课者的感觉,是很抽象的概念还原,甚至没有过多的交流感。

接下来的教学内容就是这一篇新闻特写,很明显,教师做了充分的准备,设计并连续提出的问题具有思维的引领性。

问题一:这篇新闻特写中,文本为什么把镜头对准了失败者?

(教师要求学生讨论一下,然而,短短两分钟的时间里没有学生发言,大家还是各自看各自的教科书。)

问题二:镜头对准了哪些画面能更好地体现主题呢?找出细节,加以品味。

(问题一提出便马上要求学生来回答,两个学生的回答是很干巴的,作为高中学生,面对着极为平实的一篇特写,也没能“找到”那些很明显的细节。)

问题三:举例说明,作者描写观众的反应有何作用?

(学生边找边说,只言片语、一个一个词来说,懒洋洋的片段式发言构不成句子，呈现出来的理解程度甚至远逊于小学生！）

问题四：如果去掉3、4、9、10、11自然段，效果会怎样呢？

（显然，这一问题是为了展示补充资料对于强化特写的效果的作用，但教学仍然是两个学生短而又短的发言。）

问题五：有人说，奥蒂真不幸；也有人说，奥蒂是个英雄。你的看法是什么？

（一个学生站起来说：英雄。又一个学生站起来说：英雄。而教师则结合自己的理解对奥蒂的精神足足阐述了4分钟。）

对于一个教学过程的理解与评析理应完全抛开个人的经验和成见，从学生获得的角度来看待教育在怎样发生。

在这五个问题引领教学的过程中，呈现出来的是学生并不投入地学习，学生的回答是被动地应对，然而，教师似乎并不着急，因为教师已经做好了充分的准备，这种准备就是教师所说出来的标准答案。在每一个问题的总结中都是由教师来说的，都是教师或根据自己的已经记忆掌握的知识，或结合课件中已经打印出来的标准答案，或读备课薄、教学参考书上现成的答案，总之，教师总是有办法在学生不参与、不思考、不应答的时候，以自己"回答"的方式让标准答案呈现在课堂上。

表面看来，所有问题都得到了很好的解决，然而，教育在这里发生了吗？

即便从知识的授受上来说，教师的讲解与知识的传递是相辅相成不可或缺的，是必然的，这一追求没有问题。然而，教师这样讲出来的标准答案能够承载知识授受这一教学过程与目标吗？课堂上的讲解是面对学生的讲解，是学生能够"接受"到信息的讲解，当学生连应答都没有热情的时候，教师的独自叙述怎能走进学生的内心呢？从概念到另一个概念，从一个知识点到另一个知识点，从一个问题的答案到另一个问题的答案，教师没有成为带领学生走向知识的导师，而化归为知识本身，教师讲得准确，学生并没有回应。这是其一。

再从教学质量的提升来看，这是许多高中教师教学的价值立足点，也是必然的，这一追求没有问题。问题是给了学生标准答案，就能够实现质量的提高吗？质量提高的前提是学生能够自己解决问题，只有通过解决问题收获能力与发展，学生才能够获得好成绩，教学质量才能够得到提升。然而，在这些教学中，学生有没有解决问题？没有。学生有没有参与解决问题的过程？有，但只是浅层次的参与。学生再遇到类似的问题能不能解决？除非是完全相同的问题，即便完全相同的问题也是因为学生背过标准答案后照搬而已，况且由前所述，学生并没有记住教师的标准答案。这是其二。

还可以从学生的发展上来看，只有学生获得发展的教学才是有存在意义的课堂。当然，发展是一个大概念，对于一个学生来说几乎是无所不包的，不一定从某一个领域内给予清晰的量化和判断。在这几个问题的问答过程中，无论是学生的思维、记忆、分析、理解等智力因素的发展，还是学生情感、意识、兴趣、执著、合作等非智力因素领域的发展，都被掩盖在了教师“自我的问答”以及学生懒洋洋的“被动地应对”之中。学习是人期待改变的一种行为，这种行为如果不能强烈地作用于人本身，连学习的基本价值都无从关注，何谓发展呢？这是其三。

在中小学课堂上，学生是以发展者的诉求进入学习情境的，唯有发展才能够实现超越，每一次的超越微不足道，但这种发生着的超越就是教育所要完成的。自然地生长、自由地发展是每一个生命的内在品质，为什么要有教育？就是要超越现实的客观而承载有价值的目的，课堂教学如何靠近这一目的？而类似于教师自己“问答”的课堂，从最初的意义上已经失去了这样的观照。调整教学关系，调整教学结构永远是值得探讨的教学问题。

二、自主在哪里？

自主学习似乎已经成为一个概念化的符号，让学生自主学习是教师所认可并得以广泛实践的教学理念。然而，自主学习的实现远非给出一个概念那么简单。学生有没有可以自由支配的自我意识？这是自主学习得以实现的关键。谢林说，尽管自由感在每个人的内心直接地打下了烙印，但自由的事实，绝不能如此停留于表面，似乎只不过也是为了在嘴上说说而已，而竟可以不比这种感觉通常的纯真和深沉要求更多的东西。[①] 有停留于表面的自由吗？当自由都停留于表面，那么，在自由前提下才能够实现的自主是什么样子呢？

在一节高中一年级的作文课上，教师带领学生探讨“生成文学作品的主题有哪些”。围绕这一问题，教师阐述了自己的看法，提出“主题应围绕写作目的来确定，并且要有新意”，然后教师让学生自己去思考、回答，回答的方式是通过网络平台给教师发帖子，这样，全班同学都可以共享，以便随时交流。在做好了充分的要求和引导之后，教师让学生开始自己思考、写作，并强调接下来的时间是学生的自主学习时间，一定要充分利用。教师留给学生的时间是5分钟。

于是，学生熟练地打开电脑，找到网页，开始边思考边准备写，就在此时，教师开始了指导、引领。

(1) 昨天同学们的帖子有毛病，知道吗？（有的学生只顾低头思考，有的学生抬头看了看教师，但是都没有回答，教师也就没有再讲“昨天的毛病”是什么？）

(2) 写关键词，不要废话。

(3) 如果找不到，可以思考。

(4) 关键词要精炼，有信息量。

(5) 听课老师可以帮助学生出出主意。

(6)（大约2分钟以后，有一个学生上传了一个帖子，教师开始读——）周小微（化名）同学说……（其他同学都在写自己的，直到教师读完）

(7) 想一想，日常生活中的事。

---

① ［德］F.W.J.谢林：《对人类自由的本质及其相关对象的哲学研究》，邓安庆译，47页，北京：商务印书馆，2008。

(8)靠直觉去写。

(9)如果形不成句子,可以只写词语。

(10)再给1分钟的时间。

(11)如果没写完,可以保存一下,写到哪算哪。

(12)关键是思考一下,写出来。

就在教师利用上述比较“精炼”的语言这样反复提示与要求的时候,学生5分钟的“所谓”自主学习结束了。教师这12段话的间隔大都在10~15秒之间,教师的话从学生思考的开始便贯穿着学生的“自主学习”全过程;也就是说,真正属于学生自己的时间就是在教师话语间隔中的那10~15秒;再进一步说,学生在这5分钟的时间里要么对教师的话充耳不闻,要么就是听教师的话而自己没有任何的思考。

无论从哪个角度上来说,教师此时的这一系列宣讲、指导对学生来说只是占据学生“自主学习”的时间。那么,教师到底让学生怎样自主学习?教师真的给予了学生5分钟的“自主学习”时间吗?

或者我们可以继续追问,学生真的自主学习了吗?这就是我们所实践的学生的自主学习吗?进入更深一层的话题,教师为什么会在学生“自主学习”的时间如此放心不下?显然是缺乏对学生自主学习效果的信任。自主学习似乎是很平常的教学理论与实践策略,但是,教师真的理解、真的应用了吗?

是的,教学改革只有到实践中才能够显现其价值,也只有在教学实践中才能够检验教师的理论“成色”。我们在接受一种教育思想或者方式的时候,不只是在口头上去肯定它,在实践中去复制它,而是要在理论上真正认可并理解它。

就如这位高中语文教师的教学所呈现的,他将引导学生“自主学习”作为自己的教学方式时,却并不明白“自主”并不能够仅靠给予学生口头上的学习时间,而在其内心,并不在乎学生的“自主学习”,抑或根本没有认可自主学习的价值。自主学习的落实,教师还可能学到更多技术层面的操作技巧,但是,如果不能从内心相信学生的自主学习效果,不能相信学生通过自己的自主学习能够解决他们应该解决的问题，那么，教师还是会在学生的“自主学习”过程中进行细致入微的干预，进行不厌其烦的帮助。教师所缺乏的正是教学技术背后对学生的理解与信任。

这也是一节以学生的自主学习为核心的课，教师带领学生学习《动物的主要类群》，教学流程体现了学生的自主学习。

第一环节是“导入新课”。教师说：“同学们，前面我们刚学习了五彩缤纷、姹紫嫣红的各类植物，了解了正是绿色植物的伟大的光合作用养活了地球上所有的动物和人类，可你是否留意过？在花丛中有翩翩起舞的蝴蝶，在树梢上有喳喳唱歌的小鸟，在池塘中有嬉戏玩耍的小鱼，还有在天空中展翅翱翔的雄鹰。听了我的这番描述，同学们应该猜到了吧？今天，我又要带领你们走进另一个丰富多彩的世界——动物世界。”

第二环节是“认定目标”。学生齐读、自读教学目标，教师强调目标中的重难点。教学目标的设计是这样的：(1)能够说出蚯蚓的形态、结构特点，并总结出环节动物的主要特征；(2)能够说出蝗虫的形态、结构特点，并总结出节肢动物的主要特征；(3)对比两类动物的特征，体会动物的结构是如何与其功能相适应的。

第三环节是“自主学习”。教师把蚯蚓、蝗虫发给学生，布置自学任务，明确要求。此过程分两段进行，先自读课文，小组成员可分工阅读，也可齐读，旨在养成自主阅读的好习惯；然后填写提纲，并要求学生在填写过程中边填边记，对疑难点进行标记。

学生的第一步自主学习：环节动物，阅读课本80~81页，小组合作完成下列问题(每一小组发一条蚯蚓)：

1.观察蚯蚓及图2-2-1，如何区别蚯蚓身体的前、后端？

2.用放大镜进一步观察，发现蚯蚓的身体是由许多______构成的。

3.蚯蚓没有足，它怎样使身体运动？________________________，用手摸一下蚯蚓身体的腹面，有粗糙还是光滑的感觉？____________。这是因为摸到了____________。

4.观察并摸一下蚯蚓的体表,感觉是湿润的还是干燥的? ________。这一特点与它的哪一功能有关? ________________,同时还有什么作用? ________。

5.常见的环节动物除蚯蚓外,你知道的还有哪些? ________________。

6.根据你们小组的观察和讨论,总结出环节动物的主要特征:________。

学生的第二步自主学习:节肢动物,阅读课本81~83页,小组合作完成下列问题:(小组发蝗虫、蝉、虾、蟹)

1.观察81页图2-2-3中的四种动物,你知道这四种动物分别属于节肢动物的哪四个纲吗?(参考83页相关链接)

虾:______纲　　蜘蛛:______纲　　蜈蚣:______纲　　蝉:______纲

2.观察蝗虫及82页图2-2-4,小组合作完成下列问题:

(1)轻轻捏一下蝗虫的体表,感觉比较柔软还是坚韧? __________,这是因为蝗虫身体的外面有__________,这一结构有哪些作用?(2)蝗虫的身体可以分成哪三大部分? ______、______、______。(3)蝗虫有____对足,特点是________,功能是______________________。蝗虫有____对翅,功能是________________________。蝗虫有____对触角,特点是________,功能是________________________。(4)用放大镜观察蝗虫的气门,数一数共有多少对? ______。你知道气门有什么作用吗? ______________。

3.根据你们小组的观察和讨论,总结出节肢动物的主要特征:________。

学生的第三步自主学习:比较总结。完成下面的题目。

1.通过学习,比较环节动物和节肢动物有哪些相同点?哪一类动物高等?高等之处有哪些特点?

相同点:____。

哪一类动物高等? ____________________________________。

高等之处:____。

2.环节动物和节肢动物体内有无骨骼? ________。他们都属于哪一类动物? __________。

第四环节是"小组交流"。对照蚯蚓和蝗虫,对基础知识一一交流落实,重点交流疑难问题，要求小组长负责将本组的疑惑问题集中起来板书在黑板上，准备全班交流。

第五环节是“异组交流答疑”。对各小组的疑难问题，全班进行交流答疑。

第六环节是“落实双基”。质疑解惑完成后，小组内一对一落实双基，记忆巩固基础知识。

学生自主完成达标检测：

1.下列哪一种动物不属于环节动物？(　　)

A.水蛭　　B.蛔虫　　C.沙参　　D.蚯蚓

2.大雨过后，有许多蚯蚓会爬到地面上来，这是因为(　　)

A.土壤中缺乏食物　　B.土壤中缺乏水分

C.土壤中缺乏氧气　　D.土壤中缺乏阳光

3.下列哪一项不是节肢动物所具备的特点？(　　)

A.都有三对足，两对翅　　B.足和触角均分节

C.体表有外骨骼　　D.身体分部，由很多体节构成

4.虾、蝉、蜘蛛、蜈蚣的共同特点是(　　)

A.身体柔软　　B.都有脊柱　　C.都有外骨骼　　D 都用肺呼吸

5.蝗虫是自然界中的一员，外骨骼对它有保护作用。下列不具有外骨骼的动物是(　　)。

A.虾　　B.蜈蚣　　C.蜘蛛　　D.沙参

6.以下是蚯蚓的外形图，请回答下列问题：

(1)写出下列结构名称：[1]________，[2]________。

(2)[3]为蚯蚓身体的______端，判断的理由是________________________。

(3)蚯蚓的体壁能分泌________，使体壁能保持________，以保证正常的__________。

7.根据所学的知识，分析下图并回答下列问题：

把两只蝗虫分别放在盛有水的甲、乙两个容器内，哪只蝗虫先死？____。为什么？________。

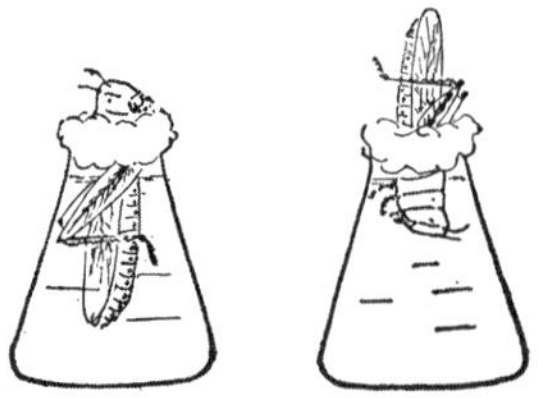

8.下面是蝗虫的外形图，请回答下列问题：

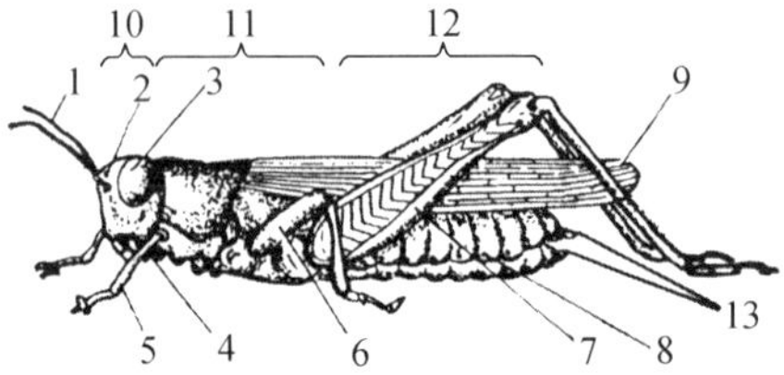

(1)蝗虫的身体分为[　]________、[　]________、[　]________三部分。

(2)图中[1]是________，[3]是________，[9]是________。

(3)蝗虫的呼吸器官是[　]。

(4)蝗虫的身体由许多________构成，而且________和________也是分节的。

(5)蝗虫的体表具有________，既能保护和支持内部柔软的器官，又能________，这是节肢动物适应陆地生活的主要原因。

至此，以学生自主学习为中心的一节课完成了。总体来看，整节课里，教师的讲授时间不超过10分钟，而学生以小组或个人“自主学习”的时间则占了整节课的80%以上。的确，我们看到学生拥有充足的时间，拥有充分的活动自由。但是，在“学生自由”的状态之下，他们在整个的学习过程中做了什么呢？稍加留意，我们不难发现，学生是在不停地“做题”，在做教师发放的“导学案”上规定的各种题目。且不说将新授课教学转化为“做题课”是否合理，单就学生的学习自由来看，他们根本没有选择学习内容的自由、没有提出问题的自由、没有选择学习方法的自由、没有对过程控制的自由、没有决定自己学习目标层次的自由……从深层次上来看，学生的学习活动其实是被一点一点安排好了的。可见,学生在课堂上的确是拥有了活动的自由,但是却不能自由地活动,从根本上说,这样的教学过程并没有实现“学习自由”,而所谓的“自主学习”“学生自由”相应的只是一种表象。

如果把时间给予了学生呢?自主学习就能实现吗?走进教学现场,教的权威无可取代,即便在很民主的课堂上,仍会呈现这样的状态:教师控制着学习内容的规定、学习过程的规定、学习结果的规定、学习目标的规定、学习节奏的规定、交互形态的规定、课堂生态的规定等,概念化的与最深层的决定一定都来自于教师。其中的大部分“规定”是隐含的,而学生则是在这些“规定”的空间里享有自己的“自主学习、合作学习、探究学习”。其实,在课堂形式上的开放与自主中,“学习自由”的缺失仍然在“学生自由”的表象下蔓延。

我们需要的是“学习自由”,是深层次思维的、人格的自由,而不是学生被动自由、不得要领的课堂活动;“学习自由”是人本主义心理学者罗杰斯所认为的成就学生的人格,从而成就学生的创新人格的一种自由状态。

那么,怎样才能实现真正的自主学习呢?还是要选择信任,选择对学生的肯定。

自主学习不是一次技术革命,而是一种情感状态,是一种道德层面的技术理解。

三、回到学生会怎样?

高中课堂会是什么样子?大凡有过高中学习经历的人都能给出自己曾经深刻的感受,那种与青春相悖的窒息感,与生命相去的疏离感,以一种沉重、沉默的方式留在记忆里。两眼只盯知识、两耳只闻老师、两手只做习题的学习方式得到默许和认可。难道这才是效率至上的教学的应然吗?高中学生可不可以以一种真实的生命力感悟、亲近课堂呢?学生能否在课堂中实现应有的生命与生命的交流呢?

这是昌乐二中孟爱秋老师的一节高二语文“自主检测讲评课”,是学生主导、合作主导的一种教学范式。

(一)颠覆平庸的身心自动化学习

那节课出乎意料,上课后,教师只说了四个字:“开始检查。”接下来,在将近10分钟的时间里,教师再不说话,而学生则不约而同地站了起来,以六人的小组为单位开始了紧张而有序的交流研讨。

此时,学习成了学生的一种自动化的过程,不需要教师多说什么,也不需要事先做过多的准备,学生便知道在课堂教学的第一环节应该做什么,怎样来做。

如此,学生对课堂教学的流程与任务有着充分的先知先觉,知道自己的下一步以及每一步应该做什么,不是在猜测、等待教师出其不意的教学设计的情况下或是自然或是紧张地应对着。这是一种学生在自主视野下的自动化性质的学习,是一种学生自己可调可控的来自于内心的学习。学生有了学习的知情权,这样的学习是学生有着思想准备的,是学生在自己的精神承受范围内的学习,是学生为了达成自己的学习目标的自发自为,学习对他们来说已经成了生命活动中自然的一部分。学习不再辛苦,教学过程进而属于每一个学生,让每一个学生都切身感受到了教学的自我归属。

良好的学习一定是包含着学习习惯的,可为什么我们的学生在学校内学习十几年,甚至到了大学,都不能形成良好的学习习惯呢?究其原因,是学习的长期被动所造成的。当学生掌握学习技能,拥有了学习方法的时候,却不能自然生成终身学习的能力,这同样也是学习被动的结果。只有当学生意识到在整个教学结构、学习结构中自己需要做的每一个环节的事情时,学习才能是学生自己主动调控的。如此久之,学习习惯自然形成。

这节课上,在教师的“开始检查”四个字之后,学生完全行动起来,我们看到,学生动起来的不仅是口,也不仅是思维,而是身体也参与了行动:学生全部站起来讨论！

身动引领心动，这可谓是课堂教学的创举，然而，却有深意在其中。人的情感、思想、意志等首先服从的是身体的感受，是受制于身体状态的；另一方面，身体也受人的情感、思想、意志等的支配，协调是二者的正确存在方式。身、心齐动方是身心参与学习之正道，我们曾经、一直坚持、希望、要求学生“全身心地投入学习”，然而，不能让学生身体与心灵谐动，如何能实现身心的全情投入呢？

而“站起来讨论”的教学方式无疑破解了这一难题，颠覆了传统教学中“静坐”式的学习与交流方法，让学生以一个完整生命体的姿态全情拥有整个教学过程。“站起来”的智慧既是一种对学生完整生命的关注，也是对学生完整生命投入与获得的关注。

(二)知识与能力之前是方法

在教学中以知识为本还是以能力为核心仍在争论，无论“知识手段论”还是“知识目的论”，“能力手段论”还是“能力目的论”，显然，只探讨了教学对于学生发展的可能性方向，而不是可行性策略。

教学是通过教师主动介入下的价值引导以及学生主动参与下的自主建构来实现的，“教师介入”应为“学生参与”提供什么呢？一般来说是要求，即教师提出要求而学生按照要求去做，即便在最为民主开放的课堂上，教师的“价值引导”仍是教学的两大要素之一，那么，教师提供什么显然就是关键了。

一般经验中的“检测讲评课”上，教师讲的肯定是学生已错、易错的重点、难点等问题，教师要把这些问题讲清楚，做到错者改之，无错者鉴之。这是讲知识。

在这节课上，教师将课堂上的中心环节设置为学生的自主学习环节。提出了这样的学习要求：

(1)独自浏览检测题。明确自己掌握的和未掌握的知识和题目；找出自己

丢分多的题目,试着总结答题存在的主要问题。(8 分钟左右)

(2)小组合作探究解决问题。根据不同的题型分析错误在哪,原因是什么。阅读题中,鉴赏和语言运用要先明确审题要点,再总结答题的规律和方法。

(3) 组长分配好任务,小组成员一对一,分层讨论。在组长带领下完成跨层交流。(注:学生的学习能力是有层次的,小组内在组长带领下实施分层次的合作与交流)

在这样的要求中,我们看不到教师对具体问题的具体指导与讲解,也看不到对教学内容、教学重点与难点的讲解分析,教师让学生明确该去做了,该怎么去做了,却丝毫不告诉学生做什么。这就是学习方法的提供,这便是让学生自己借助自己的方法走向知识与能力的途径。

学生讨论行将结束,教师出示分工安排,让学生展示探究讨论的结果。(表格呈现略)

教师同时出示了展示中的提示:语言运用和诗歌鉴赏除了展示审题要点和答题规律、方法,可同时展示本组在答题中出现的主要问题,以提醒同学们注意。

接下来,学生根据教师的要求开始了有序而激烈的展示、探讨、点评。展示组和点评组既相互鼓励又针锋相对,课堂学习成为学生自主自为的过程,而教师则俨然成为“旁观者”。

这样的教学过程是方法式的教学,当然,教师不是教条式地提供几种甚至几十种方法,让学生边学习方法边进行课堂学习,那样,方法本身亦具有知识性,学生则自然避之。而教师将学习方法转变为学习要求和学习提示之后,学生则乐于参与其中。蔡元培先生说:“得了结论,不过趁他人的现成;得了方法,才可以引起研究的兴趣。”方法是通向研究兴趣的主要途径,有了研究兴趣,才可以实现学习的目标。

方法教学的价值意义即在于此,当教师不急于、不忙于讲解知识点的时候,方法的引导便成为必然,学生则自己运用方法自动回到知识学习、能力发展的主体道路上去。

(三)知识学习本欢愉

课堂上,学生就题论题,一心一意、一丝不苟地学习知识。我们观察的视角不仅在学生的学习方式上,而且还注意到了学生学习的精神面貌。诚然,试卷讲评课无精彩可言,学生在做题、解题的过程中也是由一个知识点到另一个知识点的知识探究与学习。

然而,学生在学习知识的过程中却是兴趣盎然、乐此不疲,而且带着一种激情与渴望全身心地投入其中。

原来,知识学习也欢愉?其实,知识学习本欢愉。

学生的学习兴趣并不仅仅来自学习内容本身的生动性、趣味性,这只能激发起学生学习最直接的乐趣而已;当学生认识到学习内容的结构与内涵,在学习中产生成功体验时,才能激起他们较为持久的兴趣;然而这还不够,学习毕竟是学生生命投入的过程,只有当学生不断获取成功体验,不断获得成长的愉悦感时,兴趣才能愈深,进而学生在深层的幸福愉悦中产生方向性的感受,志趣就产生了。而深刻影响学生学习动力与学习情感的,就是这种较为持久的兴趣,甚至是终身秉持的志趣。

看来,学生是否喜欢学习,学习的投入程度如何,最深层的力量并不在于学习内容本身的趣味性与生动性,而在于学生的内在体验和价值认同。

知识学习肯定没有错,问题是知识学习的视角与方式。一般课堂教学中知识的授与受,的确让知识丧失了生命力,学生在接受中成为知识积累的容器。虽然越蓄越多,却难以体会到成功与愉悦,在苦不堪言的被动填充中更无幸福感可言。

变换一种角度学知识,让学生成为接近知识、驾驭知识、掌握知识、运用知识的主人,那么,在知识学习的每一个环节中,学生是主体,主体体验到知识带来的学习收获。知识不是学生被动接受的负荷,而是成为学生不断走向成功、不断成就自我的工具。如此一来,知识学习又何苦之有?

有些时候,教师的“无为”恰恰成就了学生的“有为”,学生群体具有巨大的潜力,这种潜力不仅仅体现为解决问题的能力,更是一种相互促进的心理动力源,把课堂还给学生,把讲授还给合作,其实,学生都可以成为学习的痴迷者。

(四)碰触心灵的学习生态

课堂教学是一个生态系统,处于其中的学生作为主体性因素是这一生态的主导者,而学生之间是作为一种关系性存在的,学生之间建立什么特征的关系,直接影响着这一学习生态的优化与否,也直接影响着每一个学生的学习,尤其是学习的效果。

在这节“自主检测讲评课”上,学生之间的展示、提问、解答、交流成为主体。

学生提问,学生回答。同学们在一起质疑、思考,当一个问题解决之后,大家总是同时长舒一口气,同学之间流露出相互的敬佩或感激之情,对于教学的责任感,是每个学生的自觉意识。即便围绕着一个极端枯燥的问题,也因为学(师)生之间的自由作答、自由交流使得学习环境充盈着关注和情感。

场景一:一名女同学提出了一个较难的问题,并在讲台上分析作答,其他同学都在皱着眉头思考,这个女同学讲完自己的看法后,同学们大多认可,但不太满意,有的点头、有的摇头,大多数同学沉默不语。当这位同学回到座位上的时候,另一个小组的小组长站了起来说:“我有个想法,与刚才的观点差不多。”于是这个学生谈了自己的想法。然后再问:“同学们认为我们两个人相互补充一下是不是就完整了呢?”大家纷纷点头认可。

场景二:各个小组站立着就自己小组里遇到的问题进行讨论,其中,“敏讷组”在讨论一个问题的几种正确答案时产生了分歧,争论不休,一个同学朝老师叫了一下:“孟老师,请您帮帮我们好不好?”老师欣然参与这个小组的讨论。

场景三:一个小组的六个学生在讲台前展示他们的学习成果,汇报完毕,其中一个学生按"惯例"向同学们提出:"同学们还有不同意见吗?欢迎大家一起来讨论。"这时,各组中的学生纷纷向讲台上展示的同学进行质疑、提问,讨论在逐渐地深入与深化。这道题本来已经由讲台上的那组同学解决完并全部做对了,然而在大家的互相提示、分析下,又产生出来了十几种不同的意见与问题。

场景四:又一个问题的研讨将近尾声,展示组小组长问:"大家还有不同意见吗?"几乎所有的同学齐声说:"没有了。"于是,展示组的同学开始走回自己的座位。这时一个男同学说:"等一下!我想还有个问题我没有搞清楚。"于是,这个男同学提出了一个新的问题。展示组小组长说:"哦!这个问题好,我还真没有想到,谁能来帮他解决?"沉默了很长一段时间后,大家纷纷提出自己的观点,问题逐渐得到了解决。于是,小组长总结:"感谢提出和解答的同学。在大家自发的掌声中,问题终于得以解决。"

在学生自己的课堂上,学生之间的精彩研讨不断,大家成为一个共同研究、相互依赖的学习共同体,坦诚相待、坚持真理,在学习中以最大的激情与最灵动的智慧参与着,这是在一般的高中课堂中少见的教学生态。

在学生自己的课堂上,学生畅所欲言,少有顾忌,问题不断地被提出,或被否定,最终课堂成为新的方法与思想产生的载体,课堂里充满了不断创生的新意,思维的开放与智慧的创新真实地呈现出来。

在学生自己的课堂上,虽课业负担同样繁重、知识学习同样艰苦、问题探索同样困难,然而,学生却可以获得成功的收获、幸福的体验,学生在参与中找到了自己在课堂上的位置,找到了自己的意义与价值,谁都在为自己的精彩存在而拥有尊严,课堂学习成为学生生命情怀得以释放的真实场所。

(五)师者,出则明,入则迷

在属于学生的课堂上,教师在哪里?教师的职责与智慧应该是什么?

教师与学生、教与学虽各为矛盾体,此消彼长是正常的,然而教学相长同样有很大的生成空间，其关键是教师所处的位置。

教学是一项繁杂的工作，许许多多的教师将自己的全部的情感与所有的智慧投放到教学中去，不厌其详、不厌其烦。然而，付出与收获却往往不对等：教学质量与教师辛勤付出的时间不对等、学生的发展与学生自身的潜力不对等、步步到位的讲解与学生丢三落四的收获不对等、面向全体与学生的成长分化不对等……一系列的问题显示着教师的辛劳忙碌并没有换来应有的课堂教学效率。

为什么教师都讲了，学生还是不会？这是很多教师的感慨，我们是否可以问：教师讲了，学生就应该会吗？

对于教学，教师常常是“先入为主”的，“入”是对的，包括对课程标准的把握，对教学内容的分析，对学生学习经验的了解，对一节课教学目标的构建，以及由此而进行的对整堂课教学流程的精心设计，最终通过课堂教学来实施并完成。那么，在教学过程中，教师理所当然按照自己预先的规划和设计来组织教学，要做的则是全程参与、全面投入，教学的每一个环节、教学的每一个活动，教师都要积极调控、随机掌握。如此，问题就产生了，在面对一个班几十个学生而教学时，要想把自己的教学设计、教学步骤按部就班地组织与实施下去，是需要教师的精力高度集中的。也就是说，教师必须将大部分乃至所有的精力放到自己的“教”上，以确保教学过程的合理顺畅。

这就是因教而教的无奈，这就是教师主观进入教学之后的自取其累。

累并不要紧，要紧的是，当教师忙于自己的教的时候，对学生的学必然无力顾及，起码是无力全面顾及。教学的最终完成是靠学生的学习，当教师关注不到学生学的时候，教学还有效、有益吗？

教师可不可以从教学过程中抽身而“出”呢？这就是把课堂还给学生，让学生自己去发现问题、提出问题、探究问题、解决问题、反思应用结论；让学生成为课堂主要环节的主导者、实现者和终结者；让学生成为自己学习能力、学习状态、学习思想的展示者。

如此一来，结果会如何呢？对教师而言，教师获得了课堂的解放。学生呢？他们当然获得了更大的解放，学生在忙，忙得不亦乐乎，情趣盎然，而教师则开始有了闲庭信步的感觉。

教师会偷懒吗？不会，那么，当教师从繁杂的教学过程中抽身而出时，则有了更多更重要的事情要做。这就是观察学情、了解学情，甚至了解每一个学生的学情和需要，如此，就能够依据学生的学习状态和进展情况对课堂进行有机的调控，引领学生的学习走向更深入。这时，教师将真正成为教学过程中的组织者、指导者和价值引导者，带领学生走向符合每一个学生发展需要的有意义的学习。

“入”是一种职责。“出”也是一种职责，是一种充满智慧的职责。把课堂教学还给学生，才会成为“君子之教”，才能“教学相长”。

四、美丽从哪里来？

山东省潍坊市滨海区河套新兴小学孙俊娥老师自教学以来，一直担任高年级的语文教学工作。从前，在她的课堂上，一味“牵着学生走”，对学生不敢放手。课堂上采用的是师问生答、师说生听的教学方式。如当学生每次回答对了问题，就对学生的回答进行一番透彻的评价，然后是一片掌声，这样年复一年，日复一日……但忽然间，她发现学生的热情大不如前了，掌声也稀稀落落了。她茫然了，为什么历来的快乐课堂突然间找不到快乐的踪影了？课堂上令人窒息的沉默，她看在眼里，急在心里，使出浑身解数，把能想到的教学方法都试了一遍，但仍然收效甚微。没有学生积极主动地参与，语文课堂还能有快乐吗？孙老师一时束手无策了。直到在那一节课上，学生的一个请求让她的教学找到了久违的快乐。

场景一：“老师，让我来给她评价一下，好吗？”

“好，你真棒！”在我的表扬声中，课堂依旧进行，气氛仍然沉闷。

这节课我们正在学习苏教版第十册的《爱如茉莉》一课，王玉娇同学有感情地朗读了爸爸和妈妈的话后，我对她进行了评价，我认为同学们一定会像往常一样，激动地给她掌声，但我看到的仍是学生那种无动于衷的沉默。就在这时，一只怯怯的小手举了起来。“孙金彩同学，你有什么话就说吧！”“老师，让我来给她评价一下，好吗？”声音仍然怯怯的。“好哇！”虽然这样说，但我的心里不禁打着小鼓：学生能行吗？“我觉得王玉娇同学读得声音洪亮，字音准确，注重了字的重音的朗读，同时也读出了爸爸妈妈间的爱。”孙金彩同学在同学们热烈而动情的掌声中，结束了她那自信而恰当的评价。听完孙金彩的评价，我的心不禁一颤，没想到学生的评价如此的贴切而又精当。在班长孙金彩的带动下，同学们争先恐后地举手发言，有的学生说：“我觉得王玉娇同学声音很响亮，读出了爸爸对妈妈的爱，我要向她学习。”这时，王玉娇也高兴地说：“谢谢你！我会继续努力的。”有的学生说：“王玉娇同学读的字音准确，比较流利。但我认为妈妈的语气可以读得再低一点，以体现她生病时声音的微弱，那样会更棒的！”王玉娇同学说：“我接受你的意见。我想请你读读，让我学习一下，好吗？”这位同学说：“好。”之后就听到了这位同学抑扬顿挫的读书声……此时，沉闷的课堂逐渐活跃了起来……

在教学中，教师往往不经意间就显现出了其强大的导向作用。即便能够将学生置于教学的主体地位，但是由于在师生交往中教师具有天然的优势和“霸权”，如果不能够进行主观的调节，教师将会严格控制课堂，致使学生在沉闷、束缚的课堂教学氛围中，丧失应有的学习自主权和选择权，同时，学生渴求体验的欲望被压制。为真正培养学生的自主和主动精神，教师应该特别留心自己这种“客观”的优势给学生自主学习带来的压力和不利影响。教师的首要任务是下放学习自主权，主动为学生支撑起一方自由的天空，使他们的思维得以活跃，行动得以自主。只有这样，教师才能看到课堂教学中的生命活力。在第一个教学场景中，教师的确希望通过评价来提高课堂的活力，但由于教师长期的独自评价，评价语言已经概念化，对学生而言已毫无新鲜感。而当学生参与评价的时候，鲜活的和不可预期的评语就层出不穷了，而学生为了评价好别人，也为了得到好的评价，自然积极主动地投入学习。

场景二："老师，让我们自己进行作文评改吧！我们一定能行！"

随着清脆的铃声，我迈着轻快的脚步走进了教室。这节是习作课，按照往常的教学程序是先进行习作指导。我把本次习作的具体要求、如何根据习作要求选择材料以及习作的范围等一一做了说明，然后我读一篇我写的作文让学生剖析一下，再让学生自己选材，同桌互相说一说，再让学生一气呵成，进行习作练习……两节习作课很快就要过去了，当我正要收学生的作文本，然后去精批细改时，我听到了一个自信而坚定的声音："老师，让我们自己进行作文评改吧！我们一定能行！"循着声音望去，我发现原来是我班的"小作家"袁晨嫘。听到这句话，我再一次震惊。那就给他们一个机会吧，顺便检验一下他们遣词造句的能力和语文水平。于是我说："那好吧，不过可一定要评改好哟！"这时，孩子们异口同声地说："老师，您就放心吧！"我"大权"下放后，就暗中观察他们的行动，只见这些"小鬼"们有秩序地自己组成了小组，每组6个成员，这些组员配合默契，在评价其他同学的作文时，各抒己见，畅所欲言，有时还争论得面红耳赤……那种紧张又和谐的气氛真令人感动。此时，我才知道学生的热情一旦被激发起来，将会迸发出很多意想不到的美丽的火花！

仅仅是评价权的下放，就打破了传统作文教学的封闭状态。学生成为评与被评的主人，其内在的学习主动性被调动起来了，特别是在教师的信任中，学生收获了自信和参与的激情，由此，教学的精彩逐步展开。如果说学习的过程是被动的，那么，当学生成为评价的主人之后，他必然要为自己做出的评价负责，因此，这一过程将是学生高度自律、高度主动的过程。

场景三："老师，相信我们，让我们自己拟卷吧！"

为迎接考试，我班复习一段时间后，就进行一次小考，以检验学生对知识的复习掌握程度，考试所用的试卷有的是上级教育部门下发的，有的是我自己亲自拟定的。有了学生自己的课堂即时性评价和自评作文，学生又要将拟卷的权利“篡夺”了。

在一次布置作业时，我告诉学生，家庭作业是老师将要发的一张试卷，此时，却传来了学生们的“反抗”声：“老师，相信我们，让我们自己拟卷吧！”我不禁一惊：我的学生到底是怎么了？但我转而一想，何不顺水推舟，来看一看学生的学习水平和拟卷能力呢？因为我知道，这是需要他们自己多动脑、动手的呀！于是，我故作严肃地说：“那好吧，这次老师就破一次例，不过我们要来个君子协定，如果有的同学不认真完成的话，那可就再也没有这样的机会了。”“老师，我们都商量好了，我们拟完答卷后还要自己进行考试呢！您就放心吧！”原来这些孩子“蓄谋”已久了啊！“那好吧，明天我们就来评一评、比一比谁的题出得有特色，做得认真，评改得仔细、有新意。”课堂上立刻响起了雷鸣般的掌声……到了第二天，我这个“追”试卷“警长”终于可以“退休”了，以往，先不说做题对与错，有的学生连试卷都弄“丢”了，而这一次我惊奇地发现，学生自己出的试卷都很有个性，而且一份作业也不缺。他们拟的试卷类型多样，书写认真，题型新颖，而且对自己的评价非常客观，看着同学们的“杰作”，我激动不已。

如果还是教师一手包办，我们能看到这些充满了童趣与“生命”的作业吗？学生不正是在教师的“信任”下成长起来了吗？而实际上，教师所采取的，仅仅是给了学生学习的权力而已，这一小“变”，带来了学生收获的巨变。改变的前提是信任，信任会产生无穷的力量，促使学生进步，也能够使学生拥有自信的个体品性。

教学的本质不在于统一，而在于释放，在于通过良好的教学方式激发和呵护学生的学习主动性，实现学生的自主、主动发展。然而，由于教师、学生的固有角色定位，教师的权威性往往难以从教学中摆脱出来，因此，学生的学习往往是受束缚的。《学记》中说：“善学者，师逸而功倍，有从而庸之。不善学者，师勤而功半，又从而怨之。”善于学习的学生是善于教学的教师所培养出来的。如何让学生善学？方法很多，但核心却在于让学生具有学习的内在动力和足够的自信心，让学习成为学生自己的事情。如何实现？信任使然。学生的空间有多大，他们的发展潜力就有多大；学生得到信任的程度如何，他们的发展程度就如何。

五、这节课学什么？

在香港康乐园国际学校，我们和教师一起走向课堂。

路上，我们问教师：这节课您要讲什么？教师没有正面回答她要讲什么，而是说：那要看孩子们要学些什么。我觉得她的问题与我们问的是一回事，因为教师的讲和学生的学是统一的。于是自觉“得意”地又追问了一句：那这节课孩子们要学什么呢？教师不假思索地回答：哦，那要看孩子们想学什么了。问了两句仍然没有获得结论，出乎意料的两个回答勾起了我们的兴趣，一位同伴问出了我们的根本疑虑：那您上这节课前，没有提前备课吗？教师回答：怎么会没有备课呢？我备了很多课，还得看孩子们的兴趣，如果孩子们没有兴趣，我的备课也就失败了，不过，我总会找到孩子们想学的东西的。

这样的对话大大出乎我的意料，细细想来，教学的预设和生成其实都存在于教师的意念和教师的教学选择中，只有教师关注到了，生成才能成为可能。在学生的兴趣领域内寻找教学内容，寻找教学方式，这是依据学生的实际发展需要进行的“目中有人”的教学选择。

因此，我们需要这样富有生成性关注的教学。生成的前提是理解学生，从学生的实际需要出发组织教学。学生具有鲜活的思想、丰富的情感和独特的生命需要，在特定的环境之下，学生的行为更多地受个体的特定需要支配，外在强加的约束如果与其内在需要相抵触时，就会使学生的注意力无法集中在教师所期待的方向上，从而影响学生参与各种活动的效果。如果外在的教学环境与学生的内在需求相一致,那么将极大地促进学生学习的积极性,使得课堂教学呈现出富有生命力的色彩。与这位教师一起走进教室,我们看到的是不像课的一节课:

教师在十几个孩子中间坐下来,却没有说话,孩子们叽叽喳喳地讨论着各种话题,显然并没有因为我们的到来而停下来的意思,我们一行几人只好在教室的一边沉默着。等学生的声音渐渐小了,教师说:“昨晚和爸爸的交谈快乐吗?谁和爸爸讨论了有意思的话题?”可是并没有学生回答。于是,教师随意指了一个小男孩,让他回答,这个小男孩说:“我昨晚给爸爸背了一首诗,爸爸也给我背了一首诗,很好。”此时,更多的学生开始谈昨天在家里的讨论,有的说请教了爸爸一个问题,有的说和爸爸一起读书了,也有的孩子开始把爸爸说的话写在本上……教学在自由近乎散漫地进行着。看到学生的讨论差不多了,教师站起来说:“我想,同学们应当来学习这个单词 explain 了,来“explain”一下你们昨夜的对话和收获。”于是,学生在教师的带领下开始朗读单词,并且用这个单词说一句话。我们认为的新授课似乎开始了。

就在这种“漫谈”中,师生找到了学习的切入点,课堂也真的属于学生了,学生的需要外显出来。在教学中,教师耐心而细致地观察学生的一举一动,在最合适的时候做出最符合学生需要的选择。其实,“这节课学什么”还是教师说了算的,但我们看到的却是由学生自然生成的教学。可以说,这样的教学活动是能够吸引学生主动、全面参与的,其效果就在学生的参与中生成了。

如果说这位教师的教学有些极端,因过度关注学生的需要而失去了教学应有的导向,那么,更为理性的选择也是可行的,那就是预设与生成的结合。比如,小学生初学两步计算的应用题时感觉比较枯燥,传统的教法是直接去做,从提出问题到问题的分析,虽然是应用性的题目,但往往脱离学生的生活实际,更重要的是脱离学生的情感实际,单纯展示思维的过程。教师教得费力,学生学得乏味,参与热情不高,教学效果往往不很理想,极容易造成学生对应用题的厌倦或产生畏难情绪。一位教师教这一部分内容时,时值奥运会结束，很多学生的假期时间都用在了看奥运比赛上。此时教师随机上网查找了射击比赛和体操团体比赛的一些资料，并提供数据让学生为我国运动员计算成绩，学生的兴趣一下被激发起来，积极性大大提高，从而全身心地参与到学习中，学习效果明显好转。学生的主体参与受制于课堂教学活动的感染力，精心地构思、准备一项课堂教学活动或者设计有吸引力的、可以激发学生热情的问题远比构建几步教学流程有价值得多。

看来，“学什么”是要从属于学生“需要学什么”的。当为学而教时，教学的价值和学习的快乐便有了结合点。

当教学成为学生的需要，学生的学习则具有“乐”的内涵，有了审美的自然体验，正如《乐记》所记：“凡音者，生于人心者也；乐者，通于伦理者也。是故知声而不知音者，禽兽是也；知音而不知乐者，众庶是也。唯君子为能知乐。是故审声以知音，审音以知乐，审乐以知政，而治道备矣。是故不知声者不可与言音，不知音者不可与言乐，知乐则几于礼矣。礼乐皆得，谓之有德。德者得也。是故乐之隆，非极音也；食飨之礼，非极味也。清庙之瑟，朱弦而疏越，一倡而三叹，有遗音者矣。大飨之礼，尚玄酒而俎腥鱼，大羹不和，有遗味者矣。是故先王之制礼乐也，非以极口腹耳目之欲也，将以教民平好恶而反人道之正也。”可见，音乐于礼、于德都是相通的。有了这样的“乐”的品性，学生与教学本身就能够得到自由的发展。

而且“仁近于乐，义近于礼。乐者敦和，率神而从天；礼者辨宜，居鬼而从地。故圣人作乐以应天，作礼以配地。礼乐明备，天地官矣”。也就是说，乐能陶化万物，与仁相近，礼主决断，所以义与礼相近。乐使人际关系敦厚和睦，尊神而服从于天；礼能分别宜贵宜贱，敬鬼而服从于地。所以圣人作乐以与天相应，制礼与地相应。礼乐详明而完备，天地也就各得其职了。如果教学也能引导学生如此乐学，那么，实在也是道德尽至了。

六、在哪里可以停留?

教学中,教师的作用即使发挥到极致,最终仍是学生生命发展过程中的促进者,教师是不能代替学生发展的。因此,教学是“为了学生的需要”,是因循学生的个体生命发展需要来组织和实施的。

(一)起于问题是不够的

在一年级的数学课堂上,老师拿出了自己制作的简易教具:这是一个长长的硬纸片,上面画着8朵鲜艳的小花,然后老师问学生:同学们说这张纸片上有几朵小花呀? 许多学生齐声回答9朵,只有几个学生回答是8朵。老师很着急,再次启发:同学们好好数一数,这张纸片上到底有几朵小花呀? 结果,更多的小学生回答是9朵! 老师很着急,听课的老师也很迷惑,为什么明明看到了8朵小花,学生却愣说是9朵呢?

其实,稍微联系一下教学背景,问题就出来了。原来这节课学习的是对9的认识,学生已经在书上、黑板上看到了大量与“9”有关的信息,而且,老师的这一张纸片上本来就有9朵小花,只不过为了教学需要,把其中的一朵小花折到了后面,学生看不到了,而老师的意图在于让学生说出8朵之后,再将折过去的那一朵翻出来,让学生体验8朵再加上一朵就是9朵,从而建立9的概念模型。

可是,如此“巧妙”的设计,如此简易的问题,为什么学生却不买账,就是不“配合”教师呢? 显然,这样的教学设计是出了问题的,问题在哪里呢?

在一节小学语文课上,师生在一起学习一首小散文诗。教师首先让学生集体读了诗的第一小节:三个妈妈在井边打水,一位老爷爷坐在旁边的石头上休息。一个妈妈说:“我那个儿子既聪明又有力气,谁也比不过他。”又一个妈妈说:“我的儿子唱起歌来好听极了,谁都没有他那样的好嗓子。”另一个妈妈什么也没说。那两个妈妈问她:“你怎么不说说你的儿子呀?”这个妈妈说:“有什么可说的,他没有什么特别的地方。”

然后教师提出了第一个问题:同学们说说哪个妈妈的儿子最好?哪个妈妈的儿子是你们最喜欢的呢?学生异口同声地回答:第三个妈妈的儿子!

教师感到不可思议,有点着急地继续提示并问道:第一个妈妈的儿子既聪明又有力气,谁也比不过他;第二个妈妈的儿子唱起歌来好听极了,谁都没有他那样的好嗓子;第三个妈妈的儿子没有什么特别的地方。同学们为什么还喜欢第三个妈妈的儿子呢?学生七嘴八舌地嚷嚷起来,任凭教师怎么启发、引导,就是没有人喜欢前两个妈妈的儿子,教师设计好的教学流程一下子陷入了尴尬的境地。

许多听课教师也很纳闷,为什么会出现这样的结果呢?其实,原因很简单,在学生读完这首诗的第一小节后,本来教师想通过学生说喜欢第一、二个妈妈的儿子,引出第二小节的阅读和分析;然而,学生虽然在课堂上只读了诗的第一小节,实际上整首诗的内容学生早就全部接触并已经理解了,这首小诗第二节中描述的故事真相给了学生判断的根本依据。

课文《三个儿子》:

三个妈妈在井边打水,一位老爷爷坐在旁边的石头上休息。

一个妈妈说:“我那个儿子既聪明又有力气,谁也比不过他。”

又一个妈妈说:“我的儿子唱起歌来好听极了,谁都没有他那样的好嗓子。”

另一个妈妈什么也没说。

那两个妈妈问她:“你怎么不说说你的儿子呀?”

这个妈妈说:“有什么可说的,他没有什么特别的地方。”

三个妈妈打了水，拎着水桶回家去，老爷爷跟在她们后边慢慢地走着。

一桶水可重啦！水直晃荡，三个妈妈走走停停，胳膊都痛了，腰也酸了。

这时，迎面跑来三个孩子。一个孩子翻着跟头，像车轮在转，真好看！三个妈妈被他迷住了。

一个孩子唱着歌，歌声真好听。

另一个孩子跑到妈妈跟前，接过妈妈手里沉甸甸的水桶，提着走了。

一个妈妈问老爷爷："看见了吗？这就是我们的三个儿子。怎么样啊？"

"三个儿子？"老爷爷说，"不对吧，我可只看见一个儿子。"

学生结合全文回答的问题，显然不能够与教师的设想一致，而教师希望通过断章取义的方式来让学生说出他希望获得的结论。教师在设计这一教学环节的时候，显然忽略了学生早已理解全诗这一认知前提。也就是说，教师的问题出在了无视学生学习实际而进行主观臆断。这是为了"教"而教的教学，而不是为了"学"的教学。结合第一个案例中数学教师遇到的尴尬，其实，他们的问题是一样的，就是忽略了学生的实际学习需要，忽略了对学生认知起点的把握。

由此可见，问题可以作为教学的起点，而且有价值的问题所引发的猜想甚至可以成为伟大的科学发现的起点。然而，对于教学来说，问题的意义不仅在于引起教学行为的发生，而且更重要的在于对学生的有效引领。这种有效就涉及是否是学生的学习需要，如果符合学生的需要，问题就有效，反之，就会遇到上述案例中的尴尬。

（二）止于问题也是不够的

我们一直都承认，课堂教学应当起于问题，止于问题，也就是让学生的学习得以延续、持续，通过问题的引领，搭建教学与学生生活的桥梁。不仅如此，在狭小的课堂空间中，教学亦应当具有跌宕起伏的波澜，具有层层递进的价值深度。下面这个教学案例就说明了这个问题：

《七色花》学完了，可学生似乎意犹未尽，交头接耳地议论着："七色花可真好，假如我也有一朵七色花，那该多好哇！"

这时，我留给他们一个问题："同学们，请你们仔细考虑一下：珍妮的哪一片花瓣用得最有意义？"

一瞬间，他们就进入了激烈的讨论中。

"我认为橙色的花瓣最有价值，它给小姑娘带来了好多好多的玩具，多好玩啊！"张杰说。

"不对，我觉得绿色的花瓣最有价值，如果没有它，小姑娘就会在北极被冻死。"孙菁说。

"我觉得最后一片青色花瓣用得最有意义，珍妮用它帮助了小男孩，这是助人为乐，这一片用得最有价值！"李向阳说。

……

学生通过激烈地辩论，各抒己见，渐渐地意见统一了。此时，学生摒弃了那些只为个人利益着想的思维，心中更多地想起别人来。我觉得基本目的达到了，就想做总结。

这时，不知谁冒出了一句："如果我有一朵七色花，我会比小姑娘用得更好！"我霎时仿佛又看到了另一座更高的殿堂，于是便不失时机地问："假如你有一朵七色花，你会怎么做呢？"学生兴致高涨，纷纷举手，蹦着跳着想说出自己的愿望，形势简直无法控制，然而这时我也清醒地认识到，未经深思，他们的愿望大多是照猫画虎，根本无法触及心灵最深处。因而，我明确表示："每个人都只有一次发言机会，要说出自己心中觉得最有意义的愿望。"

一阵沉思之后，孩子们的发言就有了思维的含量。

"假如我有一朵七色花，我一定会把第一片花瓣献给世界上所有的盲人，希望他们脱离黑暗，睁开眼睛，感受光明，看一看我们这美丽多彩的世界！"

"假如我有一朵七色花，我要把第二片花瓣献给世界上所有的孤儿，让他们拥有一个幸福的家，享受到家的温暖！"

"假如我有一朵七色花，我要把第七片花瓣献给战场，让战场上没有硝烟，没有流血牺牲,让世界充满和平!”

“假如我有一朵七色花,我要把第一片花瓣献给沙漠,让戈壁长满绿树,让沙漠变绿洲!”

……

学生的思想一次次得到了升华,我由衷地为学生的表达感到欣慰。

看着他们兴高采烈、意犹未尽的样子,我真不忍心打断他们,这种愿望是美好的,是伟大的,可那总归是七彩的迷人的肥皂泡啊!鲁迅先生曾经这么描述悲剧:“悲剧,就是把最美好的东西打碎给别人看。”美的东西,人人都会喜欢,都会向往,正因为这样,在现实中把它打碎,才更能震撼人们的心灵,让人更深切地体味到悲剧的内涵,悲剧才不会重演,这也正是激发学生内在情感的关键所在。

于是,我毫不迟疑地说:“同学们,世界上真的有七色花吗?”

毫无疑问,没有!学生像我一样清楚。

学生一下子沉默了,高涨的情绪由巅峰跌进了深谷,你看着我,我看着你,一脸的沮丧,无奈地低下了头,有的甚至急出了眼泪……

“怎么了,有问题吗?”我又卖了个关子。

“是呀,没有七色花该怎么办呢?”一个同学似乎在自言自语。

“那,那……我们来想想办法吧?”

“我要好好学习,长大当一名优秀的医生,用高超的医术拯救那些受病痛折磨的人!”

“我要努力学习,将来做一名出色的外交官、政治家,说服那些好战的人停止战争,维护世界和平!”

……

“哎呀,老师发现七色花了,同学们发现了吗?”

学生稍稍一怔,马上明白过来,有的学生说,我们就是七色花吧!大家会意地笑了。

“是呀,一颗美好、善良的心就是一朵七色花!老师建议,同学们都到生活中去寻找更多的七色花,你们能够找到吗?”又一个问题,将学生带入了更深一层的思维与实践的空间。

一朵七色花成了一个说不尽的话题,演绎成为一段精彩的生命感悟。这是学生需要的教学。学生还需要什么?或者说学生的需要还应该包括什么?这是关注学生发展的一个前提性命题,学生的需要就是学生作为一个生命主体的成长与发展的需要。在教学实践中,学生生命主体的成长与发展需要还会以各种不同的形式体现出来,从而变得丰富而复杂。

正如教学《七色花》时所顾及的学生学习的各个层面,教学随着学生思维不断深入和成熟,有机地选择更进一步的切入点,实现对学生情感的引领,实现学生的个性与社会性发展。与其说这是教师的引导,不如说这是教师与学生之间的心灵对话。这就是对学生需要的关注,此外关注学生需要还应当关注课堂教学中生成性的教学目标或教学资源,带来真正属于学生的课堂教学。

属于学生的课堂教学是没有句号的,然而,即使有句号也包含多维指向的延伸。这里首先有思维的延伸,伴随着一个个问题的解决与呈现,学生的思维将始终处于流动状态,并且思维的流动并不伴随着一堂课的结束而停滞;其次是情感的延伸,教学应当具有打动心灵的力量,这里的打动并不仅仅是指轰轰烈烈的情感碰撞,而更多的是进入学生心灵深处的情感因子,教师应当使每一节课都能够成为学生的情感之旅,情感的存在应当是持久的;再次是行为活动的延伸,让学生的学习行为伴随着在课堂上产生的学习动力和生成的学习能力,自然地延伸到学生的生活之中,让学习成为学生生命存在的一种方式,打破教学与生活的天然阻隔,而使其内在的一致外显出来。

因为学生的需要无止境,所以教学无止境,教学因学习的需要而延续着它的价值与功能。可是,无止境能解决一切问题吗?因为教学总是要停下来的,这又是一个问题。

七、给予自由关怀

马斯洛理想中的新型的人是这样的：他有足够的自信心能同他的过去决裂，他觉得自己足够坚强、勇敢，能在现在情境中信赖自己，假如需要，他能随机应变地妥善处理问题而无需做先期准备……他不需要净化世界，不需要冻结它，使它稳定，他不需要做他前辈所要做的事，他能满怀信心地面对明天，虽然他不知道什么将要降临，什么将会发生，但对自己有足够的信念，相信自己能在从未出现过的情境中随机应变。

学生有足够的自信心吗？学生如何能够获得自信的激励？或者说，学生的自信与我们的教学有关系吗？如果说教学不能够解决学生发展中的所有问题是一个现实的状态，那么，教学在促进学生的自信、给予学生信心，从而让学生施展自己的才能、创造一种超越性的人格品质的层面有没有积极的意义？进而，怎样的教学才能够促进学生自信心的养成？怎样的教学才是一种真正信任学生的教学？

（一）意义学习的自由呼唤

罗杰斯认为，学习有两类，一类是无意义的学习，不容易学会，而且容易忘记，所以他支持第二类的意义学习。“所谓意义学习，不是指那种仅仅涉及事实累积的学习，而是指一种使个体的行为、态度、个性以及在未来选择行动方针时发生重大变化的学习。这不仅仅是一种增长知识的学习，而且是一种与每个人各部分经验都融合在一起的学习。”[①]无疑，意义学习是一种具有综合化价值取向的学习，是我们所期待的、学生整体参与、自由发展的学习。意义学习是需要充分调动学生的各种感官、发挥学生的各种经验所进行的学习。

意义学习需要学生学习的“自由”，那么“自由”应当如何实现呢？从上述

① 施良方：《学习论》，383～384页，北京：人民教育出版社，2001。

的各个教学案例中,我们已经渐趋明确了"信任"的价值所在,只有当相信学生能够获得成功时,才会给予学生自由,学生也才能够获得自由学习的条件和动力。

意义学习的主张,是人本主义学习理论的核心,我们可以看出意义学习的四个要素:"第一,学习具有个人参与的性质,即整个人(包括情感和认知两方面)都投入学习活动;第二,学习是自我发起的,即便在推动力或刺激来自外界时,要求发现、获得、掌握和领会的感觉也是来自内部的;第三,学习是渗透性的,也就是说,它会使学生的行为、态度,乃至个性都发生变化;第四,学习是由学生自我评价的,因为学生最清楚这种学习是否满足自己的需要、是否有助于导致他想要知道的东西、是否明了自己原来不甚清楚的某些方面。"[①]由此可以看到,作为人本主义学习理论倡导者的罗杰斯对学生自我学习过程中的自我控制的重要定位。说到底,学习是学生自己的事情,是学生的自我行为。只有在"自由"的状态之下,学习才可能变得有意义。

促成学生的学习自由,让学习充满意义,是需要教师给予学生足够的信任的。信任也是一种教学策略,是具有道德意蕴和人文关怀的教学策略。

(二)充分而自由的开放空间

在自由学习和教学信任的价值取向中,我很希望重温陶行知先生提出的六大解放:(1)解放小孩子的头脑。把儿童的头脑从迷信、成见、曲解中解放出来。(2)解放小孩子的双手。因为人类的活动靠双手进行,不许小孩子动手会摧残创造力。(3)解放小孩子的眼睛。不要戴上有色眼镜,使眼睛能看到事实。(4)解放小孩子的嘴巴。有问题准许问,"发明千千万,起点是一问",有话敢直说。(5)解放小孩子的空间。让孩子去接触大自然、大社会。扩大眼界,以发挥其内在的创造力。(6)解放小孩子的时间。给儿童个体学习,活动的自由时间。为什么要解放孩子?因为我们相信,只有解放,才能够促进孩子的最

① 施良方:《学习论》,385页,北京:人民教育出版社,2001。

大发展。历经时代变迁,对于学生来说,解放虽已不再是新鲜的话题,却是如此迫切而又如此无奈。

信任学生的课堂会是一个高度开放的系统。在这里,所谓“开放”是与传统教学的“控制”相对而言的,它包括“学生心理的开放、教学内容的开放、思维空间的开放、教学结果的开放等”。“开放的本质是教学主体的心理和行为表现具有一定的自由度”,即“一是教学实际可能允许的自由度”,“二是科学探究的自由度”,“三是创新可能的自由度”,等等。① 封闭必然导致僵化,而开放则必然带来灵性与发展,它是使课堂教学真正能够“活”起来的必然选择。所以,开放的教学过程应当是一个动态发展着的教与学相统一的交互影响和交互活动的过程:教学目标是开放的,教学目标的预设与生成相结合,即便是预设的目标,也不是单向度的。允许随着课堂进程的不断深入以及学生能力的差异随时更新教学目标,而不是仅仅满足于对教师或课本所设定的所谓“标准”尺度或“标准”答案的机械照搬。教学内容是开放的,师生具有课程整合、加工、创生的意识和能力,相信学生的课程主体地位。学习不拘泥于教材、教师的限制。教学空间是开放的,课堂教学应引导学生走出这个“小课堂”,向大自然、社会和生活等“大课堂”发展,尽可能向广度和深度方面拓展其知识视野,发展能力,锻造和完善自我人格。教学方式是开放的,课堂是学生的,让学生自己的“对话”“游戏”“辩论”“演说”“实验”等有机地融入教学过程之中,以此实现全方位的教学开放。敢于开放是对学生信任的体现。

教学有了对学生充分的信任,学生就有了自信心,有了发展的内在支持,学生的精神世界才能够获得自主建构的条件,学生的创新与发展也有了持续的内在动力。我们常常把欣赏和鼓励看作学生自信心生成的重要因素,而由衷地欣赏和真诚地鼓励也唯有通过信任才能得以实现。

---

① 张志勇:《创新教育:中国教育范式的转型》,303~304页,济南:山东教育出版社,2004。

（三）积极的评价引领

学生有积极上进和展示自我的天性，希望得到肯定和赞赏，并会将其转化为学习的信念和动力，从而以一种积极的心态投入学习生活。如果学生受到的是过多的否定和失败后的批评、打击，他们会丧失学习的信心和勇气，甚至时刻担心自己再次失败，在怀疑和不安中封闭、孤立自己，最终使得心态失衡，课堂生活将成为一段压抑和不安的情绪体验。同时，学生的压抑与不安也会反作用于整个教学环境。

学生会被向上、积极的环境感染，同样也会被退缩、畏惧的环境所抑制。在一部分学生压抑与不安的心态下，课堂变成了个别出类拔萃的学生表演的舞台，这种表面的繁荣掩盖不了课堂气氛本质上趋向沉闷，对某些学生来说教学环境变得异常恶劣，师生的情绪都会受到影响，师生之间的对抗与抵触进一步显现，教师只能采取强制的措施要求学生，被动接受的学习便成了学生无奈的选择。

而破解问题的关键在于良好评价的介入。到底应当构建什么样的教学评价方式呢？可以从这六个方面选择尝试：（1）目标自省评价策略，教学需要目标，但目标不是外在的强制，而应基于学生的元认知，教师的评价或学生的自评均以目标自省为基础，评价时，让学生在既定目标范围内发现自己的创新发展，而不是拘泥于预设目标的静态达成；（2）个案跟踪评价策略，评价应"有一说一"，但这个"一"应当是一个集合，不是学生系统学习中的断章取"一"。评价时，立足于通过一段时间的观察、调查或者分析，对评价对象的过程化信息进行系统收集，从而实施评价的一种综合性方法，将每一个学生都置于跟踪评价背景之下，学生自然会客观全面地认识自己；（3）尝试评价策略，从学生评价意识的建立入手，强调学生对自己或其他同学，甚至教师教学行为的主动评价，通过评价来进行初步的反思，然后再借助他评来提升认识，提高学生的自我认识能力、价值判断能力等，这也是实现学生反思性学习的有效途径；（4）成果分析评价策略，选择教学过程中展现出来的成果，组织学生对其进行及时的分析、评价，这一成果可以是学生的积极发言，提出的问题，巧妙的回答，也可以是有意识选取的学生作业或其他综合性的成果，在评价过程中，以分析为主，强调师生之间共同讨论交流思想，使评价过程具体而且深刻，无论对评价者还是被评价对象，都要产生积极的实效作用；(5)价值延展评价策略，教学中对学生的激励性评价往往都是“你聪明！”“你真棒！”之类的表扬，事实上，过多的“真聪明”并不具备价值延展功能，学生更愿意得到有利于其发展的行为激励性评价，要对学生的勤奋、努力等多做评价；(6)价值整合评价策略，在关注发展性评价的同时，不应当忽视总结性评价、诊断性评价、形成性评价等在课堂教学领域的重要功能，在促进学生自信心养成的前提下，更应当强调多种教学价值的整合，而不是只取其一。

评价要达到什么样的评价效果呢？不是任何一种评价都有效，评价也需要元认知，可以说是“元评价”。评价应让学生以自由开放的心态积极参与教学过程，带有强烈的兴趣和自我选择性；有丰富的情感体验，主动地悦纳自己并悦纳其他同学或教师；善于倾听、长于合作，敢于发表自己的见解和意见，接受批评，正视错误；生动活泼，精力充沛，具有其年龄阶段的孩子的天性；乐于竞争，喜欢接受挑战；思维活跃，想象力丰富，不断有创新的火花迸发；有强烈的自信，具有参与学习的兴趣。

如此的信任之后，学习之于学生才是幸福、快乐而有益的，能够这样吗？学生是这样的吗？我们是否相信？这是关键。

第六章

互助与公正

学生以学习来领悟他们首次介入的这个社会组织，从这个时候开始，社会价值就和学生的生命价值融为一体了，罗尔斯认为正义是社会制度的第一德性，正义原则是由一个公平的程序所决定的，而所谓公平程序，则是这个程序并没有对任何一个人特别有利或特别不利。公平正义是人类生活的最高理想，也是生命尊严的底线。教学亦如此，学生需要获得公正的对待，这不仅是伦理选择，也意味着一个程序。在质疑与追捧中，中国的"课改"名校异军突起，以剥夺学生自主性的方式发出自主学习的讯息，以小组合作的方式呈现一个互助的形态，无论规训还是塑造，至少这里看到了人的改革。从"看到"开始然后再出发，那么，教学走向公正的依据和路径如何寻求呢？

引例

潍坊市的教学改革体现的是自主互助学习型课堂：

一个中心："让学习成为学生喜欢的事情"，努力激发学生主动学习、主动成长的内驱力。

两大主题：自主和互助。通过指导学生富有成效地自主学习，促使学生由被动接受走向主动学习，进而培养学生主动成长的意识和能力，让学生在掌握知识的同时学会学习、发展智慧；通过学习过程中的合作互助，引导学生学会交流、共处、合作、自律。

三条原则：教学方式上"减少讲与听，增加说与做"，教师讲解做到"三讲三不讲"。（讲易混、易错、易漏点，讲学生想不到、想不深、想不透的，讲学生解决不了的；学生已会的不讲，学生自己能学会的不讲，讲了学生也不会的不讲）流程设计努力"删去无效环节、减少无效劳动"，作业设计做到"三布置、三不布置"。（布置发展学生思维的，发现规律方法的，拓展视野、提升能力、引导探究的作业；不布置重复性的、惩罚性的、超负荷的作业）

五个改变：变以教师讲为主为以学生学为主；变学生听为主为学生"说和做"为主；变学生的个体封闭学习为互动交流开放学习；变教师的讲堂为学生的学堂，教师变演员为课堂主持人；变师生的厌教厌学为乐教乐学。

善于学习的学生是善于教学的教师所培养出来的，如何让学生善学，方法很多，但核心却在于让学生具有学习的内在动力和足够的自信心，让学习成为学生自己的事情。如何实现？信任使然。空间有多大，发展潜力就有多大；学生得到信任的程度如何，他们的发展程度就如何！

一、“互助”就够了吗？

连续三节课，三位教师在不同的班级分别执教了《人民英雄永垂不朽——瞻仰首都人民英雄纪念碑》一课。这是引领学生自主学习的研究展示课，而三位教师在教学中所呈现的以学生的自主学习为中心的教学是一种结合“预习学案”的“学习小组互助”学习。其组织形式是以学生课前的自主预习为前提，然后在课堂上分小组进行一种“互助”的学习，教师只是一个组织者；教学特点是学生的学习时间极为充分，学生的学习真实而自然地展开了，教学的各种要素之间实现了充分而自由的交互对话。而三位教师的课堂讲授时间都没有超过 10 分钟。

第一位教师的教学过程：

第一环节。教师直接板书课题：人民英雄永垂不朽——瞻仰首都人民英雄纪念碑。然后引导学生思考：通过题目，咱们能知道什么？学生就题目进行了发问。然后教师问学生：大家到过首都北京吗？到过北京的同学说一说给你印象最深的是哪些建筑？（学生简单回答）

进入第二个环节。小组之间相互检查课前预习的情况。首先是小组之内的交流汇报，看得出，学生主要是围绕字、词的学习进行了自由交流。然后教师要求各组的小组长在黑板上写出自己感觉容易出错的字。其他的学生就在自己的练习本上自由地写 2~3 遍。

第三个教学环节。学生拿出本单元的“学习学案”，教师要求学生自己看一看，进行整体的把握和感悟。教师在学生看完之后，提出了四个问题：(1) 文章写了什么？(2) 是怎么写的？(3) 为什么这么写？(4) 你的感受是什么？然后让学生结合这些问题去读书。

学生开始自由读书。在学生读书的时候，教师在黑板上写：(1) 说明顺序

________，依据________；(2)说明方法及点评________；(3)作者表达的思想感情________；(4)你读后的感受________。

第四个教学环节。学生读书后，教师让学生自由讨论，解决板书在黑板上的四个问题。(学生进行了20分钟的自主讨论与学习，在学习过程中，小组内的优秀学生在发言，其他学生只是在听)

第五个教学环节。学生结合“学习学案”，做达标测试题。

第六个教学环节。小组内自由进行互助学习，小组长带领学生帮助有困难的学生学习。(这时，我们发现学生的学习都是在听写词语、检查朗读之类)

第二位教师的教学过程：

第一个教学环节。教师直接提问：到过北京的同学请举手。你们感觉北京给你们留下印象最深刻的建筑物是什么？(引入新课并板书)

第二个教学环节。以小组为单位检查预习效果，其实就是小组内听写生词，因为小组长也找不到具体该检查些什么。(其中一个小组听写的字词包括：瞻仰、矗立、永垂不朽、镶嵌、丰功伟绩、挺拔、镏金、上溯等)各小组内出错的字，小组长负责写在黑板上，然后教师据此给学生进行强化教学。

第三个教学环节。教师让学生说出自己在预习中有哪些问题，然后，教师根据“学习学案”提出预习目标：(1)课文大意；(2)说明顺序、方法、语言；(3)文章主旨；(4)自己的感受，学生以小组为单位进一步预习课文。在学生即将读书的时候，教师又提出了四个要点：第一是对文章内容进行概括；第二是理解文章的语言、材料的选择等；第三是结合背景资料，学习文章的构思、文章的布局以及写作目的、文章的主旨等；第四是谈谈自己的理解与感悟等。(其实这四点是对上述4个问题的补充说明，可见教师提出问题后对学生很不放心；学生进行了20分钟的自主讨论与学习，在学习过程中，小组内的优秀学生在发言，其他学生只是在听)

第四个教学环节。学生讨论之后，教师指出：我们学习的最主要问题是说明的顺序问题，同学们可以结合这一问题再次展开讨论、自学。(然后是学生

自学）

第五个教学环节。学生自由做“学案”上的“检测题”；下课前，教师又强调了一遍生字、词语的掌握。

第三位教师的教学过程：

第一个教学环节。播放天安门广场升旗仪式的场面引入新课。教师问学生想到了什么，由此引入新课。

第二个教学环节。交流课前预习的情况，这时学生的小组学习仍然是以听写生字、新词为主要方式。听写之后，小组长把出错的字、词写在后面的黑板上，然后，各个小组的同学在练习本上书写这些容易出错的字。然后再结合“学习学案”中的“达标测试”部分，做其中的字词练习。（此时课堂教学时间为20分钟左右）然后，教师让学生说一下自己在预习中遇到了哪些问题。（像前面两位教师的授课一样，学生提出问题之后就结束了）

第三个教学环节。教师出示自学要求，学生以小组为单位进行自主学习。本堂课的学习要求为：(1)说明对象及其特征；(2)说明顺序；(3)说明方法；(4)自己的感情、感受。小组内开始了自主学习，学生没有读书，而是以小组为单位结合上述四个问题在找答案，边找边讨论。学习时间大约15分钟。（学生讨论后在课堂练习本上写出了上述四个问题的“正确答案”。其中两个小组是由小组长整理答案，但该组内1~2名学习较差的学生并没有参与讨论，但是，他们却背诵并记住了其他同学讨论得出的“正确结论”）

第四个教学环节。临近下课，教师让学生做“达标测试题”上其他剩余的题目。

三位不同的语文教师在三节语文课上带领学生学习同一篇课文，运用的是同一教学模式和方法，甚至教学环节的设置都是同一的。从教学现场来看，不同教师、不同学生面对同一课题并使用同一方案时的教学过程和结果却也是如此的相近！就这样的教学研究方式而言，其价值在于系统地、连续地呈现一种教学理想和实践模型，三节课的对比能够让我们对此的认识愈加清晰和深刻。我们不是来探讨这几节课有多么优秀或者有多少缺陷，而是要追问一下教学现象背后的思想支撑点在哪里？或者说更愿意从那些教学事实后面"真实的问题"中找寻学生的影子、找寻教学的思想光芒。由此，当我把观察的视角落到占去教学时空最大份额的学生的自主讨论、互助学习过程中的时候，许多值得追问和反思的问题在逐一浮现并逐渐清晰：

(1)学生在课堂伊始的小组内交流预习效果时，完全将精力投放到了生字的认读、生词的理解上。语言文字的训练固然重要，然而，在此类学生自主学习的课堂上，有了这样的暗示或者默许，那么，学生的预习、自主学习是否会缩窄为单纯的生字、生词的认知呢？而结果恰恰如此。学生在预习中，完全是对生字、生词的知识性学习，虽然在读书中，会自然生成对文章的理解与感悟，但显然那是"副产品"，不是学生有意识而为之的。这是学生自己预习、自主学习的唯一结果或者成效吗？如果不是，教师对学生的自主学习还有什么期待呢？完全小组内的交流能超越"字词"这一基础吗？能有更多一些属于语文的精神与情感以及更宽泛一点的内容吗？

(2)学生在课堂上进行的第一个学习环节都是"交流预习"，我们所看到的是仅仅限于字、词的合作交流、检查。在此之后，学生结合"学案"上的自学提示又进行了自学，教师称为"课上预习"。我们发现，学生的"课上预习"完成之后，学生之间交流、检查的依然是字、词方面的知识，三节课共有 20 多个学习小组，在进行这一环节的时候，学生都没有自觉地关注字、词以外有关课文的理解、领悟性的问题。课前、课上两次预习都集中在字、词的音、形、义的认知上。那么，两次预习的关系是什么呢？课堂教学在进行了 20 分钟之后，怎么又一次回到了学生的认知起点上去了呢？学生的自主学习是任由学生在自己的认知领域之内反复，还是应当进行有必要的递进和思维与情感的双重提升呢？

(3)学生结合"学案"自学后自然产生了不少问题，我们看到，教师在课堂上也注意让学生提出问题，但是这些问题都没有被作为研究对象来对待。也就是说，学生提出问题之后，这些问题也就此结束了其使命，为提问而提问来得如此直接。因为,教学的事实是,三节课都是让学生来研究“学案”上预先设定好的问题。因为学生提出的这些问题与“学案”上预设的问题是不同的,所以学生只是提出问题而没有对问题进行探讨和研究。我们可以说提出一个问题或许比解决一个问题更重要,但是,当学生数次提出的问题,却在小组内的合作学习时被置于脑后,而学生只能一次次地再去研究“学案”上预设的或者教师在黑板上板书的问题的时候,学生提出问题的热情还会持续多久?学生还能不能继续地呈现他们的思维,贡献他们的问题呢?学生自己的问题却不是小组内自主学习的问题,更不会成为课堂上师生共同关注的问题,我们是否可以问,学生的自主学习是为谁而学习?这样从表面上看充分属于学生自主的时间真正完全是属于学生的吗?

(4)这是一个细节。有一个小组的学生遇到了一个具有“共性”的难题,教师在提醒全班学生注意这一难点问题时,在实际的课堂教学中说的话颇耐人寻味:“我在这儿不是非要讲,而是不得不讲一下……”且不说这句话在文法上是否有问题,单从教师对“讲”如此的“澄清”、如此的“忌讳”,我们似乎可以悟出点东西。是的,“讲”很容易被认为是“灌输”,然而,教师“讲”就真的如此可怕吗?在学生自主的课堂上,“讲”就真的不能理直气壮一点吗?“讲”真的如此“战战兢兢”“如履薄冰”吗?当学生并不完全排斥教师“讲”的时候,而“讲”也有其必要的教学价值的时候,教师不敢“讲”到底是在担心什么呢?这真是个有趣却又让人哑然的问题。不是吗?

(5)接着上面的问题再来探讨,当教师不“讲”之时,学生的自主学习真实而有效地存在着,同时我们也看到,学生的小组合作学习,随着活动的结束而自然结束了。在这三节语文课上,我们看到的是外在的活动,是就知识学习的交流,我们没有看到情感,没有看到领悟,甚至没有看到个体的充分表达,是否该问一下,语文课的自学是学习知识,还是体验情感?是相互检查,还是心灵的交流?我们可以说都是。那么,在学生充分自由、自主学习的时候,教师应当充当什么样的角色?教师每一次参与学生的学习活动时需不需要带上一点主观的预设呢?需不需要带上一点方向性的引领呢?教师的参与是风中飘扬的芦苇而无需明确的方向,还是如满弓射出的利箭,每一箭都有所指呢?的确,教与学是两难的,但如《学记》中所说的“学学半”总是存在的吧。进一步说,在我们拒绝教学极端的时候,能相信教与学有对立统一的“中间地带”吗?在矛盾中有辩证统一吗?如果有,或者我们相信一定有解决矛盾的“中间地带”,那么,它应存在于学生的活动中,还是在于学生?这或许是个不得不思考的问题吧。

(6)需要谈论一下小组内的“互助”了,亦可以称之为“帮扶”“互促”“学生教学生”,也可以时尚一点称之为“捆绑式学习”“学习型合作体”。我们期待着这样的理想教学形态的出现,让学习成为学生交流的一种方式,成为学生学习的一种方式,继而成为学生生活的一种方式。这是有生命投入的学习,有学习支撑的生命,是学生个体主体与群体类主体交互促进的良好教学范式。到此,我们可以说,这种小组内的互相学习正是所谓的“教学相长”,是学生与学生互为人师之间的“教学相长”。对此,我们已经有许多成功的范例,包括理论的与实践的。

可是,这许多成功的范例以及成绩和效果也常常会成为遮蔽问题的原因,对于一种教学方式的单纯理解和盲目迷信也会成为思维懈怠的理由。不是这样吗?即使在一种正确的教学方式的实施中,学生也并没有获得教学方式所预想的那样的成功。在语文的工具性与人文性的问题上,无暇思考;在学生自主(提出很多问题)和教师垄断(学生的问题被置于脑后)的问题上,往往从外在的自主走向了后者;而且,由于学生课堂角色的过早定位,在整个的课堂教学过程中,不同“类型”的学生获得的是并不公平的对待。

来到这三节课的教学现场,我们不难发现,教师所依赖的“小组互助”的确体现了学生学习上的互相帮助。但是,小组内学生分类的前提一般是以学习成绩来划分的,这样就蕴涵着“成绩优秀生”帮助“学习困难生”的潜在原则。“帮助”成了“帮困”,也就是说,教师所期望的是借助以小组长为代表的“优等生群”来帮助“学习困难群体”。这种以学习成绩的优劣来搭配而构成的学习小组,其互助学习的方式就是单向度的,亦即由“优秀学生”传递信息给“学习困难生”,帮助“学习困难生”提高学习成绩。事实上,在三节课整个的教学过程中,学生之间的合作方式都是如此。

我们看到,此时,学生之间“互助”的最大特点是小组长对本组内学习困难学生的学习辅导,而且在辅导过程中颇有“恨铁不成钢”的急迫感。

场景一:在关于本课写作顺序的学习中,一个小组的小组长就“义正词严”地命令道:“这是我们组总结出来的‘写作顺序’,背过!”于是,这位“学习困难生”就很顺从地拿着别人的作业本,乖乖地开始背诵“人民英雄纪念碑的写作顺序”。

场景二:这个小组的小组长在给本组的“学习困难生”听写生字、词,另外有一个学生在一边监督。一旦这个“学习困难生”出现了错字,马上就会受到来自监督的同学的“教鞭敲打”。打的力度还真不小。

场景三:这个小组6个学生,在讨论自己内心感想的时候,只有4个学生讨论,另外两个学生在不停地写生字。一问才知道,这两个学生就是“学习困难生”,他们要做的是先把出错的生字写10遍,然后才能够“听”其他同学的讨论。因为一会儿教师检查时,如果这几个学生还不会写,那就要影响这个小组的成绩了。

……

这就是“互助”学习小组里面发生的真实故事。其实无需多议论,我们只要能够看到这一切,就能够清楚其中的问题与原因。

如果需要我们再反思一下的话,或许有这么四个问题值得层层深入。单凭“小组互助”学习能解决某些知识性的问题,但是学生还能获得哪些方面的收获呢?谁来引领他们的人生境界呢?也就是说,这样的教学能够使学生的情感、价值观得到生成吗?此其一。教师因讲授而“灌输”或者“串问”而被批判,那么小组长的讲授甚至体罚就是“互助”吗?此其二。教师要学习教育理论,掌握教育方法,因为教学是一种“科学基础上的真实艺术”,教师必须在保证学生学习知识的同时,让学生获得方法,生成情感,继而对自己的生命本身具有内在幸福感,很多教师做不到,学习小组的小组长能做到吗?此其三。即使上述问题不是问题,那么,小组长,亦即优秀学生自身发展的引领来自何处?

其实,小组互助学习常常借助“学习金字塔”理论来解释学生的学习效果,这原是不错的,问题在于学生讨论、互助后记住的更多知识来源于何种筛选、何种建构。

还是回到根本上来说吧,当教师自觉退出教学的“权威”、“独裁者”的地位的时候,是否以一种最“美丽”的方式在无意中选择了自己的继任者,而且使“继任者”本身的发展受到了伤害?

不要忘了,每个人的价值是平等的。

二、拆散“表达”的对话

“表达”能力是人的基本能力,也是学生学习的目的和手段相一致的基本要素,表达力水平的高低决定着一个人的认知发展水平,决定着社会交往能力,决定着身心相一致的发展状态,也体现出包括作文在内的书面表达能力的高低。表达力的形成需要充分的表达训练,在表达的过程中进行有效的指导可以促进学生表达力的提升。

然而,没有表达的时机,没有表达的锻炼,学生的表达能力能够提升吗?不仅不能,在一个集体性的环境中,表达力得不到提升便意味着萎缩。因为人类的语言一般会分为“母语般的”与“课堂般的”语言两种习得方式,作为“对支配群体语言习得的熟练程度只可能如在教室一般中规中矩,个体间的差异只代表才智、能力和教学法(即教学技术优劣)上的不同”①。这是针对第二语言的习得来说的,相比人类的第二语言,课堂语言、课堂内得以形成的表达力也具有这样的特性。作为语言来说,是学习的“动机”而不是“才能”决定着其习得的程度,表达力也是如此。

---

① [澳]迈克尔·A.豪格、[英]多米尼克·阿布拉姆斯:《社会认同过程》,高明华译,254~257页,北京:中国人民大学出版社,2011。

所以说,有没有一个学生能够主动参与的语言环境,决定着是否具有一个"社会认同方法"的环境。我们回到教学现场来确认这种"社会认同"。

这是一节高中语文课,教学内容是关汉卿的《窦娥冤》。在总体理解文章内容部分,教师提出"用三个词语来概括剧情"。学生马上回答:解赴刑场、婆媳诀别、刑场三愿。课文清楚的表达让学生很容易找到这三个答案。

进入第一个问题:

文章开头的舞台提示部分的描写有什么作用?

生1:理解。

生2:铺垫。

师:这段描写突出了法场上的阴森、紧张,充满了杀气,为窦娥的出场渲染了一种肃杀、可怕、悲痛的气氛,人物的悲剧色彩在这里也得到了体现。

知道了吗?

学生回答:知道了。

梳理完课文后的一个核心的问题:

文章和大家梳理完了,讨论一下,窦娥是一个什么样的人物形象?

(讨论时间一分钟左右,教师提问时,没有一个学生举手发言)

(教师点名问学生)

生1:善良、孝心。

师:还有吗?

生2:反抗。

师:反抗什么?

生2:精神。

师:对,反抗精神。窦娥有一种什么精神啊?

生(齐):反抗精神。

师:谁还说?

生3:忠诚。

师:是的,忠贞。

生 4：敢于牺牲。

师：还有吗？

生 5：懂事。

师：是的，明于事理，有主见。

师总结：我发现同学们预习和学习得非常好。窦娥是一个饱受封建压迫与摧残的充满反抗精神的劳动妇女的形象；她善良勤劳、孝顺贤惠，同时又刚毅顽强，敢于与恶势力斗争到底；她生于严酷的腐败的封建统治之下，注定要走向悲剧的结局。

两个问题的问答能够反映什么呢？至少，我们看到的是教师的风采，是教师对文章深刻的理解和透彻的表达。

但是，学生呢？

在“文章开头的舞台提示部分的描写有什么作用？”对于这个问题，学生干巴巴地蹦出了“理解”和“铺垫”两个并不准确的理解，教师则迅速接过话题，呈现标准答案。学生并没有用完整的句子来表达，仅仅是提供一知半解的理解，这样的教学过程中，学生的表达力没有得到任何的发展，即便有了自己不太准确的理解，也会因为无法表达而使得理解停留在浅层次上。

关于理解窦娥的人物形象这一部分对话，则更清晰地看到了学生表达力的缺失以及学生表达力锻炼的不足。针对窦娥的人物形象，作为高中学生来说，理应夸夸其谈，至少流畅地表述出自己的理解。但是，学生所展示的还是单个的词语，并且连“反抗精神”这样一个词汇还要教师追问两次，并且学生所说的还是分开以后的“反抗”“精神”。纵观整个教学对话环节，学生只是在教师的追问下“蹦出”几个孤零零的词语，甚至不能用一句完整的话串联起来。而自始至终学生都没有以类似的书面语言来整句、整段地进行表达，这样的教学是违背学生的语言学习与发展规律的，也是违背学生的理解力发展规律的。

从学生呈现的答案上来看，这还是一个“符号式”的窦娥，类似于被语文教学符号化了的祥林嫂、埃斯美拉达一样，只有干巴巴的几个词语呈现出所谓的标准答案，至于答案背后需要学生将自我投入而进行的情感体验与内涵探究，则荡然无存。

问题在哪里呢?

来看与学生干巴巴的词语相对应的是教师完整清晰的阐述,然而,即便是完整、正确、清楚的,也似乎找不到教师理解性的语言,过于书面化的表述也找不到由具体的语言文字生发出来的此情此境之下的理解和感悟。也就是说,教师给出的仍然是没有教师表达的答案,只不过教师是有所准备的,是带着标准答案来的,自然要比学生说得完整,但是从发展的意义上来看,二者是一样的干巴无力不属于自己,这也是符号。在师生双方缺少表达力的问答和对话中,没有成长发生。

其实,教学从形式上来看是教学关系的调整,形式的变化能够带来内涵的自然变化。在这几个问题的问答中,教师要说的应该是那些词语、片段,而学生则需要反反复复、一步一步地靠近标准的书面语言来表达,最终是要由学生来完整、清晰地表达问题的结论。这样,就实现了教师的启发、引导与学生的理解、表达的结合,于表达力的发展、于问题的解决能力的提高来说,学生将获得进步,而教师则完成了自己的教学任务。

其实,这样的一节语文课堂上忽略学生的表达不是单一的教学行为问题,其核心不在于教师就这一节课的选择,而是在于一个教学的指向性问题,因为教学指向了知识,指向了最为标准的知识性目标,所以,师生都在潜意识里认可了这种没有积极性的、片段式的对话和交流。

一位初二的学生学习非常勤奋,需要背诵的都会牢牢记住。但是,这名学生经常抱怨自己的考试成绩不好,认为自己都做对了可就是分数低。来看其试卷上的一份问答:

(1)结合实际论述一下青少年为什么要养成自觉劳动的习惯?

有义务、受尊敬、促进健康。

(2)为什么要珍惜劳动成果?

是尊重,是美德,是社会主义国情,是高尚道德品质。

这是摘录的两个问题和学生试卷上呈现出来的答案，在课堂上，这是被认为是标准答案的，这两个问题的知识点学生背得烂熟于心，可是，背过了，这样写上了，就是理解了吗？没有充分的内化与自主建构，即便是对于考试来说，也是无法成功的，对于学生的发展呢？问题还可以有更深的追问。

沿着教学现场，寻找教育的发生，寻找教育应该有的价值，还有更多的切入点。

三、真的在乎讨论？

关于"讨论"的话题还有必要再讨论吗？当对课堂讨论之有效性的研究备受关注，而成果与经验不断获得之时，我们似乎已经有了对于讨论有效运用的资本。然而，语境的改善与研究成果的浮出真正带给教学多少改变呢？

任何教学理念和教学技术唯有得到教师的价值认同，才会在教学中产生应有的效益。问题是，讨论的价值在哪里？讨论对课堂教学意味着什么？对学生发展意味着什么？对教师教学的变革意味着什么？如此，讨论是否真正为教师所认同？教师真的就承认讨论的重要，并以这样的认识前提来组织实施讨论吗？走进教学现场，走进一次次讨论活动，似乎能够看出其中的一些端倪。

学习《詹天佑》这篇课文时，结合课文的第一句话，即"詹天佑是一名杰出的爱国工程师"，教师组织学生进行小组讨论活动，学生围绕"詹天佑的'杰出'体现在哪些地方？"以及"詹天佑的'爱国'体现在哪些地方？"这两个问题进行了分组和分工，并开始了热烈而自由的讨论。此时，学生刚刚接触到这两个问题，并且是各小组自由选择其中一个问题进行的分工讨论。因此，各小组结合自己选择的问题，边读书边讨论，积极性甚高，教师也巡视于学生中间进行指导。学生读书、思考、交流，忙得不亦乐乎。10 分钟过去了，学生的讨论已经接近尾声。这时，教师让学生停下来，开始了讨论之后的“交流”——

师：同学们都讨论完了，那么，我请几名同学起来朗读课文。（学生争先恐后地举手，教师指定学生按段落轮流读书）同学们读得不错，大家说，詹天佑是在什么时候、什么情况下接受修筑“京张”铁路的任务的呢？（学生举手回答很踊跃）

师：是的，詹天佑就是在帝国主义的坚决阻挠、百般要挟以及冷嘲热讽中接受任务的。这说明了什么？

生1：说明詹天佑不惧怕帝国主义的干涉。

生2：说明詹天佑敢于承担重大的责任。

生3：说明詹天佑不怕困难，能勇于承担修建铁路的任务。他是爱国的。

师：为什么说他是爱国的？

生：因为修铁路有困难，还有就是……

生（接着补充）：他明知道修这一段铁路困难重重，还敢于接受任务，说明他考虑的是国家，要为国家争光，所以他是爱国的。

师：还可以从哪些地方看出詹天佑的爱国热情？

师生归纳：从他勘测线路等工作中，可以看到詹天佑的认真负责，这也是爱国的表现。

接下来，教师带领学生边读边分析在开凿隧道、设计“人”字形线路的过程中，特别是创造性地采用中部凿井法和两端同时凿进的方法都体现了詹天佑的杰出。

最后归纳为：詹天佑的确是我国杰出的爱国工程师。学生的齐声回答似乎说明整节课的教学目标顺利达成。

如果用联系的观点来看这一节课，“讨论”的过程构成了整节课学习的基础，而整个课堂教学的展开却并未沿着学生“自由选择问题”之后的“讨论”而进行。也就是说，学生的分组讨论和师生的共同分析课文成了两个相对独立的环节。我们看到，学生在小组讨论时的两个问题是：詹天佑的“杰出”体现在哪些地方？詹天佑的“爱国”体现在哪些地方？而这两个问题在课文的学习过程中又成了集体讨论的“起点”。试问：学生用了10多分钟进行分组讨论，仅仅是为教师的讲解分析做铺垫吗？学生讨论解决了什么问题呢？学生讨论产生了哪些问题呢？学生讨论与教师讲解之间有什么承接或者递进关系吗？从这一节课的教学目标和作用上来说，学生分组讨论的过程与本课师生共同分析文章的过程是重合的，问题的起点一样，过程一样，结果也一样。教师在组织学生共同学习时重复了学生的讨论过程，由小组讨论变成了集体的讨论，而没有提升问题和对学生的讨论结果进行分析，隐含了教师对小组合作讨论的不信任。

也就是说，虽然经历了小组合作讨论学习，但是，教师并没有对小组讨论可能达到的结果有所采用，教师所认可的教学起点仍然是问题本身，而不是学生讨论之后的新的认知水平和情绪状态。由此，讨论结束之后的学习过程，完全演化成了教师组织下的亦步亦趋的重复讨论过程。这样，问题就暴露出来了，教师心目中所谓的小组讨论、合作学习到底承载着怎样的功能？

其实，教师在设计这次讨论活动时，也是费了一番功夫的，比如所要讨论的问题设计得比较合理，学生自由分组、自由选择讨论话题体现学生的自主学习，给予学生的时间比较充分，教师的适度参与等，使得小组讨论合作具备了应有的教学价值。但是，从根本上说，教师潜意识里对于这一节课里的小组讨论并没有寄予希望，小组讨论只不过是为讨论而讨论的一个教学环节。显然，这节课并不是一节特别的公开课，教师也没有让课堂呈现刻意的表演的成分，这就与所谓表演式的讨论有所区别了，可以说是教师在常态下对于小组合作讨论的态度。那么，精心设计了小组合作讨论，而且又给予学生应有的讨论时间并进行了合理组织，怎么又成了不重视小组讨论呢？从课下与这位教师的谈话中或许能够得到点什么。

问：这节课为什么要设计讨论活动呢？

授课教师答：《詹天佑》一课围绕着他是一位杰出的爱国工程师来写，“杰出”和“爱国”是詹天佑身上的最大特点，也是这篇课文的两个中心词，文章中的所有材料都是围绕这两个词语来写的，解决了这一问题，对课文的理解就解决了,所以设计了学生小组讨论这两个问题。目的是关注重点,突破难点。

问:那么,学生讨论完后,你怎么不了解一下讨论的结果呢?

授课教师愣了一下,反问了一句:讨论完不就完了吗?……

“讨论完不就完了吗?”那么讨论是干什么用的?讨论的用意就在于讨论吗?教师潜意识里对讨论已经没有了由衷的期望,教师并不信任讨论。那么,教学效果又从何而来呢?这位教师的回答,也验证了我此前的判断,也就是说,面对教学的重点或者难点问题时,教师感觉有必要让学生进行讨论,一旦讨论过后,教师却没有期待学生能够真正解决问题,甚至有的教师认为小组讨论等同于课前预习,只不过是为教学做一下准备。问题是,即使“做一下准备”,准备到什么程度,教师是否应当过问、了解一下呢?

这或许只是对待讨论的态度之一,我们并不否认大多数教师将小组合作讨论置于解决难点问题的重要地位。但是,造成当前小组讨论包括合作学习实效性不强的一个重要原因是不是在于教师对其效果的怀疑呢?那么,教师对小组合作讨论怀疑的根源在哪儿呢?伴随着对这些问题的追问,一个更隐性的学习方式,也是一个被广泛认可的学习方式似乎也值得关注了,那就是学生的自主学习。在课堂内部(我们单指的是教室里所进行的课堂教学),学生的自主学习方式往往是学生个体的独立思考、独自练习等,但是,不可否认,由于小组合作学习从教师那儿获得了更多的支持,更具有开放性和自组织性,所以更有利于学生自主学习的实现。是否可以这样说,小组讨论是学生一种积极的自主学习方式,那么,教师对于学生的合作与讨论结果的怀疑,其中重要一点就是对学生学习能力,特别是自主学习能力的怀疑。到了这样的基点上,不难看出,教师之所以不能够组织有效的小组合作学习,在于教师仍然将自己置身于权威的地位。虽然在教学关系上教师表示让位于学生了,但并不信任学生能够成功,并不信任学生能够自我建构属于他们自己的知识、能力,特别是行为态度以及基本的价值观,总是视学生对教师以及书本知识的理解与掌握为唯一的学习路径。

由此，我们似乎能够得到一个有些“荒诞”的结论：教师的教学行为转变了，然而其教学思想、教学观念却没有转变！或者说，教师与其教学的语境已然改变，但其内心认识却一如从前！可以说，在很多的教学思想、教学观念面前，我们能够说出很多道理，也能够探索出很多的实践技巧，并且还能够以行政命令的方式，如规定教师课堂上的讲授不得超过15分钟之类的手段来促进先进理论的转化，在一定的范围和条件下，这是能够起到一定的效果的。但是，教师的理解与内化是否已经到位？其认可程度又如何呢？至少从对待学生讨论这一现象上来看，还是有一定的距离的，这一距离虽不遥远，但是这段路一定要走，即便时间可能很漫长。

到此，似乎并没有得到我们想要的结论，如同小组讨论在上述案例中的体现，这位授课教师虽然并没有真正信赖并依靠它，但是学生在自己的主动学习中还是有所收获的，如学生兴趣的提升、学生主体意识的强化、学生讨论方法的获得、学生问题解决能力的锻炼、学生合作沟通品质的生成，包括教师所期望的学生对知识的掌握等，这是值得欣慰和信任的。然而，教师看到了吗？教师意识到自己的课堂实际上有了如此的价值了吗？

作为教师，我们应当看到自己的教学行为带给学生的多元收获。认识到学生的收获，就能够遵循学生的学习实际来组织教学。如果不能这样，教师对某种教学方法的态度会逐渐冷淡下去而最终抛弃它，更重要的是，我们可能走入另外一种浮躁，走入另外一种常态下的对自我的否定。在否定自己的行为价值中进行的教学，背离的是教学的真实与价值追求，不仅于学生的发展是不利的，而且也意味着教学伦理的缺失，意味着对自我与教学对象的欺骗。既然选择了一种教学方式，就应当相信其教学实践效能，这样才能取得应有的教学效果。实践的前提是信任，信任的前提是理解，理解的前提是理论的支撑，而教师的理论支撑在哪里呢？让我们从伦理的视角来解构一下我们的理论思维，或许问题即在于此。

当然，关注一种教学行为不能够单从现象来批评教师的教学选择，如何对待“自主探究与教师告诉”“教师指导与学生自主”“合作学习与个体学习”等学习方式问题呢？应该说，各种学习方式都有其合理性，不能简单地肯定与否定，关键取决于教学的具体情境，有时探究的价值大，有时告诉的效果好，有些任务适合合作讨论，有些任务则适合独立思考，关键是教师要根据具体情况找到恰当的方式，而且理论上“矛盾”的方式，在实践中有可能互相融合，可以交互使用。而教师在操作新的学习方式时做得不到位，有时有形式化、简单化的现象，当然也有习惯和思维定式的因素，是不必过分担心的。反思不等于批判，也不是一种刻意的否定，而是一种时时反思的心态，在反思中，我们能够找到现象之后的问题所在。而最终的目标则在于发现对学生的信任之源，发现属于学生的教学。

四、我可以特殊一点吗？

来到一所美国小学，在一个有一定中文基础的班级，我为学生上了一节中文课，带领学生认读、书写“万圣节”。

我在黑板上工工整整地写下“万圣节”这三个汉字，并带领学生读了几遍，然后指导学生写这三个“方块字”。学生写字的姿势可让我吃惊不小，这个班有 16 个学生。左手写字的有 6 个学生；把书横过来，身子扭着横在桌子上写字的有 5 个学生；蹲在椅子上写字的竟然也有 3 个学生。其他学生也是姿势各异，真正符合我认可的“一尺一寸一拳头”而规规矩矩坐在凳子上写字的只有 5 个学生。问这个班里的教师，这是允许的吗？教师的眼睛瞪大了，反问我为什么不允许？这位教师解释说，这是学生的“个人喜好”。在小学生还不会写字的时候，教师可以帮助他们，但是他们会写之后，就可以怎么写都行了，如果硬要他们改，他们会很伤心的。教师还介绍说，他们班里大部分学生都是左手和右手同时会写字的。后来我尴尬地发现，这位教师写字时也是用很不标准的姿势，歪扭着身子用左手“极为别扭”地写的。

学校的切莉校长是一位老校长，在她的学校里，每一间教室的门上都有三个门把手，而且是从上到下排列起来的。切莉校长的想法是让所有的孩子都能够不弯腰、不抬脚就能开门、关门。她说，她不想让孩子们因为开门、关门的不方便而伤心。因为，孩子们有伤心的事情是这位老校长最伤心的事情了。切莉校长同样去听教师的课，评价教师的课，她没有多少标准，她主要是去关注学生在课堂上的表现。她认为，在许多教师的课堂上，经常看到有些学生长时间很乖很乖地坐在那里听教师讲课，为此，她感到很难过，她会去问教师、问学生为什么不想动弹，如果是因为教师的原因，那么她会感到很内疚，因为学生学习已经很累了，还要被要求坐在那里，因此会很伤心的。校长说："如果我发现了这样的事情，我会告诉他们，对不起，你可以出去玩一会儿。"

为了学生的不伤心，教师和校长都不约而同地选择了让学生按照自己的爱好和可能去做事，不违拗个体的意志。

从科学理性上分析，这些做法并不是完美的，而是有一定问题的。学生自由选择的写字姿势呈现了学生的个性，也会有损他们的健康；看到孩子坐得很乖就会难过，这位校长的判断未免也太过主观。然而，这样的选择确实是有伦理价值的。我们相信，在时时处处担心着学生会不会伤心的教学价值中，一定具有对每一个学生每一个方面的关心，因为只有在这样的关心中，教师才能够真正体会到学生可能的"伤心"。

是的，因为学生是不一样的，所以他们理应受到特殊的对待，而这种特殊的前提是对学生特有的"不同"的关注，其价值走向就是公正。

这是一个由七名小学生组成的"班级"，学生年龄在十一二岁，看上去是五年级的学生。学生在教师的带领下讨论着对一本书的看法。为什么只有这七个学生在讨论同一本书呢？交流后我们得到答案："他们是因为相同所以在一起。"这个七名学生的"班级"是由三个四年级学生和四个五年级学生组成的；因为他们喜欢同一本书，他们在三周的时间里会每天有一节课在一起读这一本书。

课堂上，他们没有读书，却在高谈阔论，而且教师也不是面向全体的，而是就对着一个学生足足说了有 20 分钟，全然不顾其他学生在说什么。而其他的学生也根本没有期待教师的关注，而是自顾自地相互交谈着，手里拿着同样的一本书。因为他们都有自己的问题,他们都有自己对这本书不同的认识,他们在三个星期的学习时间里,每天都讨论问题。读书都是在家里读,到学校里来就是讨论问题。而且是完全开放地,每个人按照自己的需要去讨论。

据我们了解,在这些学生自由选择而组成的课堂上,无论小孩子怎么样,包括身体的残缺者、智力的低下者、精神的混乱者等,只要他们有共同的选择,就要允许他们在一个共同的班级里接受共同的教育。

因为每一个人是不同的,而且每一个人都有自己的需要,所以,教学的过程就应当是一个关注每一个人的过程,应当足以让每一个学生都能够获得其应该获得的学习需要。显然,上述“读书、论书”教学有一个小班额的前提性基础,即学生具有能够自由走班、自由选择的综合性的教育环境,我们的许多学校并不具备;而且,我们还可以看到的是,如此“迟缓”地就一本书来上课,虽然是深刻挖掘了这一本书的思想和内涵,但是,教学的综合效率到底有多少我们无法判定,也就是说,学生单位时间内获得的收获是否足够呢?这样的种种疑问需要一个更为清晰的解答,而在这些疑问之外,可以肯定的是教学公平的实现。

一方面,公平体现在学生有选择不同的权力,学生能够完全自由、完全个性化地学习;另一方面,如果学生是一个特殊的孩子,他也有权利获得他需要的学习,而不会被人为地“分等”。

其实在教学的许多领域,特殊恰恰需要平等的对待,比如帮助其他同学,许多教育者并不是持完全赞同意见的。为什么要帮助其他同学,他有自己的思维方式、有自己的想法,你能够帮得了吗?学生是有个性的,个性对学生来说是最重要的。合作可以,但是不要让任何同学的想法取代另外的同学的想法。每个人都是特殊的,同时,每个人也都是重要的。在1975年为全美教育协会(NEA)代表大会所采纳的《教育专业伦理典章》中,确定了对于学生来说,教师的义务是“(1)不应毫无理由地限制学生的独立学习和探索;(2)不能毫无理由地阻止学生获得不同的观点……(6)不应歧视学生,包括种族、肤色、宗教、性别、民族、婚姻、政治或宗教信仰、家庭、社会和文化背景等……”[①]这是对学生个体的认可,是对生命特殊性的敬畏。每一个人的需要都会得到公正的认可,而且也会得到来自教学的支持,从这些特殊里,还能够反思什么?是否可以说,教学的伦理关注在深层意义上就是对生命的伦理关注?

五、维持“有序对话”

小组合作学习以及班级内的群体合作交流是一个“人—人”对话的场景,其秩序受制于其中的每一个人,建立良好的小组合作与交流机制,让有序对话得以实现并维持,是合作性质的课堂教学的必由之路。

理想的课堂对话应当是学生与学生之间的分享与互助,教师则在于保证生生对话的有序和有效,并能够在更高层次上实现师生对话。

小组学习被称为是“动车组”理论的迁移,是将原本由火车头(教师)拉动若干车厢(学生个体)的普通列车,转化为每节车厢(学习小组)都有动力支持的“动车组”。此理念可谓理想化了的判断,事实上,小组能够成为具有前进动力的动车组,也会在调控不力中成为具有反作用力的沉重负荷。这在于小组内成员的交流与对话是否积极。

(一)只有“责任”,没有“榜样”的关系

小组学习构成的机制和动因来自于互补、共享和提高,一般认为,小组合作学习应当是不同层次学生的有机搭配,即异质建构,而我们所谓的“异质”则主要看成绩之“差异”,最多是看能力之“差异”。

---

① [美]肯尼斯·A.斯特赖克、乔纳斯·F.索尔蒂斯:《教学伦理》,洪成文、张娜、黄欣译,1页,北京:教育科学出版社,2007。

由此而成的小组就聚合了处于不同学习层次上的学生，优良差均而有之，在整个班集体内则实现了小组间的“同质”，即均衡性。

对于整体的班级教学来说，如此划分的小组既有利于小组内的“结对”帮扶，又有利于小组间的对等评价，可谓是公平合理的划分。问题是，就某一个小组而言，这个小组中的学习生态是否得到了充分的关注，小组成员内部是否有一个良性发展的秩序。

这是一节初中历史课，小组学习的任务是讨论“官渡之战”中曹操胜利的原因，并对照分析“赤壁之战”中曹操失败的原因。教师要求每个小组内A同学(注：A是成绩最优者)分析原因，其他同学补充，并且由A同学选择小组成员进行展示。在接下来的小组合作中，A具有几乎所有的话语权，而在选派上台展示的学生时，A派了D，因为按评分要求，在全班评价时，A对一题得一分，而D对一题则得四分。笔者发现，整个讨论过程中，完全由A控制了思考、探索，而D则只是机械记忆，上台复述，几乎没有动脑探索这一具有真实实效的学习过程。问之，D说：A学生说得会很完整，我再想也没有用，记住就行。

如此小组讨论，整个小组有一个权威，这个权威具有“榜样”的力量，大家亲之信之，然而却在与其对话中退居为等待者的角色。

其实，榜样的力量也是会极端化的，一方面会形成正向的引领力，在大家的信任中带领大家一起进步；另一方面，也会产生消极影响，让身边的人变得暗淡，并使他们自我退缩，特别是对学生群体来说，还会产生依附性，而不利于每个人的积极性的发挥。

那么，小组内的关系应当是什么样的呢？这就是责任。既然组成了一个共同的小组，每个人都应该公平地成为小组中的一员，也应该获得公正的对待，所以，维系小组内合作关系的就是这种相互之间的责任感，而不是从属感。

建立责任的途径在于分工负责，学习成绩有差异是现实的状态，但是小组成员间在合作中的分工不应有差距，应该是各尽其能，并且不断实现角色变换，即便是小组长，也是轮换执行的好。

（二）只有“对话”，没有“训话”的交流

因为地位的不同，学生在小组内的话语性质也是不尽相同的。虽然是在“对话”中，可是异化了的“对话”比比皆是，特别学生之间的“说教”，已经成为一种另类的方式进入到了小组合作与交流之中。

对话意味着平等，意味着坦诚，特别是对话双方能够畅所欲言，都能够做到倾诉与倾听；而训话则恰恰相反，它标志着一方侵占另一方的话语领域，而使双方都得不到正常的反馈，从而导致信息闭塞、情感阻滞，而学生对学生的训话则加剧了这种信息与情感交流的不畅。

为什么学生之间会有训话呢？

这要从小组合作互助学习的出发点来看。作为一个学习共同体，小组本来是一个合作共进的场所，然而因教学评价的需要，教师往往将其打造为一个利益共同体、荣誉共同体，从而使小组之间面临着分分相争的局面，对小组荣誉的渴望越大，则心态越容易失衡。有时候成年人都容易急功近利、贸然冒进，学生呢？特别是成绩好的学生对于成绩差的学生会怎样对待呢？当然，帮助之心肯定会增加，但帮助过程或许难免会出现急切之情、强迫之举。

其实，小组中成员间的“训话”是一个常见的教育现象，在小学里较为普遍，甚至高中也有。如果不能调整学生的心态，让小组内“训话”充斥，那么，学生的学习心态仍旧会以封闭的形式出现，至少不能够将自己真实的学习状态和认识全部展示出来。小组内的学习效果又怎能保障呢？

让对话成为小组内研究与交流的主流方式，需要教师的合理介入，以教师宽容、包容的教学情怀来调整学生的心态；进而在小组内构建一种合作大于竞争的交流文化，让学生体会到共同解决一个问题、攻克一个难关是远远比获得一些分数、战胜一个相邻小组更快乐的；小组内的积极对话还源自小组成员相互间的目标统一，大家一起努力时，就能够多一些相互间的理解与关心，特别是在进行开放性的研究时，每个人的不同观点自然会得到理解和尊重。

让“对话”得到充分肯定，还在于小组成员内是一种立足于“说出”而不是

"说教"的交流。"说出"即可,无须"说教"于人,这是教师构建小组内合作与交流的良性对话关系的立足点。

(三)只有"需要",没有"越位"的帮助

帮助的前提是什么?显然是受助者的需要。但是在长期先入为主的中小学课堂中,教师往往以主观的重点、难点判断来对学生施予帮助。还好,教师虽以主观切入,但毕竟有教师的专业知识和学科素养支持,使得这种主观具有较大的科学性和针对性,而且教师的判断是建立在对学生较为充分的了解、理解基础之上的,对学生的成长能够起积极有效的引领作用。

但主观施予的帮助对于学生来说会产生什么效果呢?

学生会因被动受助而对学习过程茫然,学生所接触到的是教师强加于自己的帮助,这会成为一种心理暗示,让学生感觉到自己这一方面不行。如果这种施予过多,学生只能更深刻地体验到自己时时、处处的不足,却不能清晰地把握自己的优势、现状与发展潜力,对学生来说,其学习心理受到了抑制。学生将不能从整体上认识自己,不能主动地扬长补短,学习已经不是学生自己的事情了。

教师帮助越位后尚且如此,那学生之间呢?学习也是一种需要,而且是一种高级的需要。在学习过程中,学生不仅会从中获得知识,汲取成长的力量,而且也如马斯洛所说,会有"高峰体验"。而这种"高峰体验"只有在人的需要被充分满足,并达致极致的状态下才会产生,有了这种体验,学生才能充分地领略学习之美,才能投其全部身心于学习之中,学习过程便也成为生命中最美好的过程之一。这种体验所带来的是学生对更高的学习需要的追求。

但是,这种体验是建立在学生个体需要得到满足状态之下才产生的,如果没有"需要",会有"高峰体验"吗?不会,甚至连"山脚体验"也没有。

如此一来,当同学之间的帮助不能建基于受助者的需要,不能理解受助者认知与情感深处的呼唤时,一切帮助皆为徒劳。

事实却是,在小组合作互助形态的教学过程中,没有受助者说话的权利,

没有受助者表达需要的空间，一切都在外力的约束与调控下进行。当从知识到能力，甚至到道德因素，都会受到来自于其他同学的越位相助时，学生的心态已经偏离了正常的生命轨道，合作已经变异为施予和抵御的较力，帮者劳神，受者劳心，二者缺失了天然、内在的心灵沟通。

让每一个学生把自己的需要清楚明白地呈现出来，让每个学生都能找到自己学习与生命之中的兴奋点，求助是一种正常的学习心理与学习需要，满足的应当是“需要”，而不仅仅是学习。

（四）只有“为什么”，没有“你错了”的评价

犯错与受罚总是联系在一起的，惩处错误与惩罚犯罪是人类的历史传统，在惩罚面前，人们越来越坚持“人性原则”，从肉体的戕害到精神的折磨，乃至于今天以更加隐秘方式进行的各种各样、形色不一的惩罚，是人类“权力意志”下的“本能”。

学校也是一个“权力”场所吗？课堂也是一个“权力”组织体吗？起码，今天看来，仍有40%的中学生认为教师像领导，仅有30%左右的学生认为教师像朋友。① 师生之间还不平等，仍有四成的学生感觉自己的学习是在一个权力场中进行，造成这种感觉的主因是他们在评价中的不平等感，大多数学生都会有随时接受惩罚的心理准备和心理惊惧，而这也直接影响了学生正常的人格成长，对于他们的学习质量与学习效率的影响也是显而易见的。

惩罚是有两面性的，一则帮助学生改过自新，二则造成学生的封闭而逃避。如何运用评价策略？如果让惩罚也有益，不仅是师生之间，生生之间的交流也极为关键。

学生之间的惩罚方式可能更复杂，除去“校园欺负”之类的极端现象，单就学习过程而言，强势学生与弱势学生之间的相互评价也能造成心理乃至精神上的惩罚，而这种惩罚的不确定性，以及“权力意志”下的“非权威性”造成评

---

① 檀传宝：《中学师德建设调查十大发现》，载《中国德育》，2010(4)。

价者与被评价者相互之间的不够坦诚,缺乏的是足够的交流与沟通。

如果学生之间的评价更多的是“你错了”,那么,被评价者会努力向评价者证实自己的“非错”或“错之因”,而不是主动内省自己的“错之因”。错误既成隐私,又成缺陷,如此一来,“你错了”的评价,就会变成一种惩罚而使生生之间形成对立,教学乃至教育效果就已经大打折扣了。

其实,学生之间更加清楚对方的弱点与不足,在学习过程中也是如此,一个成功的亲历者,总是能看到同伴在亲历这一过程中出现的问题,而此时,明确地指出来是非常及时而重要的。

但是,面对“错误”而进行的指正,应当是能够促进“犯错者”或出现问题者产生反思与自我认知,进行积极主动的反思与改进的。

什么样的指正与评价方式能达到这种效果呢?显然,让被评价者反思也是需要外力影响内力的,外力的加予应当是一种“为什么”的牵引。学生毕竟是未成年人,其有意注意力是比较弱的,而一种“为什么”的评价引领,自然地生成了促进反思的力量,而且能够让学生在不受惩罚压力的状态下直面自己的问题或者错误,这便是良好评价的作用,也是在惩罚与人性向善之间寻找到的平衡点。

生生之间追问的“为什么”,超越了合作中的互助交流层次,而进入了一种相互的价值引领境界。如此,合作中真实的人性诉求何难呢?

六、求解中和之美

如果有什么具有绝对的价值,那就是公正,所以,绝对的公正是没有的,正因为如此,探讨公正又是教育的意义所在。无论探讨教学策略、教学理论,还是教学道德,公正都是无法回避的命题。

公正就是给人应得的,在教学中就是给学生应得的教学。如果从道德的角度来剖析教学中的诸多“不公正”,多是一种在差异面前的无所适从。对于学生之间自然存在的差异,教师能否欣赏、利用,则直接影响到教学过程中的公正与否。差异是绝对的,但是差异并不决定人的发展程度,甚至并不完全决定人的发展方向。季康子问孔子,子路、子贡和冉有可以搞政治吗？子曰:“由也果,于从政乎何有?”“赐也达,于从政乎何有?”“求也艺,于从政乎何有?”(《论语·雍也》)在孔子看来,人皆有所长可用。那么,我们的教学在看待学生时是取其所长而教之,还是取其所短而弃之,显然,这将是凸显教学公正与否的根本行为取向。

(一)求解于差异的辩证

人除了社会地位、经济条件等差异外,作为学生,从教学的角度来看,差异还表现为:学生家庭文化背景的差异、先前知识的差异、志向水平的差异(即学习动机的差异)、智力的差异、能力倾向(素质)的差异、学习方式的差异和男、女生的学习差异等。差异是绝对的,那么,公正该如何选择?

承认并尊重学生之间的差异,相信天资聪慧与生性驽钝同样都是具有发展潜能的生命个体,况且,在不同的认识标准之下,天资聪慧与生性驽钝都是客观的,而且是相对的。学生之间的差异也是教学的资源之一,在差异中发展是学生的一种生命发展观,因此,让教学关注每一个学生不但是一个理想中的哲学命题,而且是一个能够实现的命题。

公正的教学强调承认并尊重学生之间的各种差异,并且能够理解和欣赏学生之间的差异,让每个有差异的学生都能在教学中经历知、情、意、行的发生、发展过程,实现在差异中的自主建构,这是教学的理想目标。面对差异,教学选择应当是辩证与统一的,在公正原则下的教学应着力于这样三个问题的思辨。

一是寻找共性破解实践难题。

教学公正与否,首先在于学生是否获得了同样优质的教育资源,这就是说,面对有差异的学生,教学的差别不可过度。许多先进的教学方法不仅适合优秀学生的提高而且适合落后学生的跟进，具有普适性。不加判断地否定教学方法或模式的普遍性，盲目激进地提出“用100种方法教100个学生”是很可怕的，尊重和照顾差异并不等于对每个学生的教学方法都不同。同样的方法或要求可以应用于所有学生，虽然达到的目标不一致，但相对于个人来说，他们都会受到积极影响。比如，一位老师在让学生写“春天”的作文时，带领学生到野外观察体验，然后再让学生去写作。教师对每一个学生都采用了同一种教学方法，虽然学生写出来的作文层次不一，有的写到“草绿了，花开了，小河里的冰化了……”还有的学生会写到“春天来了，一个播种的季节，我们要立志……”个别学生写下了这样的话：“春天来了，可我一点儿也高兴不起来，你看，柳枝上都是烟尘，河沟里都是臭水……”但这一次外出的观察写作无疑是成功的，因为它使每个层次的学生都体验到了春天，写出了真情。

顺应差异的教学应该是一种“扬长”，是面对学生的优势发展领域的个性教学，而不能单纯地理解为一种基于学生“不足”的“补短”教学。

在教学中之所以出现了不公正的不和谐之音，在于在教学中主观地将学生分成“三六九等”，从而使得在不同的教学选择中，漠视了学生的需要，这与因材施教思想是相悖的。我们要做的似乎是循着每个学生的需要去教学，而不是循着部分学生的需要而漠视了其他学生的需要。

二是模糊差距关注欣赏。

差异是绝对的，但对教学来说，对学生差异的认识和对待却不能绝对化。学生的素质是综合的，如果以偏概全，强化了对其显性特征的认识，忽略学生潜在的素质优势或缺陷，将使教学行为违背学生的身心发展规律。教师在面对学生的差异时，重要的是为学生的发展创造良好的环境，使他们的潜能得到充分的发挥，在他们不断展示自身不同方面的才华或不足时，再进行有效疏导。欧洲的文艺复兴运动彻底解放了人的思想，产生了一批杰出的艺术家和科学家。最典型的要数意大利的达·芬奇，我们知道他的绘画作品堪称艺术瑰宝，而他也是雕塑家、工程师、建筑师，还是物理学家、生物学家、哲学家，并且在各个学科领域内都达到了当时令人难以置信的高度。达·芬奇的各种成就并非在其童年就得以充分显现，而是他有成长的空间和土壤。

并不是人人都能被培养成达·芬奇或爱因斯坦的。在中小学阶段，试图对学生的差异做出概念化的清晰判定非常困难，而盲目去判断并给学生贴上各种不同的标签则是极为有害的。面对每一个学生，课堂教学只有尊重差异，适应差异，为他们提供各自成长的最佳生态空间才是有效选择。教学不能够主观地为不同的学生提供截然不同的学习信息和资料，而应当让学生在更多元、更充分的背景之下进行更为充分的选择。看来，对学生的差异要尊重和欣赏，并非严格区分。

承认学生的差异并不是使学生永远参差不齐，也不是要最终“达到整齐一致”，而是要在差异的前提和客观背景下实现每一个学生的发展。

教学公正追求的是让每一个生命都有自己的精彩生存状态，让每一个学生都能够自我建构，都能够得到相对于个体的进步与发展，并且在自己的优势智能领域内达到较高的水平。

（二）求取生命自然的成长

第一，前提是“一视同仁”，然后再“因材施教”。

我们不否认“因材施教”的伟大教育价值，它能够破解不同学生在自身基础上获得应有的发展的问题，但是在班级授课制的现实条件之下却无法使学生获得过多的个别施教，一视同仁的平等态度是鼓励所有学生的最佳路径。每一项教学活动应保证每一个学生都有参与机会，比如对于教师的提问，再难的问题也都要鼓励所有学生去思考，包括成绩差的学生，因为学生的收获在过程中；再容易的问题也要求所有学生都要回答，包括成绩好的学生，也是因为学生的收获在过程中。

让学生都获得平等的不受歧视和忽略的机会，他们就能够共同参与，因为在某些情况下，能回答难题的学生成绩不一定好，但只想回答简单题目的学生成绩会不好，往往是由于教师的主观认定而人为地造成了学生学习过程中的差异。更重要的是，鼓励所有学生积极尝试，将凝聚为一种平等对话的教学文化，这是学生发挥所能的基础。

对于分层施教，只有在不触及学生自尊，不伤害学生自信的情况下才是可行的，况且，“分层”的标准在很多情况之下难免存在偏颇。对于因材施教，其措施在班级授课制中有着明显的局限性，“因材施教”的前提是“材”，可以说每一个学生都拥有特定的“材”，即潜在的优势，但是每个学生也都有潜在的劣势和不足，当我们将“因材施教”单纯理解、运用为因“不足”而施教、因“差异”而施教时，问题便进一步显现了。教师虽然应当认同学生之间的差异，包括成绩差异，但是，教学的每个环节，应当是属于每一个学生的，而不是部分学生。因为，促优补弱都没有问题，但是主观分配学生的学习内容、学习标准的教学却难免隐含着伦理的困境。

况且，属于每一个学生的平等教学与“统一化”、“齐步走”并非如一，这样的教学并不一定如我们所担忧的那样，会使学生整齐划一而模型化，相信在教师的同等关注下，学生的发展才更是符合其基本生命内涵的，是多彩的。

第二，强化“心理暗示”，让学生意识到“我”之重要。

如果说教师在教学中能够主导一些因素的话，那么对学生的心理暗示则是教师可能做到并且应当高度关注的。学生的心理感受是极其敏锐的，当学生意识到自己被关注、被别人需要时，自然会呈现出进取、向上、参与的积极心态；而当学生发现自己被忽略、被冷落时，他们自然感觉到自己不重要了，因而容易退缩、自卑。这就是我们所谓的一方面相信“皮格马利翁效应”的真实存在，而另一方面却在人为地让学生无情地感受自己的巨大不足与缺陷，从而消磨他们的上进心和锐气。

所以，在教学过程中，教师应给予每一个学生由衷的期待，让每一个学生都产生“老师和同学们都需要我”的心理暗示。那么，教学自然地归属于每一个学生，而学生对于课堂的归属感亦在增强。教学的心理暗示就是让学生明白，自己是得到关注与赏识的，自己每时每刻都在群体中占有自己独特的位置；即使自己犯了错误，这个错误也能够引起老师和同学们的极大的宽容与理解。

第三，设置“话题榜样”，呈现多元成就感。

学生成绩有差异是个不争的事实，学生在课堂上会表现出参差不齐的学习程度也是必然的。一般来说，教师在教学过程中往往设置回答问题、做题正确率等方面的学习榜样，引领课堂风气向积极的状态发展。然而，正如前面案例所示，单一的强势“榜样”介入会给弱势群体的学生以相当大的压力，这些“榜样”的压力，会造成相当一部分学生失去话语权甚至学习权，久而久之，他们便心甘情愿地成为课堂教学的附庸。

由此，教学过程是否不应该有榜样呢？是否是你好、我好、大家好的平淡呢？显然不是，理想的课堂教学应当设置不同层次、不同类型的话题榜样，让学生在不同层面、不同领域中获得自己的成就感。这里可以设置结果类榜样，当然以学生学习程度高低来呈现；也可设置过程性榜样，可以借助学生的参与程度来呈现；也可设置情意性榜样，如针对勇敢的学生、进步的学生、努力的学生、外显的学生、内秀的学生等，使每个学生都有呈现“榜样”价值的空间。以此引领学生的多元成就感，让学生获得属于自己的成就体验。

第四，教师应“有意注意”，避免过多的潜意识支配。

对于教师来说，当然期望每一个学生都能得到有益的发展，在设计教学以及组织实施教学中，调动所有学生的参与热情，使每一个学生得到学习和锻炼的机会，是其教学原则之一。

那么，为什么教师在教学中往往忽略了一部分学生呢？这其中更多的原因来自于教师受潜意识支配过多。也就是说，教师提出一个问题，或者出示一个题目后，如果没有刻意地去关注每一个学生，那么就会由于思维定式或者平时的惯性指向而集中倾向于某一类学生，而这类学生大多会是成绩好的学生。因此，成绩差的学生往往在教师的无意识中被忽略了。而当教师再次有意识地关注这部分成绩差的学生时，往往不再是主要的教学环节。这样，这一部分学生自然就不能够获得充分的课堂参与机会。而最终的结果是部分学生不自觉地就生成脱离集体学习的消极心理，而习惯于教师的额外补课或者同学的帮助，那么，课堂也就不再为这些学生所有了。

第五，善待“特殊群体”，让教学充满普适之爱。

对特殊群体学生的关注是教学“善”与“公正”的必然体现，其实，特殊并不仅仅是弱势，特殊是一种充分关注的实现。教学的价值与道德是最需要被关注的,也是最需要在对特殊群体学生的关注中来实现的。

《放牛班的春天》是一部感人至深的电影,浪漫与美好交织在人性的挣扎之中。善良的马修老师把一群调皮捣蛋甚至是“不可救药”的难缠学生引领上美的精神旅程,乃至培养出了极富天分的唱诗班。马修老师是一个带有理想色彩的、被寄予了美好愿望的人物形象,他用宽容和仁慈来感化“问题学生”,即使面对的是相貌凶煞、曾经作恶多端的孩子,也为他们带去希望和音乐。一位评论家说:“《放牛班的春天》是一部让人因为喜悦而泪流满面的电影。”是的,多少次了,每看一遍我们都会被深深地感动,因为我们读懂了,没有哪一个生命是“不可救药”的,况且是对于成长中的学生。

比如,在教学中如何善待部分品德问题学生,山东省潍坊市奎文区实验小学“目标”引领下的品德问题学生的教学取得了良好的效果。教师结合学生的学习、思想和行为,与学生一起制定“发展目标”,并且从大处着眼,从小处着手,引导学生正视自己的优缺点,并根据自己的优势或不足确定具体化的行为“小目标”,制订行之有效的“达标计划”,通过“选标—达标—评标—再选标,达标……”的自主实践活动,进行自我养成教育。让教学如春风时雨,一点点渗透滋润学生的心。

我们所理解的特殊群体学生还应包括贫困儿童、单亲家庭儿童以及当前的留守儿童等。使教学融入学校整体教育计划之中,用教育的宽度来善待教学,来善待每一个学生,来寻求关心、关爱弱势与特殊群体学生的有效策略,这是教学公正的最大化。

第七章

价值与尊重

尊重是一件尤其艰难的事情,无论是对他人,还是自己。因为尊重,教学才能够成为具有人的价值与人文规范的活动。尊重学生是一个伦理角度的主体认同,是存在于许多教师的思想和意识深处的一种基本的教学原则。其实,教师的思想和意识总是能够通过教学行为呈现出来,那么,在我们都自认为必须要尊重学生的原则之下,我们的教学行为是否践行了我们的原则呢?是否呈现了对学生、对学习的真正尊重呢?教学是针对“人”的教学,教学价值就是属于“人”的价值。教学不仅意味着学生“知识生命”的培养,更在于“价值生命”的养育。学生的生命发展不是断裂的,每一堂课都是学生生命的一部分,那么,教学该怎样成为学生生命连续、持续发展的载体呢?

引例

笔者从小学到大学，一直在教学现场教学、研究。记得有一次，刚接四年级一个班的头几天，发现一个学生作业本上的字太差了，简直就是随心所欲地涂鸦。有一天下午，我把她叫到办公室，拿出她的作业，告诉她今天晚上的作业要认真去写，不能再这么潦草，她答应后就走了。然而，第二天，她的书写还是老样子，这次，我当着她的面将其作业轻轻撕了下来，说："你这次作业写得还是不够认真，这是班长的作业本，他的字多漂亮，作业写得多认真呀！今天回家好好向人家学习，明天把认真写好的交来，好吗？"然而，第二天该生的作业并没有多少起色，我有点急了："你比班长差那么多，为什么不认真去写！"然而她却小声地嘀咕："我写得不比班长差……"我生气地打断了她："还狡辩！不虚心怎么能进步呢？""我写得就是比班长好，我写得比他用心……"她的眼睛里噙满了委屈的泪水……就在这一刹那，我的心猛地一颤。回想起课堂上，她抄写一首古诗比别人整整多用一倍时间的情景。

是啊，她和班长是有差异的，这种差异就体现在当前的写字能力和水平上。虽然，她作业本上的字是差了点，但是她写这份作业的确有可能用了比别人多得多的时间。她在课堂上的表现已经说明了一切，而我怎么就没有意识到呢？我主观地从学生的作业质量来判断她的学习态度，并武断地强求学生间的相互统一，而将学生间的差异忽视了。或许在这个学生心中，每一个字都是她精心写成的，那是她的心血，每一个字都是她追求进步的展示，都是对自己过去的一次超越，因此她会固执地说："我写得就是比班长好……"如果参照同学们的写字水平，她的字可能不合格，但换一个角度来理解她，从其自身的成长来讲，从自我的超越来评价，或许她真比班长写得好，而且谁能够说她以后的进步不会比别人大呢？

一、游离的“旁观者”

在高中语文课《窦娥冤》的学习中，教师提出了一个问题：

窦娥是怎样劝婆婆的？从中又能看出窦娥什么样的精神和什么样的悲剧色彩？

没等学生过多思考，教师直接给出答案：

可见窦娥对婆婆的孝顺，但像这样一个完美的善良的妇女，竟然惨遭如此的冤屈，被诬陷为杀人凶手，足见当时的统治是何等的腐败，社会是何等的黑暗。这不仅使人物形象更加丰满，还为悲剧的产生蓄足了势，起到了深刻批判封建社会的作用，使人们对窦娥的悲惨遭遇更加同情。她劝婆婆不要过分悲伤，再一次体现了她善良、美好的心灵。这样的好人蒙冤而死，自然使人们对不公正的社会产生愤恨之情，戏剧的审美作用得到了充分体现

教师谈窦娥的悲剧时是一种轻描淡写的语气，给人的感觉是一种冷漠的旁观。在关汉卿的文中，窦娥叮嘱婆婆的一段话极为动人、悲怆。但是，在这里却被这样一段书面语轻描淡写地带过，窦娥的善良、窦娥的悲剧形象都被说出来了，却没有能够留下足够打动人心的力量。

甚至，教师说这段话的时候，面带微笑。而学生自然也是漫不经心地接受着这样的解答和判断。

这一学习过程中呈现了让人难以忍受的冷漠。冷漠何在？因为师生都是这一悲剧的旁观者，而且是遥远的旁观者，旁观一个远离自己内心情感的、虚构的故事。没有回到作者创作这一人物、这一悲剧的过程中去；更没有回到窦

娥所经历的悲剧的过程中去。情感已失,学习何意?

在小学语文课《两只小狮子》的学习中,教师提出了一个要求:

> 有感情地朗读狮子妈妈对懒狮子说的话:"孩子,将来我们老了,不在了,你靠谁呢?你也应该学会生活的本领,做一只真正的狮子!"

小学一年级的学生非常遵守老师的规定,每一个学生起来都是绘声绘色地朗读这一段话,或许是训练有素,十几个小学生起来读课文的语气、语调、语速,甚至表情、动作都是一样的。一个个一年级的小学生模仿着狮子妈妈的形象在教育一只懒狮子,亦庄亦谐的朗读很美却难以体验到内在的情感和共鸣。

在此过程中,教师一直采取鼓励的方式,充分肯定学生的朗读,引导学生一遍遍重复地投入到朗读中。

问题是很明显的,学生朗读的是课文中预设好的内容,这一内容说不上动人,仅仅是因为两只狮子一勤快一懒惰,狮子妈妈用"我们老了你怎么办"这一家庭教育中说不上高明的切入点来让懒狮子学本领。学生没有动情也是正常的。

原因何在?仍在于一年级的小学生与老师当了这狮子一家的"旁观者",学生没有来到"现场",学习过程没有"过程感",当师生重复文本而不是进入文本进行再造的时候,就无法期待学生的语文学习深入灵魂。

还是要寻求一个"智慧复演"的破解路径,这就是学习的"过程观"。

加涅认为:"引起一个学习事件发生的'火种',可能有许多不同的源头。它可能源于一段时间以来一直指导个人的思维的认知策略,也可能来自从长时记忆中提取出来的语言知识。当然,引起学习的刺激还可能来自学习者的环境。当一个人关注教学时,为促使学习发生,他要精心地安排学习者环境中的事件。"①

---

① [美]加涅:《学习的条件和教学论》,皮连生、王映学、郑葳等译,245页,上海:华东师范大学出版社,2009。

只有文本的提供和分析而没有“精心地安排学习者环境中的事件”,没有回到切实引发学习的过程,这是不能够获得真正地学习的。

卢梭也有这样的判断:“人的教育在他出生的时候就开始了,在他能够说话和听别人说话以前,他就已经受到教育了。不过他不是老师的学生,而是大自然的学生罢了。经验是先于教育的。”①

这就是我们常说的:学生不是一张白纸,他们是有思想的,他们是有经验的。如何借助学生的学习经验,循着学生的学习思想,让学生透过文本走到作者的创作过程中去,走到文本所呈现的人物、事件、环境中去,这是值得关注的过程教育观。

作品是由作家创造的,但是作品一旦诞生就不再属于作家本人,每一位阅读者都是一位再造者。一方面,再造是一个过程,其中最主要的不是推倒作者重新建造新的作品,而是回到作者创作作品的原始过程中去理解、重构这一艺术创造和加工的过程,“复演”前人的智慧和思想,唯有如此,才能够充分传承人类的文明成果;另一方面则是对作品的创造性理解和自我建构过程,在充分地理解中超越,这是人的个性化过程,是自我归类和分析的统一,通过作品映射自己的思想和智慧,这是“复演”自己的经验和理解,即实现对自我的“智慧复演”。

那么,就这两个教学片段来看,怎样的教学才能够实现对作品和自我双重的“智慧复演”呢?

对作品、作者、文本的“复演”是需要学生进入现场的。在《窦娥冤》的学习中,学生对于元代的社会背景、人物情感有着很强的疏离感,移情换位、以心观心,学生首先要做的是从文本中理解窦娥此情此境下所做所说的无奈和悲怆,教师更要引领学生从婆婆的视角来看待窦娥如此选择的伟大和悲剧必然;在《两只小狮子》的学习中,学生早已完全理解了懒狮子的缺点,也完全读懂了狮子妈妈的意思,这个时候让学生从懒狮子的角度进行辩驳则更能够碰撞出智慧的火花,让学生成为参与者。

---

① [法]卢梭:《爱弥儿》(上卷),48页,北京:商务印书馆,2004。

总的来说，就是借助一定的教学设计让学生亲历整个故事的完整过程。

对自我的“复演”是在文本理解基础上的超越，无论是窦娥还是那两只小狮子，都已经以一定的符号和先验性的特征存在着，学生是带着自己的主观判断来重新理解认识他们的，本身即包含学生的个性化过程。在学习《窦娥冤》的过程中，理解窦娥的形象和评价窦娥的行为虽然在最终的结果上是一致的，但是评价窦娥就有了学生的主动性，学生就把自我的判断结构化了；在学习《两只小狮子》的过程中，说服懒狮子是容易的事情，说服自己却不是容易的事情，结合生活经验来重新创造一个新的小狮子形象，这也就把学生的自我放置在了学习现场。

不做“旁观者”，这既是“智慧复演”的底线，也是一种境界。

二、“找”的背后失落了什么？

朱熹说：读书之法，在循序而渐进，熟读而精思。很浅显明白的道理，语文教学的价值是通过读书来实现的，而且也脱离不了在逐步深入中精思、彻悟。然而，价值偏离的教学有且自然地存在于教学实践中。

在《少年闰土》的学习过程中，教师精心设计并提出了一个问题：究竟是一个怎样的闰土让鲁迅先生回忆了那么多年？教师让学生在读书时寻找这一问题的答案。当学生正要读书时，教师却进一步“明确”问题，让学生观察课本中鲁迅与闰土依依不舍的画面，并让学生谈“我”为什么与闰土依依不舍。学生回答：因为闰土心里有“许许多多稀奇的事”，于是教师让学生找出文中描写了哪些具体的“许许多多稀奇的事”。由此，一个具有思维价值的问题转了一大圈，回归了学生的活动方式：找！可以说，学生真是训练有素、深谙其道，开始在课本上认真地找起来，并做着标记。此时，教师并不满足，让学生组成四人小组分组去找,于是一个并不需要完整读书的“热烈”的学习环境形成了。

接下来的交流过程同样充满了“热烈”的气氛。第一组的学生交流的是“捕鸟”,捕鸟的过程是:等下雪以后,在沙地上扫出一块空地,然后就可以捕鸟了。教师追问了一句:捕鸟的过程是什么?学生答:“扫出一块空地来,用短棒支起一个大竹匾,撒下秕谷,看鸟雀来吃时,我远远地将缚在棒上的绳子一拉,那鸟雀就罩在竹匾下了。”教师问:“有意思吗?”学生齐声回答:“有意思。”教师在黑板上板书:捕鸟。并简笔画了一个捕鸟的匾。此时,教师又问:都有什么鸟?找到了吗?学生齐声回答:找到了。有什么呢?——稻鸡、角鸡、鹁鸪、蓝背……第一组的回答结束!教师接着提问,哪个小组还找到了其他“稀奇”的事?第二个小组代表站起来说,我们组找到的是“看瓜”,教师问:看瓜怎样?“看瓜刺猹!”学生反应很快。对!教师给予了肯定,接着问:“是怎样刺的呢?找到关键词语了没有?”学生回答:捏、尽力、刺、一扭……“描写看瓜的部分有两次,你们小组都找到了吗?这是重点,咱们来读一读这两部分。”(这是本节课学生真正意义上的第一次读书)学生读书后,教师板书:看瓜。同时又简笔画了一个刺猹用的叉。接下来的教学过程同样呈现着“找”来的成果,学生依次汇报了“拾贝壳”“看跳鱼”的精彩过程。而教师也不失时机地引导学生理解这些有意思的、稀奇的事。最终归纳:这就是鲁迅先生对闰土依依不舍的原因。等学生的汇报结束,问题似乎也就解决了。一个自由的、快乐的、有着无穷的稀奇的事的闰土似乎被同学们“找”到了。

可是,这样“找”来的语文能帮学生“找”到什么呢?综观这一教学过程,教师的教学思路不可谓不清晰,教学情境不可谓不积极,学生参与、互动非常热烈,特别是对问题的解决,有的放矢,直奔学习重点,可谓教学效率很高。但是,这样的语文课似乎缺少了真正属于语文的东西。在学生的活动中,我们看到更多的是表现性的动手、动口,还有以“找”为核心的“课本观察”与“课本发现”。这样的活动过程能够培养学生的什么呢?或者说学生在这一过程中生成什么了呢?除了浅层次的思维灵活性得到锻炼,学生在语文学习中至关重要的精神的提升、情感的体验、人文价值的生成已经荡然无存了。归根结底,学生的语文素养就在语文学习中流逝了。如上述教例开始便呈现的问题情境，如果让学生结合“究竟是一个怎样的闰土让鲁迅先生回忆了那么多年？”这样一个问题，去读书、感悟，走进文本所描述的鲁迅的生活、闰土的生活，那么，学生就不仅能找到那些“新鲜事”“稀奇的事”，更能够体验到其中的无尽乐趣，而且也会心向往之，同时也能够走进一个自由的、快乐的、宽广的闰土的世界，那么，学生情感的投入、精神境界的提升是自然的。正是在这个意义上，我们说，学生的语文素养是意会的，而不是找寻的，语文教学的价值实现更需要学生个体的亲身“感悟”。

语文是“悟”的，“悟”的过程是一个学生主体意识主动跟进的过程，指的是“情感体验”，指的是生命沉浸其中的切实感受。当然，“悟”的过程并不排斥深刻的思维，恰恰相反，思维就融合在“悟”中，而不在“找”中。在心理学上，感悟也就是从大量的表象中通过亲身的理解与领会抽取典型、经典的过程，这一过程除了以情感作为典型特征外，更多体现的是一个归纳学习的过程，归纳的过程是思维不断提升、不断抽象的过程，其思维价值同样明显。而语文教学中的“找”，是在既定结论之下的演绎，但是这里的演绎并不同于自然科学学科中的证明，它只是用来观察、发现文本中已有的文字，所以，是没有思维含量的。正如上述教例中找到的四种“稀奇的事”，对五年级的学生来说，除了热热闹闹的简单活动，所得并不多。此类的例子其实很多，但我们往往习惯了这样的教学组织形式，就不再怀疑它的情感和思维价值了。再如在《军神》一课的学习中，教师带领学生抓住关键词“神”来体会刘伯承的超人表现，本来这是感悟刘伯承精神力量的核心所在，但是，虽然有了这样的准确定位，教师却带领学生走入了“找”的流程。师生将整个事件分成“手术前”“手术中”“手术后”三个部分，然后让学生分组、分头找体现刘伯承的“神”的地方。“军神”被同学们“找”来了，问题解决了，然而学生精神上却没有留下丝毫的痕迹。此外，对文章的肢解、情感的断裂在所难免。

说到底，之所以让学生“找”而不是“悟”，是因为“找”的过程对于接近标准答案更便捷，更符合教学过程的需要，更有利于在外在形式上“达成”教学目标。然而，能否引领学生自己去感悟，才是教师教学选择的基点。

那么,语文教学怎样不再“找”,而更多地体现“悟”呢？建立在承担学生真实发展的责任的前提下,同时可以有这样一些原则:一是从整体出发的教学结构。对于文学作品,要从“全豹”的认识延伸到“一斑”的雕琢,对语文技巧的学习和领会要在精神的引领之下,学习语文,技术要隐含在情感和人文的背景里,当前的语文教学恰恰颠倒了整体立意同微观技术的关系,使得语文教学成了单纯的语言文字训练。二是从诵读入手的教学策略。读与悟是紧密结合在一起的,如果说“找”与“悟”是相对的,那么,“读”与“找”自然也是相对的,给予学生诵读的时间是当前语文教学的一个共识,然而,学生的诵读到底有什么作用却并不为教师所理解,所以教师经常会产生讲了就比不讲好,读一遍不如讲一遍的错觉,读的落实成了语文教学中一个最简单的难题。三是从体验引入的语文思维。语文教学同样离不开问题的引领,但语文教学的问题解决不单单是探究性的,更多是体验性的,也就是说,语文教学的问题解决应当建立在思辨的、感性的前提之下,要的是深刻而不是精密,是个性而不是客观,所以,基于学生个体体验之下的语文教学问题解决是学生走向真正语文学习的开始。而最终的结果在于,是否真正从学生学习实际出发进行教学价值的选择,这就是教学面临的伦理选择。

探讨了语文,那么,数学呢？物理呢？音乐呢？是思？是算？是悟？是练？还是其他？教学是需要价值的,教学的价值就是学生发展的价值,惟其如此,才不会单纯地“找”语文,才不会单纯地“算”数学,才不会单纯地“唱”音乐……回归学生的价值需要,教学的问题其实很简单。

三、谁在乎价值？

学科教学是学校教学的主体,学科作为知识的呈现形态与学生发展的必要基础,成为教学分类的前提。在学科教学中,要遵循学科的规律来组织教学，要发挥学科的优势来拓展价值，这赋予了学科教学不可替代的地位。

由于学科大多是以知识体系来划分的，一般有着严格的分类标准与目标领域，因此在很大程度上失去了与学生生活的天然联系。教学改革希望学科教学打破单学科的封闭状态走向综合；主张学科教学回归生活，走近学生，恢复生活气息和生命活力。在综合化、生活化的背景下，学科的领域拓宽了，学科的功能发展了，而教学更加贴近了学生的发展需要。然而，对于学科功能的思考却不能伴随着学科教学的综合化、生活化而停止。

山东省昌乐县唐吾镇中心小学钟仁慧教师有过一次真实的教学经历——在教学《设计方案》时，为了贴近学生的生活实际，教师把题目改成了：我们学校要组织五年级全体同学乘车去“台子养殖基地”搞实践活动。大客车每辆能坐 45 人，中巴车每辆能坐 29 人，小车每辆能坐 17 人；大车每辆每次租金 100 元，中巴车每辆每次租金 80 元，小车每辆每次租金 60 元。怎样租车合算？

然后让学生小组合作，很快学生就给出了设计方案：(1)先求出总人数：45+48+49+3＝145 人。(2)需要的辆数：大客车 145÷45＝3(辆)……10(人)；中巴车 145÷29＝5(辆)；小车 145÷17＝8(辆)……9(人)。(3)方案。①用 4 辆大客车，需交租金：4×100＝400 元；②用 5 辆中巴车，需交租金：5×70＝350 元；③用 9 辆小车，需交租金：9×60＝540 元；④用 3 辆大客车加 1 辆小车，需交租金：3×100+1×60＝360 元。

最后学生们觉得用 5 辆中巴车最合算。“要是用 3 辆大车不是才 300 元吗？”一个同学在下边小声嘀咕了一声，教师没听清楚是谁说的，但是这个声音大多数学生都听到了。

于是教师问：“谁还有不同的意见？”郑伟同学站起来了：“老师，用 3 辆大车，同学们都挤一挤，那 10 个同学也就能坐上了不是吗？”

“是啊，是啊……”这一说不要紧，大多数同学竟然都同意他的意见。接下来的交流则大大出乎了教师的预料。

师：“为什么这样可以？谁起来说说？”同学们各自说出了自己的理由。

生 1：“一辆车多坐几个同学不就少交一辆车的租金吗？”

生2:“现在的客车大多都是一辆多乘好多人。”

生3:“那次我和爸爸去昌乐,那车上人多得都没地方站了。”

生4:“我知道多坐几个人就能多挣钱。”

怎么办呢?我也有些束手无策了。但我觉得还是应该把决定权放给学生。

师:“你觉得这些车主的做法合适吗?为什么?”小组同学展开讨论。

以下是同学们的意见:

生1:不合适,这是超载。

马上有人反驳:只要警察不查,就不要紧,再说可以省好多钱。

生2:不合适,这样很危险,很容易出交通事故。

生3:前些天我才听说一辆客车因为超载,又碰上雨天发生交通事故的事情呢。

……

看来,生活中并不自然包含学生发展必然需要的价值,甚至会有负面的影响,此时,学科教学对于生活的加工,对于生活的正面干预就显得格外重要,而且,教学更要主动成为学生发展的系统活动,而不应当是孤立的活动。好在,这位教师并未就数学而教数学,也没有回避生活中的价值困境,而是寻找到生活的价值内涵来引领学生。相信,这节课学生收获的不仅仅是数学知识。

学科教学是充满辩证的,如果说“全面”曾让我们在最美的幻境中焦灼徘徊,那么,拒绝极端的“和谐”则能够引领我们走入教学价值的“中间地带”。

下面是一位教师对自己教学的即时反省:

在教学寓言《掩耳盗铃》时,学生通过自主学习,大致了解了课文内容,此时,我留给他们一个问题:“这个故事告诉我们什么道理?”

正当学生对此问题各抒己见时,有一只小手高高地举了起来:“老师,我……”我一看,是班里的“机灵鬼”陈斌。“老师,如果我是那个偷铃铛的人,我才不会那么傻呢!”

“那你会怎么做呢?”我还未来得及张口,“调皮鬼”平凡已急不可待地问道。

“我会把别人的耳朵都捂上,然后再大模大样地去偷。”说完,陈斌嘿嘿地笑了。很明显,他在有意捣乱。此时,其他学生的兴致却被调动起来了,课堂上顿时掀起了一阵小小的波澜。

“老师,如果我是他,我先用一只手捏住铃锤,再用另一只手剪掉线绳,这样偷铃铛时就不会发出声音了,多么安全可靠。”周云笑道。

“老师,如果我是他,我会先用铁丝把他们家的门给盘上。这样,偷走铃铛后,门被锁上了,他们想抓住我,也出不来,只好干着急,干瞪眼喽!”又有学生献“良策”。

“老师,如果我是他,我会先借一个铃铛,在人家门口故意晃几次,第一次,第二次……家丁会出来看,当看过几次后,就再也不出来了。这时候,再去偷铃铛,多安全啊!”有意思,把“狼来了”的故事转换角度,以弊为利,有新意。

学生一个接一个,越说越起劲,简直无法控制,有学生甚至开始模仿偷铃铛的动作,也有的开始模仿着偷偷拿别人的文具。看着学生兴高采烈而又毫无节制的样子,我心里“咯噔”一下,陷入深思:教学的目的是什么?现在同学们对于偷盗一事这么津津乐道,出主意,想办法,甚至模仿,丝毫没有感觉到偷窃是一种可耻的行为,我岂不是在默许学生挖空心思去思考怎样偷盗别人的东西吗?我的教育是不是偏离了轨道?我必须有所反应了。

“说得好极了!同学们积极动脑,想出的办法实在是高明!我们也由此看出文中那个偷铃铛的人怎么样?”

“掩耳盗铃——自欺欺人!”

“非常棒!同学们说得对极了,但他还犯了一个更为严重的错误,同学们知道吗?”

“更为严重的错误?”学生们一脸茫然,转而认真地思考起来。一会儿,郭帅第一个发言:“老师,我认为他不该偷别人的东西!”

“为什么不应该偷人家的铃铛?”

“偷东西是违法的。”

“丢东西的人会伤心的。”

“是的,老师,那一次,我刚买了一只漂亮的钢笔,我可喜欢它啦! 可第二天,它被别人偷去了,我可伤心啦!”

……

学生纷纷谈论起偷窃给自己和别人带来的伤心和种种恶果。

“那我们小学生应该怎么做呢?”

“不能偷东西。”

“我们要做一个正直、诚实的人!”班长侯振妮总结似地说。

“对! 做一个正直、诚实的人!”全班同学情不自禁地握紧拳头……

我深深地吁了一口气。(案例中学生的名字为虚构)

是的,任何一门学科课程的价值功能都是三位一体的,既包含学科知识和能力,又包含学科思维方式、方法,更重要的是隐含着学科课程中的精神内涵。按照人的需要层次理论来看,精神层面的需要是更高级的需要,而教学对学生精神的提升无疑是促进学生发展的核心要素,同时也能够促使其更好地学习知识、形成能力和获得方法。价值永远是教学的潜在原则,也是基本原则之一。而这一节课差一点背离了这一方向,看来,追求标新立异要建立在深厚的价值认识的基础上。

教学中没有动人的故事,但却跳动着生命的音符。每一堂课都要在学生的生命中留下精神的触动,并逐渐汇成较为稳定的心理、情感品质,从而使教学功能具有整体性的价值取向。每一堂课最终的结果就是让我们的每一个学生在离开学校走向社会的时候,都已经对将要面对的生活做好了充分的准备,对自己当前的学习,特别是对未来的生活充满激情和梦想,而其生命价值、生命道德的生成尤为重要。在这里,我们看到了两位负责任的教师对于学生生命自由、健康发展的整体关注,他们在教学中即时的价值选择避免了课堂教学滑向道德与价值的对立面,他们的教学反思又使得课堂教学具有理性的色彩,洋溢着生命伦理的智慧光芒。

四、谁付出的努力更多？

我们真的应该更深入地从学生的角度来理解学生，因为从学生的角度理解他们的差异是对尊重学生主体地位的另一种诠释，也是促进有差异的学生公平发展的必然之路。学生需要教师走进他们的心灵世界去探求他们的发展需要，他们永远是一粒等待萌发的种子，只有提供适宜的环境才能保证其成长。

在教学评价中，虽然我们已经将发展作为基本的价值指向，但是，由于评价更看重的是结果，从而使其游离了学生的发展需要。如上述教学片断中所展示的，教师虽然理解学生的差异，但是在具体评判学生的时候，却又忽略了。

那么，从评价的角度来看，要真正促进学生发展，关键在于把握评价所面对的学生的根本特征，而学生的差异性无疑是最客观、最恒久的现实。唯有立足于差异来建构和实施的评价才是符合所有学生需要的，如果忽略了差异，单纯从“结果”来分析，则会使教学面临许多困境。

其实，评价只关注结果的状况是最为普遍的。比如学生甲在第一学年的测试中考了92分，第二学年93分，第三学年93分；而学生乙在第一学年的测试中考了58分，第二学年60分，第三学年59分。那么，对于甲、乙两名学生，我们会给出怎样不同的评判呢？对于学生甲，必然是“勤奋好学、成绩稳定、学习优秀”之类的溢美之词，因为他的成绩始终在90分以上嘛。而对于学生乙，则可能有“不可救药、不思进取、成绩糟糕”之类的贬抑评价，因为三年来他的成绩一直徘徊在及格线上下嘛。

是的，单纯从结果来看，这样的评判不无道理。

但是，回到过程，回到学生所付出努力的层面，结果又是怎样呢？

可以肯定的一点是，学生甲与学生乙在学业上是有差距的，如果把第一学年的成绩看作他们的起点的话，那么，学生甲的起点是92分，学生乙的起点是58分。成绩不能说明所有问题，但大致可以看出二人的基础是不相同的，这种不同不仅体现在分数上，而且体现在分数背后这两个学生的智力水平、学习方法、知识基础甚至包括学习的兴趣、专长等方面。我们可以大致得出第一个前提，即从成绩上来看，学生甲比学生乙显然更有提升的空间；第二个前提是，在以后的两年中，学生甲与学生乙面对的是同等难度的课程、同等条件的教学，以及同样的测试卷和同样的评分标准；第三个前提可否设想一下，学生甲承载着来自教师、家长、同学怎样的赞美与鼓励？学生乙在这两年中会承受来自同学、教师、家长多少嘲笑、否定？就在这样的三个基本前提下，学生甲随着课程难度、深度、广度的增加，成绩保持在92分左右，可见其付出了努力；学生乙同样随着课程难度、深度、广度的增加，成绩保持在59分左右，可见其没有努力。没有努力吗？没有努力他59分左右的学业水平能得到保持吗？从92到92是保持，是进步，从59到59就不是保持，就不是进步吗？简单的逻辑推理已经让我们在常态下的评价难以成立。

然而，这仅仅是其中的一个逻辑因子。如果我们再追问一下：面对不断增加的学业难度，学生甲与学生乙各自保持自己的学业水平，谁更困难一些呢？而且学生乙面对的不仅是自身基础、能力甚至是智力水平的差异，而且还要克服、战胜外界的评价压力。面对“差生”这样一个似无形又有形的沉重负担，难道学生乙真的没有努力吗？真的无可救药吗？真的就不如学生甲可爱吗？

当我们能够稍稍把评价的视角从结果转到行为过程时，差异便进入了我们的视野，理解便进入了我们的视野，我们会看到更多学生的付出。只有这样，教学才具有理解和公正的可能。

不可否认，教育的根本不从属于政治、不从属于经济，而是属于人，在于发展人。课堂教学就应从关注学生的学习过程来促进其主动学习与主动发展，人的发展最基本的方式是个体的人能够得到充分的发展条件和空间，面对作为集体形式参与到教学中来的学生，教师必须关注他们每个人的学习实际，使每个学生都能够通过教学过程而发生状态的变化，即有所建构。

怎样面对差异？

教学中，我们曾认真地承诺“要承认学生的差异、要尊重学生的差异”，似乎这样才能算作真正有道义的教师、有德性的教育。这是不错的，但这就够了吗？因为“承认”和“尊重”是被动的，似乎包含了教师太多的无奈。但是，我们是否应该意识到，正是由于学生的差异，教学才是充盈活力的；正是由于学生的差异，教学才会丰富而变化着；正是由于学生的差异，教学才成为具有人文情怀的艺术活动。教学因差异而美好！学生的差异体现的是生命的不同与生命的美好，这个世界也正是由于有差异的生命个体而存在。我们说，差异意味着尊严，意味着生命的独立性，差异不是需要承认和尊重的，而是需要敬畏和欣赏的。况且，脱离了对学生差异的敬畏和欣赏，我们所谓的“全面发展”、所谓的“面向全体”只能无奈地失去立足点。

教学评价观回归对学生差异的“敬畏”和“欣赏”，这又何其之难？人们容易欣赏一株草的鲜绿、一朵花的艳丽、一棵树的繁茂，却往往把不同的人当作同质的人去看待。在以自我为中心的价值判断中，异己的似乎已不可爱，评价本身即是异化客体的逻辑过程。“敬畏”和“欣赏”差异是超越的过程，这需要多么深厚的心灵关注啊！公正，并不像理论那样简单。

五、学生读书，我们在做什么？

教学场景一：

语文课上，年轻的教师正在带领一年级的小学生学习《四季》，春、夏、秋、冬四季不同的场景在教室里转换。在富有吸引力的课堂活动中，学生一会儿读书，一会儿写字，一会儿又开始了模拟表演，课堂气氛热烈而积极，四十多个一年级的小孩子在教师的带领下愉快地学习。整堂课快要结束了，教师要求学生把这篇优美的散文诗读三遍,试着背一下。学生一如往常地懒洋洋地读开了,在平时,一旦要求一年级的学生自己读书,而且是读好几遍,学生往往读完一遍就没了兴趣。这么一节大型的公开课,而且教师又是借班上课,课文虽不长,但是让学生连读三遍,学生会好好读吗?果然,学生一开始就没了精神,有的学生象征性地大声读了几句,声音就低下来了,而有的学生则干脆与其他学生聊了起来。可是,教师似乎没有理会这些,在学生读书的时候,这位教师也拿起书,一本正经地大声朗读起来。很多学生读完一遍后,习惯性地停了下来,此时,只有教师读书的声音仍然显得那么清脆、那么沉稳,教师似乎一点都没有在意学生的表现。仅仅过了几秒钟,停下来的小学生又开始朗读起来,这一次,学生不再懒洋洋,声音越来越响,精神越来越高昂,师生的读书声在宽阔的大厅内回荡……

多么动人。教育就在无声中,不,是读书声中展示了它的力量。然而,走进教学现场,在学生读书的时候,我们所看到的,更多的却不是这样,而是教师更加"负责任"的指导和引导。

教学场景二:

学习《长城》一课,教师组织学生有感情地朗读课文,因为学生此前已经一起学习、理解了课文,有感情地朗读没有多少问题。教师是这样布置读书任务的:"同学们,我们要有感情地朗读这篇课文,要读出长城的雄伟姿态,还要读出对于我国古代劳动人民的赞美和崇敬,更重要的是表达出你们自己内心的感情,下面开始读书——要注意姿势!"此时,有些学生已经等了很久。学生读书终于开始了,刚一开始读,教师便进行了"积极"的引导:"毛爷爷说过,不动笔墨不读书,同学们拿起笔来,边读边画或者写下自己的感受。"教师说完,在稍停了片刻后,学生再次开始读书,没过几秒钟,教师接着说:"在读书的时候一定要边读边想,长城带给你什么样的感受,要体会出来,读出来。"学生读书的声音明显小了。这时,教师感觉水到渠成,该提出新的要求了,于是,第三个要求应运而生:"在读书的过程中,同学们如果有什么想法,特别是新的感受,同桌之间可以互相交流、讨论一下。”到此，学生的读书声已然停了下来，同学之间开始了比较热烈地交流。从学生打开书开始读，一直到全部停下来，有接近6分钟的时间，可以说，教师给了学生较为充足的读书时间，然而，读得最多的同学也没有超过两个自然段。

实际上，《长城》一课教学中的现象，并非极端，而是广泛地存在着。另一位教师在《桂林山水》的教学中，虽然是面对小学高年级的学生，但仍然对学生的读书放心不下。在提出让学生把课文完整地朗读一遍的要求之后，教师紧接着又补充了三点要求：一是把课文基本读熟练，理解基本意思；二是把自己感觉最美的地方画出来；三是想一想为什么作者要写桂林的山水。而且，第二和第三个问题都是教师随机打断学生之后提出来的，学生的读书数次被打断。当学生读书时，教师开始在黑板上抄写作者简介以及部分问题（包括一个根据课文内容填空的问题）。一会儿，学生读完了，教师还在写，学生静静地看了有足足一分钟，教师才停下来，转过了身……

上述不同的教学场景呈现的是截然不同的教学形态和结果，从教学形式上来看，教师同样是要求学生读书，但不同的是，讲授《四季》一课的教师，通过自己认真读书的亲身示范来呵护了一个读书的场景，学生感受到了尊重，感受到了读书的严肃，读书的积极性被激发和调动起来；而执教《长城》与《桂林山水》两课的教师，一则因为太繁琐的要求而影响了学生的读书效果，甚至使学生无法读书；二是在学生读书时教师忙着自己的事情而无暇再次顾及学生到底是怎么读书的，这也蕴涵着教师对学生这一学习行为的不尊重。

显然，对于后两位教师来说，他们组织的读书活动是无效的。认真反思这两节课，在《长城》《桂林山水》的学习中学生的读书没有成功，应当有这样四个原因：（1）教师对学生的读书并不信任，给予读书的要求过多正体现了教师唯恐学生浪费课堂上的宝贵时间，希望学生读书就要读出效果来。教师的一再强调并不完全是对学生的读书寄予厚望，而是不信任学生自主读书的效果；事实上，在过多的要求之下，学生反而不能全身心地投入，读书的效果更差了。（2）教师对学生学习过程进行严密监控，将自己的意志强加于学生身上，唯恐学生的理解偏离了教师所期望的方向。因此,对于学生的读书有这么多的要求,即使再开放的要求,也已转化为限制,从而抑制学生读书时的情绪,使读书的过程没有了学生的个性与参与热情,读书成了机械活动,成了苦差事。(3)读书服务于教学需要,而不是学生读书本身的需要。就是说,教师让学生读书不是因为学生需要读书、需要理解课文、需要体验情感,而是根据教学流程的需要而安排的读书时间。这样,就不能希望学生的读书符合学生自身的需要了,那么,读书就有了一定的"功利"意味,所以,教师打断学生读书也就变得"顺理成章"了。教师在学生读书时忙自己另外的事也是这一功利性目的的体现。(4)教师对读书的理解仍囿于一项单纯的教学活动,而不是一个教学阶段。学生的学习当然是由若干个主体参与的活动构成的,但是这些活动必须衔接成一个整体的过程才能促进学生整体的发展,如果每一个活动是孤立的,其效果就远远不能达到促进学生发展的目的。在学生的读书过程中,学生可以对前面的理解进一步消化、吸收,同时生成新的感受和理解,这些都是学生的思维和情感前后贯通的结果,是教师的说教所不能取代的。如果以阶段认识观来对待学生的读书,就能够做出更有利于学生的选择。除上述四个原因之外,还有一点十分重要但也很尴尬的原因,就是教师的语言表达能力太差,话说不明白,对一些简单的读书要求讲不明白,所以就只能啰唆,只能不断地打断学生以求得学生对教师的"甚解"!

根源似乎能够找到,那么,学生读书的时候教师应该做些什么呢?《四季》一课教学中,这位教师已经给出了其中的一个良好选择。与学生一起读书,认真地、严肃地对待读书,让学生感觉到读书是一件多么重要的事情。鲁迅先生在回忆他的私塾先生时,印象里一个深刻的场景是先生陶醉地、沉迷地读书的场面,甚至连学生跑了都浑然不觉,可见先生在学生面前读书的投入与忘我。这一场景在幼小的鲁迅看来似乎是有点滑稽的,但是,谁又能说不是这位老先生的读书情绪感染并激励着鲁迅读书呢?与学生一起读书,是快乐的事情,更要以唤起学生读书的自觉,对学生进行有益的正面的价值引导,教师可以实践,这是其一。其二是把目光始终聚焦于学生的读书上,学生在读书过程中,并不是每时每刻都精力集中的,有些学生可能随时抬起头来看看什么,如果教师能够专注于学生，那么，学生受到教师目光的约束或者鼓励，就能够全身心地读书；反之，如果教师在黑板上写字或忙些别的，学生因好奇或好动而想看个究竟，就影响了他们的读书效果。其三是在布置读书任务时，应当限定一个，最多不能超过两个问题或要求，也就是说，用最简练的语言让学生明白一个读书任务即可。读书与感悟是个性化的，面面俱到的问题再翔实，如果学生沉入书中，也不会过多在意教师问了什么，而是感悟自己所感。特别是在学生专心读书的过程中，随意打断是最不明智的教学选择。其四是学生集体自由读书时，教师应尽量以一个整体关注的态势与学生做无声的交流，而不是与个别学生谈话、讨论等，以避免学生的精力分散。学生之间可以在读书时有所交流，而一旦教师参与了某一交流小组，那么这一小组自然成了其他同学关注的焦点，学生也就不再专注于读书了。

可见，学生读书的时候，教师所要做的只是一些小事，只是关注教育的细节。然而，正是这些细节蕴涵着美丽的生命的律动，蕴涵着教育的尊重，更蕴涵着学生的成长需要。

六、打点主体尊严

教学引领学生主体意识的发展，需要让学生喜欢教学过程本身，这样他们才能判定教学“是好的”，进而增加对教学的喜欢。斯宾诺莎曾经通过人的情感特征论及人的心灵与认识：“对于任何事物并不是我们追求它、愿望它、寻求它或欲求它，因为我们以为它是好的，而是，正与此相反，我们判定某种东西是好的，因为我们追求它、愿望它、寻求它、欲求它。”①好的教学有许多的标准，学生并不会过度在乎这些标准，学生在意的是什么呢？或者说，对于不同的生命个体来说，他们直觉中喜爱的教学首先应该是怎样的呢？毫无疑问，是与他个

① 斯宾诺莎：《伦理学》，107页，北京：商务印书馆，1983。

人有关的,是其感情全面介入的。只有教学属于他的时候,他才能够对此动情。如何才是属于?当然是学生在教学过程中得到了关注和尊重。人的发展不是被动的,也不是强制的,人在属于自己的领域里才能自主发展。

(一)回归于人的教学思维

教学常常太把学生当学生了,这样就容易单纯地把学生理解为“承担学习责任与接受教育的学习者”,学生成了被教育的对象而处于“被领导、被控制和受教的地位”(叶澜)。因此,“人”在这其中就无奈而深深地迷失了。虽然我们理解了教学的生命性以及生命课堂等理念,但是,仅仅让课堂充满“活力”并不是对人的唤醒,而仅仅是课堂行为的“苏醒”而已。

教学意味着唤醒,唤醒的是学生的求知欲望,唤醒的是学生丰富的情感体验,唤醒的还应当有学生智慧的投入,并包含更丰富而复杂的生命需求。在教学过程中,技术必须为思想服务,也就是教学行为要建立在教学思想的指导之下,而教学思想应该回归到“人”的思想上来。但是只重教学技巧,而轻视对“人”的深刻关注的教学却仍以许多“美丽”的方式存在着。

这是一个被认为“成功”的教学现象。一位小学教师正在带领学生上课,这时一只小蜜蜂飞进了教室,“嗡嗡”地飞着,并且不断“咚咚”地撞着教室里的玻璃窗。这样就吸引了学生的大部分注意力,此时,教师停了下来,问同学们:“谁能把小蜜蜂请出我们的教室呀?”有个自告奋勇的小男孩小心翼翼地把小蜜蜂从敞开的门中“请”出了教室。接下来的教学很顺利,而且同学们也比较兴奋。课堂洋溢着动感与活力。课后,有的专家大加赞赏这位教师,称其以“机智”保证了学生的注意力集中以及教学效果,赋予这一教学选择为教学机智的“唯一”可行性选择。

是的,如果从保证教学效果的角度来理解,把小蜜蜂“请”出去是高明的,对学生来说是有效的,而且就这节课来说,这样的教学已经足以让我们尊敬了。然而,我们还可以反问一下,效果真的需要这样“完美”吗?我们能否问一下,“教学机智”的指向是什么?是课堂教学的顺利推进?是知识学习的不受干扰？还是课堂学习的生动活泼？是的。但是仅仅如此就够了吗？显然不够,而且差得还很远。小蜜蜂飞进了教室,只能“请”出去吗？小蜜蜂在学生心里只能是个必须马上告辞的“不速之客”吗？

其实,学生对这只小蜜蜂不仅有着新奇感,而且,或许更愿意看看它能不能自己出去,或许更愿意与小蜜蜂亲密接触一番。诚如这位专家所言,如果不用恰当的方式把小蜜蜂“请”出去,可能它会在教室里没头没脑地撞上十几分钟后才能飞走……可是,十几分钟又有何妨？学生喜欢的,不正可以作为教学的资源吗？而更重要的是,这样的教学资源是牵动着学生的心的,小蜜蜂的哪一次尝试与失败不会触及学生幼小而敏感的心灵呢？当一群在认知的海洋里苦读的生命遇到一个洋溢着新鲜色彩的生命,会有多少故事发生呢？我们何必把这样邂逅的生灵匆匆地“请”走呢？“请”走小蜜蜂是为了教学、学生,还是为了“人”呢？

显然,这位教师的教学行为是值得肯定的,能够如此巧妙地将小蜜蜂“请”出去是“可喜”的;然而,如果教学情境允许,我们不把小蜜蜂“请”出去也会是“可喜”的。原来,教学是不能够有“最”的,在辩证中认识的教学“一切皆有可能”,适合的就是值得肯定的,值得肯定的却不一定就是“最”好的。所以,我们在肯定教师的教学机智的时候,却要警惕,有的专家单纯地肯定必须如此把小蜜蜂“请”出教室的价值判断是“可悲”的！即使“请”的方式是如此高明。

必须承认,学生是“生而为人”的学习者,“学习”无疑成为第一要务,但第一要务并不意味着终极的需要,学生的“成长”与“发展”才是其“学习”的目标所在。在对“人”的综合关注下,“学习”本身不再单纯指“特殊的认识过程”,而是一个生命的整体的发展过程。这一“整体的发展”当然与马克思的“全面发展”有着基本的一致性,“整体的发展”更多是就教学关注的范围而言的,是指向教师教学行为所应关注的人的生命伦理内涵的。

如此看来,教学思考的“人”远比思考学生更有广泛的意义。但是,人是什么？人的问题我们能说清楚吗？这似乎卷入了一个形而上的哲学命题中,虽然迄今哲学也未曾给我们交出一个满意的答案。人在生物学、伦理学、心理学、社会学、法律学等不同的领域,概念各有不同,作为教学观察,我们当然无须面面俱到地给出不同的解释，但我们都认可“人就是人本身”，人是发展的目的而不是手段，只有“人”才能够界定“人”的奇妙与伟大。我们不愿囿于概念的束缚，更愿意由“人是发展的目的”来触摸学生发展的脉搏。由此可以进一步来把握教学的规律，则更显现出了“人”的决定性，是“人”的发展决定了教学，而教学的改变又决定了“人”的发展。人是什么？人该怎样？显然，教学对此的关注注定是永恒的。

（二）关注教学关系的和谐

尊重主体就要给予主体自由，学生主体地位的实现一定是和学生自由的实现同步的。虽然，在教学中，自由的理想必然会受到一定的限制，这种限制使得自由更具有理性的价值。但自由仍然是基本的。教学存在于广泛的关系之中，包括学生个人与他人的关系，学生个体与自己的关系，以及更广泛、多元的“人—人”关系，和人与物之间的关系等。这些关系始终决定着学生的学习效果，亦决定着学生是否具有主体的地位，学生是否有主体意识和主体能力，决定着学生是否能在自由中实现作为一个“人”的“整体的发展”。

关系的力量，其中由关系而生成的环境的力量虽大，但毕竟是由人创生出来的。也就是说，教学关系和谐与否，在于教师对此的理解与操作恰当与否。构建一种和谐的关系，让学生得到“整体的发展”的和谐，这是教学生命走向的最终目标。对于教学关系的研究，可以切入的层面自然是多重的，其中既有交往层面的，如“多维互动”的教学关系；也有意义层面的，如“对话”的教学关系；还有伦理层面的，如“民主平等”的教学关系；等等。其实，关于教学关系的和谐，一方面是多重、多维度协调的和谐，而另一方面，更应当突出发展者本身的和谐。这就是说，一切外在关系的和谐，必须转化为教学的发展主体，即学生的内在身心、知能等的和谐发展。而实现这一和谐的策略只能是把学生当作一个“人”来看待，当作一个主体的“人”来尊重，使教学环境更加适应“人”内在体验的和谐，以此来促使其发展的和谐。

(三)升华为主体尊重的文化

马克思一方面肯定了人始终是主体,主体是人;另一方面又指出,对于现实的个人来说,人和主体并不是完全等同的,并非每一个人都是现实的主体。也就是说,"只有当人具有主体意识、主体能力并现实地作用于客体的时候,他才可能成为活动主体,具有主体性"①。在马克思关于人的主体性的论述中,我们看到教学对教师与学生同样充满期待,对教师来说,自我主体的实现既是教学过程中应遵循的要求,又能够使教师进行合理的课堂角色定位,使自身价值体验的实现成为可能,并引领学生主体主动建构;对学生来说,与他们平等的教师成为学生的最佳学习伙伴,得到尊重和彰显的主体意识促使学生的学习责任感增强,让学习成为学生的一种生命必须,进而使学生享有这种必须。

教学关系中的教师与学生的确可以称之为"双主体",这种说法即便在学理上存在问题,在实践中却又是如此被需要。"双主体"关系下的尊重之教在于教师对学生的尊重,也在于对自我的尊重,这也就实现了对教学的尊重。打点主体的尊严,就是实现最广泛意义上的对教学中的人以及与人有关的教学因素的敬畏。

看来,教学中的尊重不仅限于教师对学生的主动体恤,毕竟,这种力量不会持久,教学过程不仅受制于一时的教学情境,而且由于在班级授课制中学生长期共同相处的现实背景,学生的受尊重程度还来源于日常形态下潜在的一种文化影响。文化既是一种精神和物质成果,又是一种精神活动和实践活动方式,而当这种方式具有一定的稳定性和影响力的时候,文化又会反作用于处于其中的每一个人。由此,教学过程自然会受一定文化的影响。如果在一种相互尊重,以及包含审美期待的文化氛围中,那么每一个学生都会成为审美对象,都会处于情感的愉悦状态,此时,学生的尊严才得以彰显。因此,教学过程应当是一种相互尊重、相互欣赏的文化的构建与涵化过程。当这种尊重、欣赏

---

① 袁贵仁:《马克思的人学思想》,116页,北京:北京师范大学出版社,1996。

的文化环境得以形成，学生将会对学习同伴、教师生发出自然的审美观照，道义上的平等与尊重将自觉积淀于其行为之中。这样，每一个学生都将享有被尊重的尊严；每一个学生都能被关注到，他的优点被放大，他的缺点被坦诚地指出并得以善待；每一个学生都以个体的不同来建构共同的学习环境。有主体、有尊严地学习，学生的发展也就更趋向于主动和健康。

由此看来，把学生当作一个具有丰富个性与情感体验的人，不仅是一种教学思想，也是一种教学道德和教学情怀。

第八章

未来与辩证

大数据、云计算、后现代、信息技术,我们需要在课程领域来探究其颠覆性的影响力,然而,这也是教学面向未来的话题。根基与生长从来都是在辩证中发展的。带给学生知识的教学不一定带给学生智慧,带给学生智慧的教学一定让学生同样拥有了知识。教学伦理的根本归宿是学生,学生有所获得、有所发展才是教学的完整追求。我们期待教学的开放与创新,也同样期待教学的扎实与忠诚。知识的储备、智慧的生成都是教学的基本伦理基础,那么,学生的智慧发展从何而来?又向何处去呢?教学的逻辑主体是学生。在此基础上,我们再一次回到教师的层面探究问题,同一个命题,我们再进一步,向着学生身处的这个世界:自我与他我、现实与未来、真实与虚拟。

引例

这是解相花老师的教学观：

多尔认为后现代型社区，是一个“没有人拥有真理而每一个人都有权利要求被理解的迷人王国”。后现代课程观由封闭走向开放，课程实施不是在某条路上找到自己有关的问题，也不是一种沿着别人所规定好的路线前进的活动。课程应该由自我去建构。第一，抛弃线性的预定的课程。第二，抛弃“目标游戏”，使课程成为一种迷失的机会。第三，创造身份。带领学生离开机械单调预先设定的清晰可见的路线，而进入“迷途”，转向自己身份的创造。学生的学习是师生通过不断对话探究未知领域的过程，在不断探究课程过程中，真正的知识或观点不是预设的，而往往是在“未经探索的联系中”、在“半遮半掩和半透明的可能中”逐渐地被创造出来的，课堂充满着神秘。同时，为了保证教学过程的高效，必须保证能让学生积极自主反思、积极与文本对话，创造出更多灵感；尤其在学生与其他因素作用时会有许多交接点，这些是具有催化作用的点，是“保持在学生能力成长边缘上”的点，教师在这些点出现时及时给予适当的干预，在课堂教学过程中引发一种有效的快乐。后现代课程的实施特点无不说明这是一个不可预测的充满魔力的世界，孩子在不断转向自己身份创造的过程中，遨游在快乐的王国里。

新课程改革提倡课堂重视师生互动及对话。这正如戴维·伯姆所言：“对话仿佛是流淌于人们之间的意义溪流，它使所有对话者都能参与和分享这一意义之溪，并因此能够在群体中萌发新的理解和共识。”[①]课堂就是快乐的迷人的溪流。

---

① 戴维·伯姆：《论对话》，王松涛译，6页，北京：教育科学出版社，2004。

一、被忽略的内在逻辑

在课堂教学过程中,教师的活动既是脑力劳动又是体力劳动,而脑力劳动无疑是占据主导位置的,体现着教学作为人与人交流活动中情感和认知交融的本体性特征。教学的思维价值还体现于教学理解中。

当确立了“教什么”这一前提性教学目的取向后,“怎么教”与“怎么学”便成为教学过程中互为依附、互为辩证的存在。互为依附是说“教”与“学”是教学本体存在的两个方面:“教”是由“学”的需要而确定的,“教”是为了唤起“学”,没有“学”的“教”与违背了“学”的“教”都是没有意义的;而“学”因“教”而生成,往往因为“教”的改变而引发“学”的改变,“教”服务于“学”却往往主导着“学”的方向与质量。互为辩证是说“教”与“学”代表了教学主体的价值博弈:教师的价值引领与学生的主动建构并不一定同时发生,引领需要过程,合乎目的性是教师的内在期望,教师期望完美呈现并完成自己的教学预设,这需要时间与空间;建构更需要过程,合乎规律性又成为学生的根本需求,学生需要自我发起、自我组织、自我调控与自我评价的学习过程,这也需要时间与空间。

于是,当教学在实践论上给予学生充分自主、自由的学习时空的时候,却又常常受制于教师原有的价值认知而剥夺学生的学习时空。所以,越是到了学习的重点部分教师会讲得越多,越是学生遇到问题的时候教师感觉需要讲的也就越多,而这些时候,却最需要学生静静地思考下去、慢慢地领悟出来。

在一节高中语文课上,教师带领学生学习《念奴娇·赤壁怀古》。显然,这位教师的古典诗词功底是很深厚的,在了解作者创作这首词的背景部分,教师提供了充分的素材和分析:词作于1082年(神宗元丰五年),苏轼时因“乌台诗案”被贬黄州已两年余。当时作者因心中这种莫须有的罪名被贬的无尽忧愁却无从述说,在山水美景中调节心境;这天来到黄州城外的赤壁(鼻)矶,此处壮丽的风景、独有的历史使作者感触良多，更是让作者在追忆当年三国时期周公瑾无限风光的同时也借以惜今，感叹时光易逝。

在通过词句分析周瑜的形象特点的过程中，教师借用“遥想公瑾当年，小乔初嫁了，雄姿英发。羽扇纶巾，谈笑间，樯橹灰飞烟灭”等词句，将周瑜的形象准确、生动、形象地做了概括。语言丰富、内涵深厚，极具感染力。

——这是课堂刚刚开始。

接下来，由一个学生来谈关于描写周瑜形象的语句，这个学生说得也非常好，足以看出高中学生的阅读理解与表达水平。然而，教师是这样评价并组织下一阶段的教学的：

师：好的，同学们，我们需要一点一点地来分析周瑜的人物形象，刚才这位同学说得太多了，我们需要回到词句来逐一理解。

“小乔初嫁了”表现了什么？

（师生交流后）生答：年轻得志（侧面描写）。

师：“雄姿英发”表现了什么？

（师生交流后）生答：英俊潇洒（不仅是诸葛亮）。

师：“羽扇纶巾”表现了什么？

（师生交流后）生答：儒雅斯文（借喻）。

师：“谈笑间”表现了什么？

（师生交流后）生答：作战指挥若定（大将风范）。

师：“樯橹灰飞烟灭”表现了什么？

（师生交流后）生答：足智多谋，胜局已定（曹军惨败）。

接着，教师用三个关键词来综合阐述周瑜的形象。

——这时，课已经上了15分钟了。

教师的语言已经不再具有感染力，在对词句的串讲串问中，语言变得啰唆，逐字逐句的分析不仅不能够让学生深刻体悟作者在词中的深意，而且让词句本身的美感也逐渐消失了。

接下来是作者苏轼借古喻今的抒情,教师为了让学生领会得更为深刻,设计了这样的表格:

人物	周瑜	苏轼
建功年龄		
职务		
际遇		
外貌		
人生		

这样的表格设计能够让学生在对比中直观感受到人物的特征,对于理解作者苏轼的情怀有着很清晰的引领,问题却是:这一表格中的内容是由教师填写出来,直接通过大屏幕展示给学生的。如此一来,学生又一次成为了旁观者。

——这时,课已经上了31分钟了。

教师的嗓子沙哑了,这时教师补充了一首词《卜算子》:

缺月挂疏桐,漏断人初静。
谁见幽人独往来,缥缈孤鸿影。
惊起却回头,有恨无人省。
拣尽寒枝不肯栖,寂寞沙洲冷。

教师读这首词的时候,嗓子沙哑,很是疲劳,情绪的调动、情感的抒发已经很不充分。足足半个多小时的宣讲让教师的激情也逐渐消退。

借助两首词,教师讲了苏轼的哀而不伤、悲而不馁。

教师讲得依然投入,依然辛苦;而许多学生已经开始走神,有几位在后排的学生已经睡着,学生学得似乎并不辛苦。

在整节课的归纳总结之后,教师以“观历史之景,写历史之事,感人生如梦,抒一己之思”来综合概括。

课下,老师很自然地表露出了“疲劳感”与“满足感”。因为整节课类似体力劳动的宣讲让老师疲劳,而把自己认为该讲的都讲完了又是一种满足。这是一种崇高的疲劳、崇高的满足。

就教学结构来说,不可谓不完善,而学生所能够听取的都是有益的、有用的讲解分析。然而,这种类似“体力劳动”的课堂在教师的“疲劳”与“满足”中缺失了教学的本体逻辑。在教学现场、在反省教学过程、在寻找教学价值中,这节课失去的是学生,我们曾试图但是没有记录下学生哪怕只言片语的精彩,从一个过程意义上说,没有了学生的学习过程,教学本身已经是残缺不全了。

暴露出的问题并不陌生:

我们会说:老师独占课堂让学生失去了深度思考的机会;

我们会说:满堂灌让学科教学本身的价值丧失了;

我们会说:教学关系的调整理应成为课堂教学改革的第一步;

我们会说:转变教师的观念才是实现学生主体地位的要义;

……

对问题的思考却是复杂的。

就这节课来说,反映出的现象并不是孤立的一两位教师的问题,也不是我们未曾意识到的问题,问题在于,为什么我们的选择与我们的理论认知往往并不相符?意识到了的问题无法改变真的是一种无解的现实存在吗?

胡塞尔曾经判断:“近代科学放弃了那种真正科学的理想,此理想自柏拉图以来曾积极活跃于科学内,并在实践中放弃了科学自身责任的彻底性。”这就使得现实中的科学非常不完善,而造成这种不完善的原因是“在专业科学形式中的科学成为一种理论性技术,它像通常意义上的技术一样,更多地依赖于一种‘实践经验’,此经验来自一种多方面的和经常运作的实践活动本身(依赖于实践中所说的‘直观’、实际的策略和识悟),而较少依赖于对所实行的成就之理性中的明见性”[①]。

教学不缺少理论，但是我们在教学实践中却放弃了对“真正”的理论与实践的认识，常常将附在表层上的话语体系、经验逻辑作为先验的阐明或已被证明的理论，这样就失去了对于内在本质的思考，本体性和价值性的双重缺失让教学既没有方向也没有了内涵。

教学何为？指向于人。价值何在？同样指向于人。而且是人的真实的发展。

可以再将其归属于教学是否具有了“发生学”的意义。教学的发生需要真实存在着的现实意义，简而言之，就是需要从学生的发展上来关注教学的价值。

以此看来，能否调动教师自我深入教学的内在逻辑之中，探寻教学的逻辑起点和现象学的意义才是可为之路，这也是胡塞尔所认同的：“只有通过进入产生认知和理论的内在性，即先验内在性之深部的一种原则性阐明，所产生的真实理论和真实科学才能被理解”，而“此存在是科学在其理论中由真实的存在、真实的自然、真正的心灵世界产生的”[②]。真实是第一要务，无论存在、自然，还是内心世界。

回归教学来观之，教学之本是为人本，教学之理是为人理。

深入教学内部就是深入到学生的需要里去，找到学生与教学共鸣的真正支点。形式的改变是受内涵改变所导向的，也是存在于内涵改变之中的。从《学记》开始，从孔子的教学方法中，就充盈着对于现实的批判，然而，类似于今天已形成共识的理念却仍然没有被实践，问题在本不在末。

---

① 胡塞尔：《形式逻辑和先验逻辑：逻辑理性批评研究》，李幼蒸译，3页，北京：中国人民大学出版社，2012。

② 胡塞尔：《形式逻辑和先验逻辑：逻辑理性批评研究》，李幼蒸译，12页，北京：中国人民大学出版社，2012。

二、"问题"的问题在哪里？

在悲壮的音乐以及宏大的黑白画面的电影片段中，狼牙山五壮士的形象走进了学生的心灵深处。教师选择了剪辑音像片段的方式引导学生进入《狼牙山五壮士》的学习，不仅吸引了学生，而且一下子就把学生带入那段历史情境之中，为学生奠定了情感的基调。然后，在适当的谈话引导之后，教师让学生带着四个问题去读书：(1)知道五位壮士是哪五位壮士吗？(2)这五位壮士有哪些壮举呢？(3)他们是怎样完成任务的呢？(4)接受任务之后五壮士是怎样做的呢？学生带着这些问题开始读书。一会儿，学生读书结束，教师针对提出的问题检查学生读书的效果。

教师提问：同学们读书之后，知道这五位壮士都是哪五位吗？（学生回答略）他们有哪些壮举呢？学生回答：阻击敌人、英勇跳崖等。接着教师提问第三个问题，即他们是怎样完成任务的呢？这时，学生中没有人举手，教师有点着急，于是叫起一个学生，她回答：他们是英勇完成任务的。（显然教师觉得不满意）教师又叫起了一个男生，他回答：老师，对不起，我没有想好！于是，问题又到了第四个：在接受任务之后，五壮士是怎样做的呢？学生举手或被点名一一回答并经教师整理后，结论是一个过程：接受任务——痛歼敌人——引上绝路——顶峰歼敌——英勇跳崖。于是，教师把这五个词组板书在黑板上，根据这样一个顺序来组织学生再次分段落读书，学生读一部分，然后师生就共同分析、讨论这一部分，一节课的学习就这样有条不紊地进行着。

来看教师所提出的四个问题，从"知道这五位壮士都是哪五位吗？"到"接受任务之后五壮士是怎样做的呢？"可以看出，学生的思维是经历了很大的转换的。首先，第一个问题太简单，似乎没有必要来探讨，单纯的五个人的名字，在学生初次读书的时候并不具有特别的意义，这样的问题无非是为了问而问，是为了引起学生的注意；而第二个问题"这五位壮士有哪些壮举呢？"又似乎太过宽泛，毕竟是学生的预习性读书，只是初步的自主学习阶段，让学生一下子归纳五位壮士的壮举，就把学生带入了归纳思维的情境之中，学生必须停下来，反复读书、反复思考才有可能完成，所以学生的回答不可避免地空泛，没有情感色彩；问题更大的是对于“五壮士是怎样完成任务”的这一问题的回答，一个小男孩给出了“对不起，我没有想好！”的回答，是的，对于这样一个问题，学生的确没有想好，如果让老师来回答这样一个问题，我们认为也的确是难以一时想好的。应当说，五位壮士胜利完成了交给他们的任务，但这只是结果，具体是怎样完成的，真是不可能通过一句话说清楚的。那么，教师提出这样的问题，出发点是什么呢？很明显是为了教学过程的需要，也就是说这些问题是逐层深入的，特别是最后一个问题，就是为了让学生说出“接受任务——痛歼敌人——引上绝路——顶峰歼敌——英勇跳崖”这样的过程，以便展开下面的教学，然而，这些问题对于学生又有什么实际意义呢？

从这些问题中，我们能够发现教师提问存在的欠缺：(1)不能够有效唤起学生的思维。问题会产生两个极端的现象，如果问题太容易，那么学生不需要思考就能够回答，这样的问题没有思维的价值，不能有效唤起学生的思维；但是，如果问题难度太大，在课堂有限的时间和空间里不能让学生获得成功的思考体验，也不能有效唤起学生的思维。如上的第一个问题以及第三个问题就是两个典型的极端的例子。当教师的提问无法适应学生的思维实际时，在很大程度上已经造成了教学的失败。(2)与教学情境没有直接的联系。应当说，在这一节课中，教师在课堂伊始创设的教学情境是符合课文的情感基调的，但是，随着学生读书的开始，学生所面对的问题便不再具有感情色彩，更多的是解决如何理解课文的问题。上述四个问题的指向是学生如何理解，而不是进一步增进学生对于文章的情感体验，完全理性的问题对于语文教学是没有精神提升作用的。(3)随意性提问没有内涵。突出体现在为了提问而提问，问得随意，甚至有时候不需要学生回答，这些问题充斥课堂是现代教学的典型特点，也是必须解决的。我们经常遇到的教学现象就是教师的每一句话都构成问题，而学生的课堂语言也成了对问题的回答，课堂就在这一问一答中推进着，而学生的思维无疑是停滞的，回答问题也变成了“口是心非”的应付。(4)

问题的基点不是学生学习。不可否认的是，问题应当是属于学生的，只有建立在学生需要的前提和基础之上，问题才有存在的必要。然而，在很多情况之下，教师对问题的把握并没有从学生角度出发，如前所述，问题没能引起学生的思维是一个方面，而不能有效地引领学生的学习方向又是极为重要的另一方面，正如上面这位教师所提出的几个问题，对于学习方向的引领是模糊的，学生只是在回答，而在认识上、情感上却没有明白自己还能继续深入做点什么。(5)问题不明确。如果问题需要引起学生足够的重视，那么，提出明确的、具体的、可感可接纳的问题无疑是帮助学生学习的关键。而事实上，学生接触到的问题经常是漫无边际的，有些甚至是没有经过教师的思维而强加给了学生的，如上面的“他们(五壮士)是怎样完成任务的呢?”这一问题，看起来容易回答，然而在当时的情况下却不能回答，是一种随意的、空泛的问题。(6)问题的呈现方式单一。问题的价值不仅在于问题本身，而且还体现在问题是以什么样的方式呈现给学生的，因为呈现方式的不同也会带来学生对问题的接受和理解程度的不同。

那么，怎样才能避免上述的欠缺，而使问题真正有利于学生的学习与发展呢?研究学生的认知前提，了解学生在这一学习过程中的需要，这是预设问题的必由之路。我们强调学生在课堂上的自由发挥，特别是将教师预先设计学生的回答或学习状态视为大忌，主张以开放的、不可预知的观点来看待学生的课堂活力。事实上，对有经验的教师来说，大部分教学过程和课堂情况是可以预见的，并且，只有将课堂教学过程中的大量问题进行了充分预见，才能在课堂上发现没有预见到的、具有创新价值的信息。预见学习过程的前提是教师充分地研究、了解学生。

研究学生，一是研究学生的学习心理。这应当作为一种基本的备课常识，或者说，教师对学生学习心理的研究是一项必须的、长期的、存在性的教学活动，而不是每准备一节课，每准备一个问题都要事先对学生的学习心理研究一番。教师对学生学习心理的研究与分析必须有准备，对学生不同年龄阶段的心理发展状况，学习不同特点的知识时的心理等要有大致的了解，甚至是清晰的判断。二是研究学生的已知经验，包括学生的知识储备、能力基础和生活经验。通过对学生已知经验的深入研究和掌握,使生成的问题能够架起新知与旧知、知识与生活之间的桥梁,从而借助问题唤醒学生的已知经验,为学生的学习与探讨提供支持,同时也为教师把握问题设计的基点提供参考。三是研究学生的发展潜力。基于提出良好问题前提下的学生研究,应当重在研究学生的发展潜力,即研究学生借助问题的引导,能够达到什么样的学习程度,还有多少提升的空间,依据学生的潜力设计并提供适合学生发展的问题。研究学生还应当注重对不同学生差异的研究,可以说,只有关注到了学生的不同点而设计出的适合不同学生进步所需要的问题,才是最具教学功能的问题。四是研究学生的"生成"空间。问题并不仅仅来自于教师的预设,更有价值的问题是在课堂教学过程中生成的问题。一般认为"生成性"的问题是不必提前预设的,是始料不及的,随课堂的推进,教师能够机智地、有效地运用和处理就行了。其实,"生成性"的问题也来自于教师对学生的创新思维、能力走向的理解,来自于教师创设的积极有效的教学情境,因此,预设良好的教学环境是问题生成的前提。

那么,一个建立在学生所需要的背景下的问题在内涵上以及呈现上应该有哪些基本的特点呢?主要可以从以下六个方面来把握:

第一,问题鲜明准确。能够让学生准确触及问题的实质,力求借助问题激发学生的学习动机,发挥问题的导向功能。鲜明性并不是突兀的、让学生措手不及的,而是生动的、易于接受的,使学生一接触到问题便能够很好地进行思考或展开各种学习活动。

第二,问题自然渗透。问题不应当是生硬的,特别是在问题呈现给学生的时候,不要让学生感到无所适从,而是从内涵到形式都要渗透到课堂教学的大情境中,符合教学情境的特点以及学生的接受习惯,自然地让学生去接纳它,从而思考它、解决它。

第三,问题具有延迟效应。当学生在积极学习或思考时,教师设定的提问可适当延迟,欲扬先抑,让学生有了自己独特的感受后教师再将问题呈现给他们,这样,问题的效度更高。延迟性的问题本质就是提供给学生发现问题并且主动解决问题的机会,给予学生更多的解决问题自主权。

第四,问题与方法的同现。问题往往伴随着解决的方法或者问题解决后的评价。许多教师习惯于在提出问题的同时,将方法或问题的评价提示出来,应当说这是一种有效的教学策略,但太过主观,不利于学生在解决问题时个性化或开放式思维的产生。因此如"同学们找一找……""你能用比较的方法来理解……"等之类的话,可用但不宜用得太多。

第五,问题伴随着激励。问题的呈现往往伴随着激励,特别是小学阶段,教师往往用诸如:"通过努力,这个问题同学们一定能解决好!""谁能用最快的速度解决这个问题?""看哪个同学能最先记住本课的 8 个生字?"等话来激励学生。问题伴随着竞赛、伴随着激励,能够有效地调动学生的参与热情。

第六,问题的咨询性。一位教师在让学生进行统计学习时,这样呈现问题:"校长要给我们班的同学买运动鞋,可老师不知同学们穿多大号的,没法向校长交差,谁来帮帮老师?"这样带有咨询性的问题,也带有良好的启动功能,人文色彩特别浓,学生的参与欲望很容易得到激发,解决问题的意识自然也就增强了。在很多时候,最有效的呈现问题方式并不是祈使句,而是以商讨的形式呈现的。

三、智慧在哪里?

过程与结果,这是教学中必然会遇到的两个对立的问题,教学当然重结果,但过程同样重要,甚至对于学生的自主体验、自主建构来说,过程更重要。

但是,重视过程显然又会成为教学中一个自我矛盾的悖论,也会成为一个虚假的判断。因为任何教学都是有过程的。即使我们有意识地将过程抛置到一边,我们仍然要经历一个过程,这时过程就没有意义了。可是在教学中,我们看到的教学过程往往就是这种没有过程的过程,所谓的过程也仅仅是结果的提前预设而已。

那节课是《祖国不会忘记他们》。教师让学生分成四个小组，即“科学家组、航天英雄组、先进人物组和其他英雄组”进行讨论交流。而学生的交流仅仅过去了十几秒钟，教师便以“时间关系”为由让学生停止交流。这时，教学进入到了全班层面的成果交流阶段：我们看到了邓稼先，而更多的是氢弹爆炸成功时激动人心的场面；我们看到了航天英雄，而更多的是载人航天器点火飞越太空的动人画面；我们看到了袁隆平，而更多的是丰收的稻田和领导人的接见……

在直观的多媒体课件中，呈现出来的是教师预先设计好的视频材料，而且这些视频材料是如此的令人震撼。可是，这是学生的真实感受吗？再细问一下，祖国没有忘记他们（英雄的科学家们），学生真的因此也不会忘记他们了吗？

这里的展示，是见事不见人的，学生看到的其实仅仅是他们的丰功伟绩，而丝毫没有感觉到“人”的人格魅力。进一步说，这些丰功伟绩得来的过程，是学生没有，也是无法获得的，如此一来，所谓的英雄，所谓的功勋，怎能不成为符号、代号呢？

我们仍然不愿意过多地向这位教师寻求答案，因为受制于一节课，受制于教学目标和学生实际，能够如此精心设计已属不易。

我们需要反思的是，在潜意识里，在我们的文化传统里，是否有着这样的默许呢？

英雄的功德不应忘记，可是，没有“人”的“英雄”还是英雄吗？我们已经习惯了昂起头来歌功颂德，却不习惯低下头看看创造历史功勋的是怎样的“人”。

是的，我们有“只以成败论英雄”的定式，我们也有“胜者为王败者寇”的困境。迁移到其他的领域里，我们在习惯中相信了“高效率”是最好的，而忘记了“负效”也可能是“高效率”的。回到教学中来看，许许多多所谓的“高效教学”就成了对教学结果的急于求成，而对于过程则往往遮遮掩掩，点到即止。

如同在这节课中，教学资料展示的是英雄的“那个样子”，是那一幕幕激动人心、震撼心灵的场景，而英雄“怎么成了那个样子”的过程却没有，甚至于成就的意义是什么都没能让学生体验。学生感动于事，却没有感动于人，最先淡漠忘记的也会是人。其实，就是因为过程的缺失。

张志勇研究员提出了“智慧复演”理论，希望让学生经历一个知识或事件的产生与发展过程，重新在一个“类似情境”中经历或者演绎在人类文明成果形成过程中所蕴含的智慧与情感。这才是真正的教学过程。

过程是有体验性的，是需要学生调动自己的情感和智慧回到情感和智慧的生长点上，以此启动学习，从最初的样子开始的。

过程是有创造性的，是基于文化的真实而由学生进行主动建构的，是抛却了结果的禁锢而重新生成和创造的学习，是走向不断创新与完善的。

过程是有思辨性的，是因为学生与个体思维的参与而无限开放又无限统一的系统性活动，它在结果的范畴内却不受结果的控制。

过程是有交互性的，在真实的教学过程中，学生与学习信息、与教师之间才能产生交互共进，才能使学生的学习过程成为一个在多元关系中和谐、平衡发展的过程，才能让学习变得深刻。

过程是有真实性的，这才是教学最期望的，学生能从教学过程中获得真实发展，是因为教学展示给学生一个人类文明产生、发展、成熟的真实场景与过程。

过程是有道德性的，目中有过程的教学，也就是目中有人的教学，是从人出发而不是从知识出发的教学，体现的是教学对人的理解。

过程是有效益的，即便回到效率、效益上来，只有过程才能使教学结果的呈现有丰富的铺垫和合理的解答，这也是最大、最优化的效益。

可是，教学选择过程了吗？信任过程了吗？教学带领学生走向“知识”这一结果，还是引领学生回到知识产生的“过程”这一过程呢？如果这些问题并没有搞清楚，所谓的教学“重过程”也非重真实的过程，值得我们欣慰并置身其中的过程其实也只是变换了呈现方式的结果而已。

四、为谁“设计”？

在加涅教学设计理论的主张中，提出了教学设计的最佳途径是根据所期望的教学目标来安排教学。我们虽不能简单将其归纳为一种在目标分类基础上的教学愿望，但至少，有教学的方向性才能更好地设计教学，而教学目标承载的是教学的期望，理应是学生的发展，如“理智技能、认知技能、言语信息、动作技能、态度等”。

适应学生学习而非适应教师教学的设计才是有效而有益的。我们的教学过程是怎样服务于学生的发展愿望的呢？

这是一节二年级的数学课，内容是“退位减法”，而另一位老师同时上一节三年级的“连续退位减法”。

从内容的编排来看，教科书体现了递进性，也就是符合了加涅所主张的“累积学习”中的学习层次理论。

在“退位减法”的教学中，教师首先提供了“6 捆”与“6 根”小棒，代表 66，然后教师拿出 8 根，问学生怎样列算式，学生说：“66-8=”。这时，教师让学生说出结果是多少，一个小男孩边摆边说：“先摆 6 根——再摆 6 捆——6-8 不够减——从 6 捆中拿出 10 根组成 16 根——然后再拿出 8 根——这时还有 8 根——数一数就是 58 根。”他的演示与回答赢得了大家的掌声。然后第二个学生重复了第一个的做法，也获得了正确的结论。然而，当教师把题目修改为“66-38=”时，问题出现了，小棒不够用了，这时候，教师只好把题目改回了“56-38=”，显然，遇到障碍时选择回避。此时便使教学过程失去了一次由特殊、个性化走向一般规律的机会；而且除了摆小棒这一教师设计好的思维过程，师生再也没有尝试任何其他解决问题的办法，整个实践过程也在中规中矩、按部就班地执行教师设计过程中结束。

第二环节教师终于要从数学实践引向数学方法了，但教师提出的问题却是“怎样用竖式来解决摆小棒所能解决的问题?”这样,就直接取代了学生的思考和尝试,因为学生在学习两位数加法时已经掌握了竖式问题,所以学生很容易将“56-38”转化为竖式,这时,教师开始讲两位数减两位数的退位减法要注意的问题是什么:一是相同数位对齐;二是从个位减起;三是个位不够减,要从十位上退一,在个位上加10,再去减。这个时候,要在十位上加上退位点。于是,学生按照老师的指导,很快呈现出了一个正确的算式。

第三环节是教科书第19页的练习题,笔者在这期间巡视了课堂,发现出错的学生寥寥无几,也就是说,整个教学的结果是学生都会了,至此,是否意味着这节课教学设计与实施是成功有效的呢?

稍加分析就不难发现,在这节课上,实践探索环节与学生学习“退位减”的过程是脱节的:摆小棒演示的是隐含的“借”,“零”向“整”借“1”,这一过程没有在教学中总结提升;因此,第二环节的教学事实上是从“零起点”开始的灌输,是单纯的替代学生突破思维冲突的灌输结果。结果是学生会做题了,但隐含着的是这一教学内容从知识本身来说是简单的,已经学过个位数减法与两位数加法,特别是“进位加”之后,学生可以借助“摆小棒”之类的实践活动以及借助“进位加”的规律推演、归纳出“进位减”的基本运算规律。然而教学设计的是两个并没有真正关联起来的教学活动,所以最终演化为教师告诉学生“计算规则”,而学生记住规律就会做题。对于学生来说,数学实践、数学思维、数学方法都未曾感悟。

其实,在学生运用木棒解决问题以致引出竖式后,可以追问学生是怎样想的,让学生将竖式计算与现实生活、动手实践结合起来思考问题,这时候,属于数学的教育才真正产生。

在三年级“连续退位减法”一课教学中,教师直接呈现问题“517-348=”,让学生用竖式来计算。此时学生出现了三个答案“159、169、179”,这时候,老师让学生开始探讨“为什么会出现三个答案,这个答案是怎样得来的?”这一学习过程不是为了追求标准答案,而是让学生去主动“试误”,探究性的学习过程便呈现出来了。

十几分钟后,学生开始汇报研究过程,不仅说出了“517-348=169”是怎样得来的,而且说出了“517-348=159”“517-348=179”的错误结论是怎样得来的,这样,经过各小组的汇报,以及大家的质疑、补充,关于“517-348=”连续退位减法的计算问题逐步清晰了,学生都能说出“连续退位减法”的计算规律来了。此时,教师仍然没有就结论得出而停止探究,而是让每位学生都用自己理解的最规范的话将“连续退位减法”的计算过程和注意事项说出来。“说出来的数学”已经不是一知半解了,一个个清晰的数学模型在学生的脑海中建立起来。

其实,要实现真正的探究,有时候并不在乎问题本身的难度如何,而在乎如何运用这个问题进行一种有思考力的、有追问性的学习。在教学过程中,“学生必须学会的”知识往往并不多,而更多的方法性、实践性、拓展性知识变成教学中的过程性知识,是默会于学生之心而外化于学生行为的,教学没考虑“学生必须学会的”知识的时候,是需要利用更多外延拓展来实现教育功能的,因为教育本身不以知识为唯一目的。

设计问题,还要设计过程,带领学生走向知识,走捷径看似轻负担也高质量,但在过程中多做停留才是学习的关键。学习过程是一个“双向建构”的过程,其一是学生对所学得的知识、能力、情感的综合建构;其二也是学生对自我认知的建构。而这两个过程都需要借助学生的真实参与。

如此看来,教学设计服务于学生的学习但不是替代学生的学习,教学设计在于化解学生学习过程中简单与复杂之间的矛盾。通过灵活多样的方式让复杂的、困难的问题以相对鲜活、简洁的方式呈现给学生是教学设计的理想状态;通过探究性、体验性的学习过程让原本直接的指示具有相对复杂的教育功能,以知识促进学生能力、情感的发展也是教学设计应有之义。由此可见,一篇课文可以用三至五节课的实践来完成仍不失其教育功能,而一节课可以学习三至五篇课文也是有意义的学习,而其判断标志无疑是教育功能和教育目标的实现与否。

五、课堂谁说了算？

教与学是辩证的，辩证的境界在于统一，在于二者的协调一致。然而，在美国的一些课堂上，有许多"不正常"的事情在"正常"地发生着。

教学场景一：

这是一节英文课，教师带领学生在研究几个单词的拼读。为什么叫研究呢？我看到的教学内容就是那么几个简单的单词，本来学生就会，可是教师就是翻来覆去地让学生去说自己的看法，学生出口就是"我认为……"正是由于学生都是在说"我认为……"所以每个学生想说就说，还有的学生就在那里读，而教师显然非常允许学生的这种自由散乱状态。

学生不仅自由决定学习内容、学习方式，而且我们看到的外在场景是，师生共同坐在地上，学生一会儿起来穿衣服，一会儿又起来脱衣服，一会儿又去喝水，其中一个黑人女孩几乎就没有停过。我们问教师她怎么老是来回走动。教师说，这个孩子就是喜欢走动，我们就让她过一会儿就出去一下，过一会儿就再出去一下，尊重她的个人意愿。

在师生讨论完这几个单词的拼写之后，学生便三三两两地回到自己的桌子旁边，开始练习写。无一例外，学生拿着练习本，随意地坐到桌子前，随意地写起来。教师说，没有座位的可以去找，坐到哪里都可以。

这时，在教室一角接受教师单独辅导的一个小男孩回到座位上，也开始写了。我问他怎么自己在一边写。这个叫 Noah Bodes 的小男孩说他学习这些单词已经两天了，比其他同学学得还早呢。现在才开始和小朋友们一起写，他说他喜欢和其他同学一起写字。我紧跟着问，那你是不是不喜欢一个人在一边写？他说也喜欢，很喜欢自己学一会儿，因为那样他觉得能和老师单独在一起。原来如此，原来学生自己在一边、单独吃个小灶、单独寻求进步并不会感觉特别的孤单。我想原因在于每一个同学都是在学习中的，即使就他一个人，也因为有专门的教师而使他并不孤单。

教学场景二：

在一节数学课上，师生在讨论“1.01+0.07+2.47”等于多少。年轻女教师是在“卖命地”“声嘶力竭地”讲，而且大量地运用了肢体语言，既像舞蹈，又有点像武术，可谓投入，学生也被引得群情激昂。陪伴我们听课的女教导主任显然忘记了自己在听课，而是随着授课教师的讲授焦急地与学生一起回答，与教师一起重复重点的语言描述，给人的最大感受是教室里的所有人都在为了这节课而忘我，都在为了教学，谁都不是旁观者。

课讲到精彩处，一位黑人女教师走了进来，径直走到一位大个子黑人学生的面前，与他一起听课，并且一起小声地讨论着什么。我记得，在上午的时候，这个黑人学生就有一个年轻的白人女教师为他辅导，而且当时还是跪在地上辅导和帮助他的。看来，单独辅导这位大个子黑人男孩的教师不止一个。

在这节数学课上，我们看到的是大部分学生都在做自己的事情，即使教师的授课那么的激情投入。教师显然并没有在乎每一个学生在做什么，学生是由着自己的喜好而或听课、或讨论、或活动的，教师认可学生自己的行为选择。

在课堂进行中间，上午跪着为大个子黑人学生辅导的白人女教师走了进来，带出去了一位学生，授课教师显然并没有受丝毫影响。课堂教学就在进进出出的自由中进行着。

在此类课堂上，我们看不到希望中的思维的碰撞，也看不到积极的交流，而且，除了教师对于个别学生的单独辅导之外，我们更看不到教学的效率从何而来。所以，经历了一系列如此散乱的教学后，我虽然在努力寻找其内在的价值，但是仍然感觉应当改进的的确很多。从教学的技术以及教学理论层次，我们都可以对这样的教学进行有针对性的矫正，比如教师的讲与学生的听之间是否应当达成一致，只有讲没有听，还讲什么呢？再比如集体教学与个别辅导的统一，个体教学是需要的，但是学生的个体学习如果完全游离于教师的整体教学之外,那么,不就是为个体而个体的部分放弃吗?而且,学生的过度自由使得教学过程根本无从关注每个学生,教师关注的仅仅是如何去教,这样,效率何谈?学生的系统学习又来自何处呢?

然而,除了技术诘问,在这些课堂上,我们却被教学对学生的尊重所折服了。太多的个体活动,太多的自由选择,学生完全可以用自己的方式学习和享受学习生活,而教师则完全服务于学生个体,这与其说是一种对学生个性的张扬,不如说是一种达到极致的尊重。可以看到,美国中小学课堂是基于知识却不囿于知识的,是期待能力却不囿于能力的,教师的期望显然在学生身上,学生得到的显然是被尊重感。实际上,细细想来,这里的尊重已经被完全放大了,是一种基于学生的近乎无原则的尊重,即便这种绝对化是有问题的,我们却可以从中借鉴、吸取对于学生的主体尊重的伦理思维。

六、现代教学归真之效

有效教学以"真"为意,在实践中归于本真是教学价值得以实现的前提,也是现代教学对于有效乃至高效过于迷恋的意义所在。教学以真实为基础,以本意为价值,以有效为标准,这应是基于现代性的基本走向。

(一)真实:退守底线的选择

如果连真实都不能够保证,教学还有意义吗?真实在于不虚假也不虚浮,真实在于学生真正参与教学活动并获得真实的发展。

我们所看到的许多课堂教学却往往是另一种样子:公开课上,教师刻意安排学生背诵标准答案,然后在教学中求得顺利的推进……数学课上,教师给每一个小组研究出一种解题方案,然后分配给各个小组,以利于课堂展示的精彩……置身于这样的课堂上,在繁荣背后隐藏着的是让人恐惧的虚假。表演、造假,学生学习的效能何在?学生的科学精神、诚实品质怎样培养?具体再问,教学目标在哪里呢?看不到生命的真实存在,看不到生命体验的鲜活,看不到生命成长的困惑和愉悦。学生真实的生命体验在虚假的表演中淡出了课堂。

真实的教学是学生真实地学习真知、追求真理,获得相对于自己的真实发展。不管采用什么样的教学方式,也不管利用怎样的现代手段,学生的真实发展是课堂评价的核心指标,因此教学中可以审视的是:学生是否实实在在地获得了知识,是否在教学目标实现的同时而收获生命成长的意义。

那么,学生真实发展是什么样子?这是一个综合话题,至少应当具备这样七个因素:(1)学生会在不断面对错误中,改正错误,收获发展;(2)在过程中自主发展;(3)学生能够自己觉察得到的发展;(4)整体的智力因素和非智力因素的发展;(5)在积极愉悦心态下的发展;(6)能够进入学生最近发展区的发展;(7)在人格完善中实现自我超越的发展。

由此,真实的教学允许学生出错。学生在学习中出现错误是很正常的现象,然而失真的课堂连错误也一并让学生失去了,在皆大欢喜、行云流水般的课堂的虚假繁荣里,每个学生都貌似完美主义者,但却找不到心灵碰撞、智慧生成的依据。归于真实,即便错误,也是有价值的。

真实的教学呈现学生的思维。学生的心在哪里,智慧就在哪里,任何知识的学习、能力的形成、情感的孕育、价值观的完善,都与学生的内心世界息息相关。学习无一不是从思维开始而又以思维的发展为终点的,真实的教学即便以知识教学为基点,也应实现思维与文本的有效结合,学生在自己的思维世界里经历学科知识形成的历程,实现对自己思维的提升,继而完成情感、态度、价值观的迁移。

真实的教学能看到学习的过程。唯有过程最真实,也唯有真实才能让过程具有意义。问题是在过程中发现、抽取并最终得以解决的,在解决问题的过程中自然也包含了学生的认知与情感的综合参与。有了建基于真实教学的实践,教学才会深入、才能具体,才能让学生像一个真正的学习者,实现累积、超越,量变、质变,乃至身心综合的真实发展。

因此，教学的真实是一种底线，以拒绝作秀、反对表演、关注实效为基点来实现教学的价值。

（二）本意：敬畏教学的应然

教学本没有什么“必须”“一定”，作为一种具有学术形态的道德性活动，探究教学的应然存在伦理中的敬畏感。比如在实践中，如果把一些表层的、感性的认识直接拿到课堂上，制造教学形式上的热闹和活泼，而教师的提问、学生的回答、小组的合作并没有真正深入下去，教学结束后学生的思维仍停留在原有水平上，从而高耗低效，耽误了学生的发展，这就失去了真意，虽然没有直接的造假作势，在教学的伦理考究中，还是有着非真的困难的。教学的真意是什么？在哪里呢？

第一点，用教育的高度来善待教学。教学与教育应当融为一体，教学不能只有知识，没有人；不能只看到能力，看不见情感；只看到方法，看不见兴趣。将其归纳起来，就是让教学“目中有人”。如此看来，教学思考“人”远比思考学生更有广泛的意义。但是，人是什么？人的问题我们能说清楚吗？这似乎进入到了一个形而上的哲学命题中。作为教学观察，我们当然无须面面俱到地给出不同的解释，但我们都认可“人就是人本身”，只有“人”才能够界定“人”的奇妙与伟大。这样的教学就是用教育的高度，用看到一个整体的人的高度看待一个人的综合发展，由此，才能够善待教学，使教学不至于单纯变成一个知识的灌输过程，一个单纯的能力技巧的训练过程。

真意应当体现为教学有深度、有内涵，应当有利于学生智慧的形成与发展，智慧的生成是离不开学生思维的真正启动和高质量运转的，教学过程始终充满着浓郁的思辨色彩，是一个“思辨的”教学环境。真意应当体现为教学的实践性、动态化，学生在活动中体验，实现学生内心世界的“动”，思维的“动”，情感的“动”。真意的回归，也是学生生命价值的回归。

第二点，用课程的宽度来引领教学。当课程引领教学的时候，教学才变得丰富起来，教学才能够有所依靠。怎样才能实现课程对教学的引领呢？新一轮基础教育课程改革以来。理论和实践层面均产生了三类课程：国家课程、地方课程和学校课程。但我们最为关注的还是国家课程。在教学中，国家课程会向学校课程转化，这就是课程的活化，是教师对于课程的二次建构。学校的一切努力，包括硬件设施，包括制度与管理，包括教师的教学方法，最终要转化为课程，课程就是教育的产品，学生进入学校里来消费我们的产品，那么课程的优化程度就直接决定学生的发展程度，课程和教学之间的关系，就易于理解了，课程是可以包含教学的，是可以对教学进行引领的。

教学应该以课程提供的姿态因应学生的学习，这是教学真意的必然需求。教是外因，学生的学习是内因，外因要通过内因才能起作用，学生知识结构的形成是其内部诸因素相互作用的结果。因此，教学让学生得到发展，需要教师能够掌握学生的已有知识结构、认知策略和非智力因素的状况，然后从学生的已有知识出发，找准新学知识与已有知识的结合点，在原有知识的基础上加入新学知识的特有因素，根据知识内容的不同特征，指导学生选择合适的认知策略，从而实现对新知识的学习。在此过程中，学生对学习的态度、随意注意的程度、意志品质、对自身和环境条件的自我调控能力，以及情绪、情感状态，都或多或少地影响着他对知识的理解和掌握，也影响着学生的综合发展。课程视野下的教学，意味着让学生充分参与到学习活动中，积极进行思考，对课程包含的知识、能力等要素都有独立的、独到的见解，让学生成为课堂的主人，才是教学的着力点。

第三点，用辩证的思维来实践教学。因为学生的发展是综合的，教学也要实现教与学的统一，教师的教与学生的学如何统一？教师的主体作用和学生的主体作用如何结合？还有，知识与方法能不能统一？认知与情感能不能统一？体验与内化能不能统一？这些问题的思考就能够引领教学的方向。如此，似乎太复杂了，教学应该是一个简单的事情，如此复杂之后应该怎么办？其实，教学的真意在于走向有辩证的和谐，在于处理好教学中的若干矛盾，厘清教学中的各种关系，实现学生的持续发展。

为了教而教的教学显然已经偏颇，已经无限远离了真意，教学的一切价值都应是学生的价值，教学的所有选择是基于学生的选择。辩证的教学拒绝单向度的主观认识,体现的是促进学生的不同发展。从发展内涵上来看,要实现三维目标,促进学生智力因素与非智力因素的发展;从发展层次上来看,要实现学生现实发展区与最近发展区的发展;从发展机制上来看,要实现学生的预设发展与生成发展;从发展时间上来看,要实现学生的当前发展与终身发展;从发展范畴上来看,要实现学生的个体发展和群体发展。

(三)有效:伸展教育的力量

有效教学是一个涉及教学全过程的话题,是以广泛的意义交往来还给教学以生命与生命的对话机制,由此实现教学全方位效能的提升。然而,在关于有效教学策略、方式的探讨逐渐成为一种中心化的教学研究趋向时,不难发现,我们更多地关注了如何提高教学的效果、效率和效益的方式,而忽视了教学效果、效率和效益问题的本身在于如何定位"有效",从而使得有效教学成为一种狭隘的功利性教学策略,指向单一,远离学生生命发展的教学本义,甚至成为服务于应试的工具。那么,有效教学的逻辑起点如何定位就不仅是一个理论问题,还是具有实践意义的教学价值问题。

第一,有效教学是最大意义上的对"人"的有效。教学是以知识为中心,还是更加关注人的发展本身,似乎是不言而喻的。但是,当教学与有效联系在一起的时候,我们似乎只关注了如何"有效",即采取怎样的方式让学生的学习更有效果、有效率和有效益,而这样的"有效"更多地回归到了知识更好地传承与能力更好地培养上而忽视了人的整体的发展。所以说,有效教学常常出现的问题在于将有效的着力点定位于教学的基础性目标的达成上,而忽视了学生整体的有效发展,使得有效教学逐渐演绎为扎实、有效的"双基"教学。造成这一现象的前提是我们普遍认为"有效"的即是具体的,而所谓的"生命""发展"等问题是抽象的,是不可能在某一教学环节或某一节课来落实的,所以,谈论有效教学就只能回避教育的终极目标,而趋向教学的现实功利性追求。教学每时每刻都在影响并改变着学生生命发展的质量和进程。如何使学生的生命发展得到有效促进,这是有效教学的前提性标准。

第二,有效教学是有效唤起学生主体能动性的教学。发展是主动的,被动接受常常违背生命的发展规律而抑制生命发展。有效教学以发展作为思维的生长点,期待的是建构一种唤起学生主体能动性的教学机制。有效的发展是个体全面的、主动的、健康的发展,而在这三个发展领域内,主动发展又是全面、健康发展得以实现的条件,所以有效教学以促进学生生命的主动发展作为基本追求。主动发展的境界是进入一种学习的自由状态,即学生在获得了学习能力、学习意识的同时,具备了学习的责任感和幸福感,自觉生成为一种不断追求完美、追求进步的内在动力,而这种动力则支配着学生的持续发展。有效教学能够促进学生终身学习能力、学习品质的生成,唤醒学生学习的元认知,让学生拥有有效的自我调控与管理的意识和能力。

第三,有效教学是具有价值含量的智慧教学。有效教学追求的并不仅仅是单一的学习效率,更在于学习效率的价值内涵,在于是否有效地实现了学生的智慧学习,体现为学生在学习中的智慧形成与情感的升华。如:教学的有效体现出思维的有效,面对着学习问题,学生有时冥思苦想,百思不得其解,有时似乎窥到了解决问题的灵光,于是,会随着由问题本身带来的思维引领去思索,当学生经历了苦苦的思考之后,问题幡然而解,或者学生发现了内在的现象,从而获得豁然开朗、长舒一口气的轻松感;教学中的有效体现出探究未知的有效,任何外在的刺激都不如知识本身的刺激更有吸引力,对科学家是如此,对学生也是如此,对未知的探索,是学生对自己能力、经验的挑战,也增加着对自己学习的内在压力,因此,探究的过程应是有效的,体现为探究的兴趣和动力所在。在这些普遍得到认同的学生学习行为之中,有效教学在寻求智慧的突破,寻求学生学习的价值与意义。

第四,有效教学是对学生未来学习与生活具有持续影响力的。短期效应成为有效教学面临的又一个困境。教学的有效不仅仅是针对某一节课,而在于影响学生的未来学习与生活,使教学足以产生持续的教学效应。教学需要在学生的学习习惯、学习方法、学习兴趣上下工夫,进而帮助学生完善人格、提升生活品位,这不是一朝一夕的事情,但也必须从学生每一天的每一节课入手,逐渐建构学生面向未来的能力与心理素质结构。中小学生正处在身心发展的关键时期，心理和智力发展都不成熟，具有较强的可塑性，这正是教学实践的行为依据。但可塑并不代表教学是可以仅依靠外铄就能够成功的，学生自身的成长特征，以及社会生活环境的不同，造就了学生发展的必然差异。有效教学能准确把握学生的现在，而且能看到学生的未来发展，不但有丰富的值得学生学习的学科知识，而且具有引领学生生命成长的素养。课堂是学生生命历程中的襁褓，课堂教学是否有效，决定着学生今天是否快乐，关系着学生将来能否幸福，只有那些影响了学生生活的内容才构成教学的有效素材。而只有真实地关注了学生的发展，教学才有意义和价值。影响有效教学的因素是多方面的，教师在教学中能够对各种条件进行合理运用，意味着能够对这些矛盾进行有效处理，从而寻找到一个归真的发展方向。

七、大数据时代教学大变革

知识经济、后现代、大数据、云计算……这个世界在规整中变得界限模糊。虚拟与现实在结合，数据供应链突破孤岛，云计算规模无限膨胀，众包创新让行业无界，世界运营不再间断，一个个技术与观念突破人的认知阈限在升级，技术超越技术的时代就这样存在着。达尔文说：大自然吝于突变而选择渐变。但是，我们却与一个突变的时代不期而遇。

大数据突破人的认知思维，无限的资源让我们的预测成为必然；云计算搭建了无时无刻、无处不在的服务平台。教学是主动变革还是随风吹往“云端”呢？

（一）从“学校教授什么知识”到“哪里可以学习知识”

无论是传统课堂还是在信息技术背景之下被技术所颠覆翻转了的课堂，

在面对知识学习的问题上，讲求“提供”仍是主导方式，因为教学与研究的理论假设就是知识系统，而未来课堂的逻辑则体现为价值系统，价值是人，学生将真正成为知识的探究者，学校提供的不仅仅是知识，还包括了“云计算”与“云平台”。

在教学实践中，通过提供教学的云计算服务，搭建教学的云计算平台，让学生经历一个个完整的学习过程。学校将不再以教授知识为己任，而是以教学引领一段发现历程。从服务来看，学校教学是为了支持、引爆学生的学习思维来服务的，让学生思维发生，能够产生问题，能够构建学生自己的学习框架；从平台来看，学校课程将是链接国家课程标准、实体的社区社会课程资源、虚拟世界的网络信息资源的综合平台，开放、统整成为学校教学平台的基本特征。

这与笔者探索学校的大数据、云计算背景下的课程开发的观点是一致的，因为教学的过程在未来视野下将与课程实现一致化，从同一个逻辑体系上实现对学生发展的关注。

（二）从“学校统整课程”到“学生生成课程”

将知识变换一种方式让学生乐于接受、主动接受一直是课程领域研究的专属课题，包括约翰·杜威也期待着课程本身的吸引力，而不仅仅是通过教学形式的多变掩盖课程本身的乏味，这已经足够了不起。然而，课程是一个从目标到内容、实施、评价乃至元评价等的系统过程，学生在这个过程中可以自始至终具有课程的开发权，课程由学生来生成，这是未来“数据支持下的课堂教学”带来的核心价值。

学生在来校路上的一个见闻，学生在深思熟虑后的一次妙答，学生在百思不得其解后的一个问题，学生在讨论交流后的一场汇报，这些都可以作为生成性的课程进入教学实践，进入教学的课程体系。

随着云计算平台功能的日益强大，这已经成为现实。很多老师讲将教学与互联网链接，随机记录教学过程，整个教学过程、学习成果都得以记录，这就是课程。如果说互联网以搜索和定制使我们的生活便利,那么,通过互联网社交媒体记录下来的将是学生创生的课程,教学因此而变革。

(三)从“提高教学效率”到“拓展学习时空”

即便在现代背景下,离开课堂,离开学校,学生的学习才刚刚开始,那么,我们所理解的教学效率、教学效益就有了一个用一生作为分母的算式。课堂里的知识获得已经微不足道,贯穿学生生命的终生学习才是价值所在。那么,学校里的学习就有了一个拉长学习生命的诉求。用一个无价的分母来解读分子,教学效率就在大与小的辨证中。

解相花老师结合现行教育现象,发现现在的学习场所是一个“动态的多元社区”。主要体现在学习的场所不是固定的,教室、学校只是学习场所的一部分,还包括校外的图书馆、博物馆、展览馆、科技馆、工厂、农村、部队、科研院所等与学生学习生活密切相关的各种社会、自然场所和信息化虚拟场所。另外还体现在学校内的所有设施都是开放的学习资源,学校对外是开放的,家长、社会人士随时可以走进学校、课堂,关注学校的发展,结合个人特长,给学校做义工。纵观现状,几乎所有的学校都是家长学校,学校通过定期召开家长会向家长传授育子经验;举行课堂开放日,让家长走进学校,了解孩子课堂表现;学校邀请社会专业人士到学校作报告,拓宽学生视野。同时,成立假日雏鹰小队,在教师或组长的带领下定期到社区活动,学校的各个社团不定期到校外活动基地进行综合实践活动,等等。

(四)从“培养未来人才”到“适应个性成长”

这仍然是一个主体与价值的重建问题,班级授课制下的“因材施教”曾经异化为“分层施教”乃至“抑长补短”,当新的技术充斥而作为一个社会学主体的人“被培养”的时候,人仍然消逝了。让学生的问题领受阳光,让学生的见解留下痕迹,这是适应个性成长,乃至促进个性成长的。

"我经常告诉学生,学习经济学重要的是对经济学里的规律重新发现一遍,顺着前人走过的道路再走一遍。其实,不仅仅学经济学如此,学一切学科都如此,都要重新发现一遍。这样,知识才会变成你自己的东西,才会应用,而不是食古不化。"

这是茅于轼从怀特海《教育的目的》中扩展而来的人类学习的基本智慧:面向未来,关注足下,循着过程,重走一遍。学习的最终结果是"改变",仅仅累积知识能改变自我吗?鸟在空中意味着飞翔,鱼在水中意味着游弋,在"重新发现"的过程中人的个性成长得到了肯定和呵护。

(五)从"学校职责与使命"到"教育回归整个自然圈"

现代主义的规整、效率至上让学校的职责与使命清晰、无限放大而不堪重负。大数据时代对教育的判断不是通过定位学校来定位人,而是在人的发展期许下定位教育,不仅是学校里的教育,还包含人所活动着的,伴随生命触摸而扩大着的整个的自然圈。自然有多大,教育就有多大;教育有多大,对自然的期待就有多大。"大教育"是对教育的一种减负。

整个自然圈在哪里?杰里米·里夫金认为应当"将生物圈变成学习环境",这个生物圈即是指"人—人"对应的生物圈,更多的应当是指"人—大自然"对应的生物圈,如此一来,教育的范畴就接纳了整个生物圈。再拓展出去,如果教育能够引领整个"体用合一"的宇宙世界,那么,这就不再是落后的。

说到底,还是中国文化传统里的"天地人"合一,只不过是建立并超越现代社会的新的"天地人"合一。

(六)从"技术改变教学"到"大数据支持教学"

教学始终离不开对自己的元评价,技术为改变教学带来了跨越式超越的可能,大数据则为教学的自我改变提供了支持。学生的生命成长来自于有生命力的教学,关注教学本身的生命力,促进教学以自己的方式实现内在的变革，这是支持，而不是推动。教学就是教学，教学不是生活、不是范式、不是符号，教学的本质就应当是教学，借助数据让教学在现场自我反省与生成，则教学可期。

“技术改变教学”，这是无奈的选择。

如果我们对此表示怀疑，至少我们不会怀疑另一句话“教学会被技术所改变”。

前者意味着“人拥有技术”进而主动改变或者优化我们的教学；后者则意味着教学会被改变了的技术被动改变或者颠覆。

从学校教育现场来看，老师们从来没有停止对教学辅助材料、辅助技术的开发，曾经的教学挂图、四机一幕、导学案、多媒体课件等，都算得上是老师们做过、能做到的教学辅助材料或技术的运用。显然，与技术的发展相比，这些改革与创新远远落后并直接制约着教育的发展。教育与现代技术，特别是与学生已经大量触及的网络技术、平板媒体技术之间遮遮掩掩、若即若离，甚至相悖而行。

其实，每位学生、每个老师的每一天都在创造着教学的大数据，留下来的要成为我们的教学。

余论

把希望收进行囊

有些记忆是深入灵魂深处的。我时常会想起在三十年前就读于山村中学时读的一篇小说。在一个闭塞的山沟里，除了山清水秀的自然风光，属于我的精神食粮比穷苦日子的肉香更加稀少，整个村子里都找不出多少带字的纸片。已经忘记了是一个什么样的机缘，史铁生的《命若琴弦》来到了我的面前，在那嗡嗡叫的、摇晃的汽灯下，我捧着它一读再读，泪流满面。

莽莽苍苍的群山之中走着两个瞎子，一老一少，每人带着一把三弦琴，说书为生。这个夏天，老瞎子的心情格外亢奋、紧张，因为，他马上就能够弹断一千根琴弦了！因为老瞎子的师父告诉他，琴槽里有一张药方，能够让他看到光明，而药引子则是真真实实弹断的一千根琴弦，为了看一眼这个世界的模样，为了这一千根琴弦，五十年了，老瞎子为着这唯一的希望奔波、弹奏。终于，这一天来了，在小瞎子和一个叫兰秀儿的小妮子有了朦胧的爱的表达的那天，老瞎子带着刚刚弹断的一千根琴弦和药方出山了。然而，那药方却只是一张白纸。

茫茫雪野，皑皑群山，老瞎子步履蹒跚地回来了，找到了因兰秀儿出嫁到山外而在雪地里只想等死的小瞎子。

终于小瞎子说话了："干嘛咱们都是瞎子！"

"就因为咱们是瞎子。"老瞎子回答。

终于小瞎子又说："我想睁开眼看看，师父，我想睁开眼看看！哪怕就看一回。"

"你真的想看吗？"

"真的，真想——"

……

"记住，得弹断一千二百根。"

"把你的琴给我，我把这药方给你封在琴槽里。"

"我记成了一千，我没有弹够。"

就这样，莽莽苍苍的群山之中又走来了两个瞎子，一老一少，每人带着一把三弦琴，说书为生。

小瞎子被一个无奈的、沉重的谎言驱使着走上自己黑暗、坎坷、永无兑现之日的人生之路，这样的谎言却没有人忍心去揭穿它，因为小瞎子的命就在那一千二百根琴弦上。可是，当我们回到现实之中，回到心智健全的人的普通教育的课堂上时，我们显然不能够，也不必要用谎言来维系学生的未来，然而，学生同样需要一个希望，需要一个他们能够看得见、触摸得到的希望。学生习惯用今天来度量明天，在人生的历练尚且不足的时候，他们今天所经历的无疑就是人生最持久的烙印。当我们一再将课堂教学由"知识课堂"向"生命课堂"推进的时候，我们是否想过生命的需要？我们能不能抓住生命中那最重要的一根苇草？

其实，那就是希望，当我们思索希望是什么的时候，却没有想到它像一根琴弦一样脆弱，又像一个生命一样执著，希望在，生命就在，生命的火种就没有熄灭。在成人的世界里，希望就是一切，只要未来是美好的，艰难困苦是不能够让一个健康的成年人倒下的，可是，我们又如何让希望成为学生生命幸福成长的火种呢?

赋予学生幸福与美好的希望的教育是道德的，是值得学生用最美的青春年华去享有的。老子悟出了“道可道，非常道”之理，老子了解了“不言之教”之真谛，庄子所说教学亦应“言无言”，无言之教还需要言传的，而只有无言之境才是教学的大境。即便如张载“为天地立心，为生民立命，为往圣继绝学，为万世开太平”之豪情与风骨，亦可在不言之中啊。

教学实在是“明明德”的大追求。用王阳明的话来说：“故明明德，必在于亲民，而亲民乃所以明其明德也。是故亲吾之父，以及人之父，以及天下人之父，而后吾之仁实与吾之父、人之父与天下人之父而为一体矣。实与之为一体，而后孝之明德始明矣。亲吾兄，以及人之兄，以及天下人之兄，而后吾之仁，实与吾之兄、人之兄与天下人之兄而为一体矣。实与之为一体，而后弟之明德始明矣。君臣也，夫妇也，朋友也，以至于山川鬼神草木鸟兽也，莫不实有以亲之，以达吾一体之仁，然后吾之明德始无不明，而真能以天地万物为一体矣。”达到如此境界，则实现了真正的良知，如此的有道德关怀的教学才能够是完美的教学。

完美不可求，努力也就没有止境。在二十年的教育研究中，我积累的和我思考的，仅仅是教育思想的边缘，即便如此，成书的过程还是承载着我对于教学的迷恋，对于教育的敬畏。本书的案例是我在山东、在全国、在世界各地课堂上的亲历与反思。从山东省临沂市罗庄中心小学的课堂上，到亲历山东省潍坊市教师的教学现场，而今学术足迹遍布全国，但因记录时的仓促，转引时的疏忽，有些案例没有注明当时教师详细的授课情境。感激之余，还是有着些许的遗憾。感谢你们，让我有了在教学研究之路走下去的灵感和信念，我注教育，事实上却是教育注我。还要感谢广西师范大学出版社龚信诚等编辑的辛勤工作，让我的这一拙作得以来到一个如此之高的学术出版平台。

一己之力绵薄无力，但是教育的召唤时时在心底回荡，我自当“发愤忘食，乐以忘忧，不知老之将至”。一次次走进教育现场，走到学生中间，才知道我已驻足在情感的发生处——

天何言哉？
四时行焉，
百物生焉。
天何言哉？

2009 年早春于鸢都潍坊
2015 年元旦于泉城济南